BIBLIOTHÈQUE DES MERVEILLES

LES

FÊTES CÉLÈBRES

DE L'ANTIQUITÉ

DU MOYEN AGE ET DES TEMPS MODERNES

PAR

FRÉDÉRIC BERNARD

SECONDE ÉDITION

ILLUSTRÉE DE 23 VIGNETTES D'APRÈS LES DESSINS

DE GOUTZWILLER

PARIS

LIBRAIRIE HACHETTE ET Cie

79, BOULEVARD SAINT-GERMAIN, 79

1883

BIBLIOTHÈQUE

DES MERVEILLES

PUBLIÉE SOUS LA DIRECTION

DE M. ÉDOUARD CHARTON

LES FÊTES CÉLÈBRES

9021. — PARIS, IMPRIMERIE A. LAHURE
9, Rue de Fleurus, 9

LES FÊTES

DE L'ANTIQUITÉ, DU MOYEN AGE

ET DES TEMPS MODERNES

INTRODUCTION

Dans les temps les plus reculés, l'histoire nous fait assister à des solennités, à des fêtes instituées ou sanctionnées par les lois, ayant pour la plupart un caractère religieux, et montrant chez tous les peuples une tendance naturelle à se réunir pour faire trêve au labeur de chaque jour, et pour mettre en commun leurs joies et leurs douleurs, leurs prières ou leurs actions de grâces à la Divinité. On célébrait le retour des saisons, les souvenirs glorieux d'un peuple ou d'un héros : on prenait le deuil en mémoire de désastres ou de calamités publiques. Les inégalités sociales s'effaçaient, ou du moins s'atténuaient pour quelques heures ; un même but, une même idée, rapprochaient les différentes classes de citoyens et développaient en elles le sentiment d'unité qui fait la force des nations.

Telles étaient, en Égypte et en Grèce, les fêtes de l'antiquité. A Rome, les jeux du cirque paraissent avoir été d'abord un moyen de soutenir le moral du peuple dans les moments de crise. C'était à la fois une distraction et comme une invocation religieuse que prescrivaient les livres sibyllins, interprétés par les ministres du culte. Plus tard, les fêtes ne furent plus qu'une sorte de courtisanerie des souverains envers les peuples. Sous les Ptolémées, l'Égypte connut ces pompes fastueuses dont la glorification du prince était le seul but; et toutefois les Ptolémées encourageaient dans Alexandrie la culture des sciences. Mais quand Rome se fut asservi le monde, quand les vertus civiques et la liberté furent étouffées par le luxe et le despotisme, les maîtres d'un peuple dégénéré songèrent uniquement à développer et à satisfaire, dans l'intérêt de leur pouvoir, ses appétits matériels. Il fallait aux soldats le *donativum*, la haute paye du nouveau César; il fallait au peuple des banquets dans la rue, des bêtes féroces et le sang des gladiateurs dans le cirque.

Au moyen âge, dit un historien, les fêtes que donnaient les souverains, à l'occasion d'événements qui ne concernaient que leurs familles, n'étaient pas destinées au peuple, qui, la plupart du temps, n'y prenait aucune part. Cependant les rois l'en dédommageaient de temps en temps par divers jeux, entre autres par des représentations scéniques, pantomimes burlesques, satiriques, ou pièces muettes à grand spectacle jouées en plein air. Telle fut, par exemple, cette fête somptueuse que Philippe le Bel donna en 1313 à Paris, à l'occasion de la promotion de ses fils à l'ordre de la chevalerie. Pendant les quatre jours que durèrent les réjouissances, on vit différents spectacles qui représentaient des Ribauds dansant en chemise, la Vie du Renard, un Roi de la fève, un Tournoi d'enfants, Adam et Ève, les Trois

Rois, le Massacre des Innocents, la Décollation de saint Jean-Baptiste, Hérode, etc. Ces diverses représentations, réunissant tout ce que le luxe, les ressources et l'imagination du temps pouvaient produire de merveilles, furent jusqu'au temps de Henri II, pour le moins, consacrées à rehausser l'éclat des entrées solennelles des rois et des reines.

La misère de ce peuple, auquel on daignait ainsi jeter de temps en temps quelques divertissements, n'empêcha à aucune époque le roi et les seigneurs de lui extorquer l'argent nécessaire à leurs fêtes. Le lendemain de ces fêtes on haussait l'impôt, et l'on pouvait déjà, au quatorzième siècle, dire comme un ambassadeur vénitien en 1635, que « Sa Majesté peut augmenter les tailles à plaisir, et plus ses peuples sont grevés, plus ils payent gaiement. » Malgré la maladie de Charles VI et l'épuisement du royaume, Paris était, à cette époque funeste, la ville de l'Europe où l'on s'occupait le plus de plaisirs et où l'on étalait le plus de luxe. Les princes du sang ne songeaient qu'à enivrer de plaisirs la jeunesse brillante dont ils étaient entourés. Ils avaient en cela, jusqu'à un certain point, un but politique. Ils espéraient pouvoir, en retour, compter sur le dévouement et la bravoure de ceux qu'ils amusaient. Les rois de Sicile et de Navarre préféraient leur qualité de princes français à leurs souverainetés étrangères; les ducs de Berry, de Bourgogne, de Bourbon, aimaient mieux fixer leur résidence dans la capitale que de se reléguer dans leurs gouvernements, où il n'eût tenu qu'à eux de se rendre indépendants. Sismondi va même jusqu'à dire que, si la France ne fut pas démembrée au commencement du quinzième siècle, elle en fut surtout redevable à ces fêtes qui rendaient chez les grands la vanité plus forte que l'ambition, et qui, au milieu de leurs guerres civiles, leur faisaient désirer le moment de remettre l'épée dans le fourreau. Ainsi cette supériorité d'élégance, cet attrait que, par ses fêtes, Paris offrait aux princes étrangers, exercèrent déjà, dès le quatorzième siècle, une influence signalée sur la politique. (Le Bas, *Dictionnaire historique de la France.*)

Dans son ouvrage sur la Bienfaisance publique, de Gérando regrettait que nos fêtes populaires n'eussent plus le caractère élevé que les peuples antiques avaient donné à quelques-unes de leurs solennités. « Ces fêtes, dont l'intérêt était si bien compris des législateurs de l'antiquité, sont, disait-il, beaucoup trop négligées de nos jours; elles ne sont pas assez multipliées, on en varie trop peu les programmes; on étudie trop peu leur objet; on méconnait trop leur effet moral. Pourquoi n'y reproduit-on pas le souvenir des mémorables faits de l'histoire nationale, de ceux qui peuvent nourrir un vrai et sage patriotisme? Pourquoi n'y fait-on pas revivre l'image des grands hommes? Pourquoi ne saisit-on pas cette occasion de distribuer de hautes récompenses? Pourquoi ne célèbre-t-on pas mieux les présents que le ciel verse sur la terre? Pourquoi laisse-t-on aux seuls bateleurs le soin de faire les frais de ces réunions populaires?... Que d'occasions favorables pour instituer des fêtes semblables! Que de moyens de les animer, de les embellir!... Nous voudrions, dans chaque village, leur donner un caractère tout nouveau, qui exciterait l'admiration et les transports sans entrainer de grandes dépenses. On sèmerait des vertus en répandant le contentement.

« ... Élevez le caractère moral de l'homme voué aux travaux manuels, pour qu'il résiste à l'influence fâcheuse attachée aux travaux monotones qu'introduisent les nouvelles combinaisons de l'industrie, pour que son activité ne dégénère pas en irritation, pour que son bien-être lui-même ne serve pas à le corrompre.

« Loin d'être étranger aux jouissances de la sociabilité, l'homme laborieux aime à sortir quelquefois de l'isolement auquel le condamnent son malheur ou sa profession; il se plaît dans les réunions qui lui font éprouver de douces sympathies; il se retrouve avec plaisir au milieu de ses frères dans les temples, dans les fêtes, dans les promenades publiques. Les hommes aiment à se sentir dans une communauté de but, d'émotions, d'intérêts, même de dangers, et à se retrouver dans les assemblées qui les leur rappellent; c'est une partie de la joie des soldats sous leurs drapeaux, des marins à leur bord.. »

A l'époque, déjà loin de nous, où de Gérando écrivait ces lignes, on avait banni de nos fêtes certaines scènes révoltantes pour un peuple civilisé. A ces cohues ignobles où le vin coulait d'un tonneau dans la bouche de malheureux qui se disputaient la place, où le sort partageait des victuailles à la foule, on avait, en 1830, substitué des distributions de secours au domicile des indigents qui, ce jour-là du moins, ne souffraient pas de la faim; mais on offrait encore à la multitude des spectacles soi-disant militaires qui ne pouvaient lui donner que des idées fausses et des préjugés funestes.

En instituant la fête nationale du 14 juillet, la France semble avoir voulu suivre le programme et réaliser les aspirations du grand économiste que nous citions à l'instant. Elle a voulu, en effet, célébrer, avec l'avènement de la Liberté, les grandes idées et les grandes réformes de 1789.

Ce sont aussi des fêtes que ces concours où les sciences, l'agriculture, l'industrie et les arts viennent révéler à tous leurs progrès merveilleux. Joignons-y les luttes pacifiques auxquelles une éducation physique bien dirigée prépare la jeunesse. Telles sont les fêtes qui conviennent à notre pays.

ANTIQUITÉ

ÉGYPTE

Les fêtes solennelles étaient fréquentes en Égypte; Hérodote en compte six principales : la première, dit-il, et celle où l'on se rend avec le plus de zèle, se célèbre à Bubaste en l'honneur de Diane; la seconde, à Busiris au milieu du Delta, en l'honneur d'Isis, car en cette ville est le plus grand temple d'Isis qui, dans la langue des Grecs, est Cérès; la troisième solennité a lieu à Saïs, en l'honneur de Minerve; la quatrième à Héliopolis, en l'honneur du Soleil; la cinquième à Buto, en l'honneur de Latone; la sixième à Papremis, en l'honneur de Mars.

FÊTE D'ISIS

A Busiris, où se réunissait une foule considérable, on sacrifiait un bœuf et l'on brûlait sur l'autel une partie du corps de la victime. Après les sacrifices, dit Hérodote, les hommes et les femmes, au nombre de plusieurs myriades, se portent de grands coups. Pour quel dieu ils se frappent, ce serait de ma part une impiété de le dire. Les Cariens établis en Égypte font cela et plus encore; ils se donnent au front des coups de couteau ; par là ils montrent qu'ils sont étrangers et non Égyptiens. Enfin, après s'être bien frappés, ils font un festin de ce qu'ils ont mis à part de la bête immolée.

FÊTE DE DIANE

Pour les Égyptiens, comme pour les Grecs, Diane était la déesse de la Lune, et les phases de cet astre lui avaient fait donner en Égypte le nom de *Bubaste* ou *visage changeant*. C'était aussi le nom d'une ville de la basse Égypte où l'on célébrait la fête de la déesse. Hérodote rapporte qu'au dire des habitants, sept cent mille hommes et femmes, sans compter les enfants, s'y réunissaient alors. De toutes les parties de l'Égypte cette foule descendait par le Nil à Bubaste, chaque famille dans sa barque. Quelques-unes des femmes faisaient retentir des castagnettes, des hommes jouaient de la flûte pendant le voyage; le reste, hommes et femmes, chantait en battant des mains. Le Nil était couvert d'embarcations richement ornées, et, jour et nuit, les chants et les instruments de musique résonnaient sur les deux rives du fleuve. Pendant le voyage, en arrivant à une ville riveraine on amarrait la barque et, tandis qu'une partie des femmes continuaient leurs chants et leur musique, d'autres dansaient, d'autres injuriaient à grands cris les femmes de la ville. Ce n'était pas seulement par des cris qu'elles les insultaient, au dire de l'illustre historien qui s'abstient souvent, en qualité d'initié, de donner

Procession de la fête d'Isis, d'après une estampe de la Description de l'Égypte.

l'explication ou la description des choses sacrées, mais qui, pour tout le reste, prodigue naïvement les détails. A chaque ville des bords du fleuve, les mêmes cérémonies recommençaient. Ces cris et ces insultes faisaient en effet partie essentielle du rite, de même que, dans la pompe d'Éleusis, des injures étaient adressées à ceux qui formaient le cortège par des gens apostés sur le pont du Céphise.

Arrivés à Bubaste, les pèlerins quittaient leur barque, se mettaient en fête et offraient de grands sacrifices; ils consommaient dans cette solennité plus de vin de raisin que dans tout le reste de l'année.

Le temple de Bubaste, dit Hérodote, est une île, sauf l'entrée, car deux canaux du fleuve, sans se confondre, pénètrent jusqu'à cette entrée, après quoi ils entourent le temple, l'un à droite, l'autre à gauche; leur largeur est de cent pieds (30 mètres), et des arbres les couvrent de leur ombre. Les portiques ont dix brasses (18 mètres) de hauteur; ils sont ornés de figures de six coudées (2^{m},70), d'une beauté remarquable; le temple étant au centre de la ville, est de toutes parts aperçu de ceux qui en font le tour; car, comme elle a été exhaussée et que le sol du temple est resté le même, on le voit tel qu'il a été érigé dès l'origine. A l'entour court un mur où des images sont gravées. Il y a intérieurement un bois sacré de grands arbres plantés autour du vaisseau où est placée la statue de la déesse. L'ensemble de l'édifice est carré et a un stade (180 mètres) de côté. Vers l'entrée s'étend un chemin de pierres d'au moins trois stades (540 mètres), traversant la place du marché dans la direction de l'orient, et large de quatre plèthres (120 mètres); sur les deux bords de cette chaussée sont plantés des arbres dont la tête est voisine du ciel.

FÊTE DE MINERVE

Pendant une des nuits de la fête de Neith, la Minerve des Grecs, qui se célébrait à Saïs, dans la basse Égypte, tous les habitants allumaient un grand nombre de lampes en plein air, autour des maisons. Ces lampes, dit Hérodote, sont de petits vases remplis de sel et d'huile; la mèche flotte à la surface. Elles brûlent toute la nuit, et cette fête a le nom de Fête des lampes. Ceux des Égyptiens qui ne sont pas venus à la solennité, observant la nuit du sacrifice, allument tous aussi des lampes; de sorte que c'est non-seulement la ville de Saïs qui est illuminée, mais l'Égypte tout entière. Pour quel motif a-t-elle sa part de lumières et d'honneurs? On le raconte en une légende sacrée.

A Héliopolis, à Buto, les assistants se bornent à immoler des victimes.

FÊTE DE MARS

A Papremis on offre, pendant les fêtes de Mars, les mêmes sacrifices, on observe les mêmes cérémonies que dans les autres villes; de plus, lorsque le soleil commence à décliner, quelques prêtres sont occupés autour de la statue, les autres, en beaucoup plus grand nombre, armés de bâtons, se tiennent à l'entrée du temple; le peuple, c'est-à-dire plusieurs milliers de personnes, accomplissant leurs vœux, pareillement armés, sont rassemblés du côté opposé. Or, la veille, on a transporté du temple en une autre station la statue que renferme une petite chapelle en bois doré; les prêtres, que l'on a placés autour de la statue, se mettent à tirer un char à quatre roues pour reconduire au temple la chapelle de bois et la statue qu'elle contient; mais ceux qui sont sous le portique leur en refusent l'entrée. La foule des dévots accourant au secours du dieu, les frappe; ils se défendent; un violent combat à coups de bâton s'ensuit, et mainte tête est fracassée. Je présume qu'un grand nombre meurent de leurs blessures; cependant les Égyptiens affirment que jamais personne n'a été tué. Ils racontent ainsi l'origine de ce rite : La mère de Mars demeurait en ce temple; le dieu, élevé ailleurs, devint adulte et voulut entrer pour converser avec sa mère; les serviteurs, qui ne l'avaient jamais vu, ne le lui permirent pas et le repoussèrent; il rassembla des hommes d'une autre ville, traita rudement ceux qui l'avaient rebuté et pénétra auprès de sa mère. Voilà, disent-ils, d'où vient l'usage de ce combat pendant la fête de Mars. (Hérodote, liv. II.)

COURONNEMENT DE PTOLÉMÉE PHILADELPHE A ALEXANDRIE

L'an 284 avant Jésus-Christ, Ptolémée Soter céda la couronne à son fils Ptolémée Philadelphe. Celui-ci, pour reconnaître une telle faveur, voulut rendre à son père les honneurs divins, de son vivant. Il fit donc célébrer à Alexandrie une fête dont rien dans l'antiquité ne surpassa la magnificence. En voici la description d'après le récit d'Athénée, qui, lui-même, reproduisait la relation de Callixène de Rhodes, auteur d'une Histoire d'Alexandrie.

Après une minutieuse description d'un pavillon royal construit pour cette fête, et où l'or et l'argent, les pierres précieuses, les dépouilles des animaux les plus rares, les plus riches tissus de la Perse et de l'Inde étaient mêlés avec profusion aux meubles les plus brillants, et faits des plus riches matières, Callixène décrit la marche du cortège, en tête duquel étaient les bannières des diverses corporations admises à cette cérémonie. Des personnages de la religion grecque y figuraient dans l'ordre de leur hiérarchie, parce que cette fête était toute grecque et que le mythe de Bacchus en fournissait les principaux sujets. Ces personnages étaient en grand nombre sur de vastes chars et y figuraient les scènes principales de l'histoire du dieu. Ses prêtres, ses prêtresses y remplissaient leurs diverses fonctions.

Après cette partie du cortège, s'avançait un autre char à quatre roues, large de huit coudées (la coudée royale = $0^{m},444$), traîné par soixante hommes et portant assise la figure de la ville de Nisa, haute de huit coudées; elle était revêtue d'une tunique jaune, brochée en or, pardessus laquelle était un surtout de Laconie. Par l'effet d'un mécanisme, cette figure se levait sans que personne y touchât; elle versait alors du lait d'une coupe et se rasseyait. Elle tenait de la main gauche un thyrse, autour duquel on avait enroulé des bandelettes; sa tête était couronnée de lierre et de raisins en or, enrichis de pierreries.

Après elle un autre char à quatre roues, long de vingt coudées et large de seize, était mis en mouvement par trois cents hommes. On y avait construit un pressoir plein de raisins; soixante satyres les foulaient, en chantant au son de la flûte la chanson du Pressoir. Silène y présidait et le vin doux coulait tout le long du chemin.

Le groupe suivant portait en pompe les vases et ustensiles d'or, savoir : quatre cratères en or, semblables à ceux de Laconie et autour desquels courait un cordon de pampre; d'autres contenant quatre métrètes (108 litres); deux d'ouvrage de Corinthe; il y avait à leur partie supérieure de très belles figures en relief et d'autres en demi-relief, tant au col qu'à la paroi des vases, et d'un travail remarquable.

On portait aussi en pompe quatre grands trépieds d'or, un dressoir d'or où l'on plaçait la vaisselle d'or : ce dressoir avait dix coudées de haut et six gradins. Il était enrichi de pierres précieuses et présentait sur ses gradins nombre de figures de quatre palmes (0m,296) de haut, travaillées avec beaucoup d'art; deux coupes d'or et deux de cristal doré; deux engythèques ou porte-bouteilles d'or, hautes de quatre coudées, trois autres moins grandes; dix urnes; un autel de trois coudées, et vingt-cinq grands mazonomes ou plateaux.

A la suite marchaient seize cents enfants, vêtus de tuniques blanches, les uns couronnés de lierre, les autres de pin. Deux cent cinquante d'entre eux portaient des conges d'or et quatre cents des conges d'argent; trois cent vingt autres portaient des psyctères ou vases à rafraîchir d'or, d'autres en portaient d'argent. Après eux, les autres enfants portaient, pour le service du vin, des pots dont vingt étaient d'or, cinquante d'argent et trois cents en émaux de toutes les couleurs. Or, les vins ayant été mêlés dans les urnes et les tonneaux, ceux qui étaient dans le stade en goûtaient avec modération.

Il ne faut pas passer sous silence le grand char à quatre roues, long de vingt-deux coudées, large de quatorze, traîné par cinq cents hommes. On voyait dessus un antre singulièrement profond, fait de lierre et peint en rouge. De cet antre s'envolaient, pendant la marche, des pigeons, des tourterelles, ayant à leurs pattes des rubans attachés, afin que les spectateurs pussent les saisir au vol. On y voyait aussi Hermès avec un caducée d'or et les habits les plus riches.

Un autre chariot passait avec tout l'appareil que menait Bacchus revenant des Indes. Ce dieu s'avançait en grande pompe, haut de douze coudées, assis sur un éléphant, vêtu d'une robe de pourpre avec une couronne de lierre et de pampre en or, et tenant un thyrse d'or; sa chaussure était dorée. Devant lui et sur le cou de l'éléphant était assis un satyre de cinq coudées, couronné de branches de pin d'or; de la main droite il semblait donner un signal avec une corne de chèvre en or. L'éléphant avait tout son harnais en or et une guirlande de lierre en or autour du cou. A sa suite marchaient cinq cents petites filles, vêtues de tuniques de pourpre et ceintes d'une tresse en or : celles qui étaient en tête, au nombre de cent vingt, avaient des couronnes de pin en or; elles étaient suivies de cent vingt satyres armés de toutes pièces, et dont les armes étaient les unes d'argent, les autres de bronze.

Derrière eux s'avançaient cinq bandes d'ânes, montés par des silènes et des satyres couronnés. Les harnais de ces ânes étaient les uns en or, les autres en argent. Venaient ensuite vingt-quatre chars attelés d'éléphants; soixante attelés de deux boucs; douze attelés de snaks, sept d'oryx et quinze de bubales (ce sont différentes espèces d'antilope). Il y avait, en outre, huit attelages de deux autruches, sept de deux ânes-cerfs (peut-être l'hippélaphe d'Aristote), et quatre d'ânes sauvages. Sur tous ces chars étaient montés des enfants en tuniques, en larges chapeaux et en habits de cochers. A côté d'eux se tenaient d'autres enfants plus jeunes, armés de petits boucliers et de thyrses à fers de lance. Tous étaient vêtus de drap d'or.

Venaient ensuite six chars attelés de deux chameaux, puis des chariots attelés de mulets et portant les tentes des nations étrangères, avec des femmes indiennes et d'autres habillées comme des captives. Des chameaux portaient trois cents mines (97 200 grammes) d'encens, d'autres trois cents mines de safran, de casia, de cinnamome, d'iris et d'autres aromates. Près d'eux étaient les Éthiopiens chargés des présents, six cents dents d'éléphants, deux mille troncs d'ébène, soixante cratères d'or et d'argent, des paillettes d'or. Ils étaient suivis de deux chasseurs ayant des javelots d'or et menant des chiens au nombre de deux mille quatre cents : ces chiens étaient les uns de l'Inde, d'autres de l'Hyrcanie ou molosses, ou d'autres races. Cent cinquante hommes venaient ensuite portant des arbres d'où pendaient toutes sortes de bêtes sauvages et d'oiseaux; des cages renfermaient des perroquets, des paons, des pintades, des faisans et beaucoup d'autres oiseaux d'Éthiopie.

Outre un grand nombre d'autres choses précieuses ou rares, Callixène énumère les troupeaux, dans lesquels figuraient cent trente moutons d'Éthiopie, trois cents d'Arabie, vingt de l'Eubée, vingt-six bœufs blancs de l'Inde, huit d'Éthiopie, plus un grand nombre de chevaux; et, parmi les animaux sauvages, un grand ours blanc, quatorze léopards, seize panthères, trois ours, une girafe, un rhinocéros d'Afrique, vingt-quatre lions de très grande taille, et beaucoup d'autres bêtes féroces.

A la suite d'un char magnifique venaient des femmes couvertes de vêtements et d'ornements splendides. Elles représentaient les villes de l'Ionie, des îles, et celles de l'Asie habitées par les Grecs, et qui avaient été rangées sous la domination des Perses. Toutes ces femmes portaient des couronnes d'or. Sur d'autres chars à quatre roues étaient placées les images des rois et celles des dieux. Callixène ne décrit que les objets d'or et d'argent qui figuraient dans cet immense et pompeux cortège, il se contente de dire qu'on y voyait, en outre, beaucoup de choses admirables et curieuses.

Un chœur de six cents hommes venait ensuite, parmi lesquels trois cents cytharistes sonnaient de leurs instruments; les cithares étaient plaquées d'or et les musiciens avaient des couronnes du même métal. Après eux passaient deux mille taureaux d'une même couleur avec les cornes dorées et des fronteaux, des couronnes, des colliers, des égides devant le fanon, le tout en or.

On voyait encore sept palmiers, hauts de huit coudées, un caducée, un foudre, l'un et l'autre de quarante coudées, et un temple, tout cela en or. Le temple avait quarante coudées de circonférence, et chacune de ses ailes huit coudées. Puis venaient des figures dorées de douze coudées et des images d'animaux encore plus grandes, des aigles de vingt coudées; trois mille deux cents couronnes d'or; une égide en or; une grande couronne de même métal ayant quatre-vingts coudées de tour, enrichie de pierreries et consacrée aux mystères ou aux cérémonies religieuses : c'était celle qui embrassait l'entrée du temple de Bérénice; des jeunes filles richement habillées portaient des couronnes d'or, dont une avait deux coudées de hauteur et seize de circonférence. Il faut ajouter une cuirasse de deux coudées, une couronne à feuilles de chêne enrichie de pierreries, vingt boucliers d'argent, soixante-quatre armures complètes, deux bottes d'or de trois coudées, une corne d'or de trente coudées, douze bassins d'or, des coupes sans nombre, des vases à mettre ou à verser le vin, douze urnes, cinquante corbeilles à présenter le pain, des tables, cinq buffets à serrer la vaisselle d'or. Ces vases et ustensiles d'or n'étaient pas compris dans le nombre de ceux que portait le cortège même de Bacchus.

Enfin s'avançaient quatre cents chariots portant l'argenterie, vingt portant la vaisselle d'or, et huit cents chargés d'aromates. Toutes les parties de cet immense cortège étaient accompagnées de cavalerie et d'infanterie magnifiquement armées. L'infanterie comptait cinquante-sept mille six cents hommes, la cavalerie vingt-trois mille deux cents.

Suivant Lebeau (*Histoire de l'Académie des Inscriptions*, tome XXXI), toutes les pierreries, l'or et l'argent de l'Europe, au dix-huitième siècle, auraient à peine suffi à fournir les trésors accumulés et mis en évidence pendant cette fête.

PERSE

FÊTE DE LA CAPTURE DES HOMMES

Une fois l'an, pendant vingt-quatre heures, les femmes, tenues le reste du temps dans un état voisin de l'esclavage, devenaient maîtresses absolues. Il leur était permis de demander ce qu'elles voulaient à leurs maris, qui ne pouvaient le leur refuser. Ce jour-là aussi les filles avaient la liberté de désigner celui qu'elles voulaient prendre pour époux. C'étaient en quelque sorte les Saturnales de la Perse.

GRÈCE

Les fêtes de la Grèce étaient nombreuses ; on en comptait plus de deux cents. Chaque province, chaque ville ou village avait les siennes. La plupart était restreintes à la contrée qui les célébrait; d'autres étaient le rendez-vous de tous les Grecs et attiraient un grand nombre d'étrangers. On fêtait le retour des saisons et les dieux qui les personnifiaient ; les événements heureux ou glorieux avaient leurs anniversaires ; les *néoménies* solennisaient le premier jour du mois lunaire, et chaque mois avait, de plus, une fête attitrée qui lui donnait ou qui prenait son nom. Dans l'Attique, plus de quatre-vingts jours étaient enlevés par les fêtes à l'industrie et à l'agriculture, sans parler de celles qui n'entravaient ni le travail ni les affaires. Il semble que le fabuliste de la Grèce aurait pu dire comme le nôtre :

> Le mal est que dans l'an s'entremêlent des jours
> Qu'il faut chômer ; on nous ruine en fêtes.

Mais un certain nombre de ces solennités étaient, au contraire, pour les villes qui les célébraient, une source de richesse; on y venait en foule, même des pays éloignés. Elles avaient, en outre, l'avantage d'exciter l'émulation dans les arts. Toutes les fêtes religieuses avaient pour accessoire obligé un chœur dont le chant et la danse tenaient une place importante dans la cérémonie. A Athènes ce chœur était nombreux, ou plutôt il y avait dix chœurs, fournis, ainsi que leurs chefs respectifs ou chorèges, par chacune des dix tribus. Le chorège devait être âgé d'au moins quarante ans. Il choisissait lui-même ses choristes, enfants ou adolescents pour l'ordinaire ; un bon joueur de flûte et un maître à régler les pas et les gestes étaient chargés de les conduire et de les exercer. C'était de ces deux hommes que dépendait le succès dans le concours, ouvert à chaque fête entre les chœurs ; aussi les tirait-on au sort en présence d'un magistrat, des choristes et des chorèges. On exerçait les choristes plusieurs mois avant la fête. Les frais étaient à la charge du chorège; mais ces fonctions onéreuses lui valaient beaucoup de considération ; des hommes illustres, comme Aristide et Épaminondas, n'avaient pas dédaigné de les remplir. Le chorège paraissait à la fête, ainsi que les choristes, avec une couronne dorée et des vêtements magnifiques. Il n'épargnait ni l'intrigue, ni même l'argent, pour se rendre les juges favorables. L'émulation était des plus vives entre les tribus, comme entre les maîtres, car l'honneur de la victoire était partagé entre la tribu qui fournissait le chœur, le chorège et les maîtres qui l'avaient instruit. Le prix était, dans certaines occasions, un trépied que la tribu victorieuse consacrait dans un temple ou dans un édicule construit exprès. Quelquefois le chorège élevait un monument à sa propre gloire. On voit encore à Athènes, dans la rue des Trépieds, un gracieux édifice, le seul échappé à la ruine parmi ceux qui ornaient cette rue dans l'antiquité. C'est une rotonde en marbre blanc surmontée d'un fleuron sculpté; une inscription indique sa destination et la date de sa construction. Elle fut élevée, par les soins et aux frais du chorège Lysicrate, 355 ans avant notre ère.

Les lois déclaraient inviolables, pendant le temps des fêtes, la personne du chorège et celle des acteurs.

Les fêtes les plus importantes étaient annuelles ou revenaient à des intervalles de deux, trois ou quatre années. Parmi ces grandes solennités, plusieurs ont été chantées par les poètes les plus illustres; elles ont fait naître une foule de chefs-d'œuvre sous la main de Phidias et des autres maîtres; enfin quelques-unes, et surtout celles d'Olympie, sont restées célèbre dans l'histoire, dont elles ont pendant des siècles marqué les périodes. Aussi, pour nous, les fêtes de la Grèce se présentent toujours avec le prestige des merveilles de l'art, des grands hommes et des grandes actions, dont la mémoire ne saurait périr.

Toutes les fêtes de la Grèce étaient considérées comme des cérémonies religieuses, car elles avaient pour objet le culte d'une divinité; mais chacune d'elles recevait de cette divinité même un caractère particulier : celles de Minerve et de Cérès, par exemple, étaient remarquables par une gravité solennelle qui n'excluait ni la pompe ni la magnificence, tandis que le désordre et la licence régnaient dans les fêtes de Bacchus. Les Panathénées, consacrées à Minerve, les Éleusinies, fêtes de Cérès Éleusine, et les Dionysiaques ou fêtes de Bacchus, étaient les trois fêtes religieuses les plus importantes. Nous nous bornerons à parler des deux premières.

PANATHÉNÉES

Nommées d'abord Athénées (*Athènaia*), les fêtes de Minerve (*Athènè*) avaient, disait-on, été fondées par Érichton, fils de Vulcain, ou, suivant d'autres, par Thésée, lorsqu'il réunit au point de vue politique tous les bourgs ou dêmes de l'Attique à la ville d'Athènes; elles reçurent alors le nom de Panathénées (*Panathènaia*), comme pour exprimer l'union de tous en un seul État.

On distinguait les petites et les grandes Panathénées; les petites étaient annuelles, les grandes revenaient tous les cinq ans. On n'y consacrait d'abord qu'un jour, car Thucydide nous apprend que le jour des grandes Panathénées était le seul où, sans exciter le soupçon, plusieurs citoyens pouvaient se réunir armés pour se mêler au cortège. Plus tard on les prolongea, pour en augmenter la pompe et la solennité. Il était interdit de s'y présenter vêtu d'étoffes teintes.

Les petites Panathénées commençaient le vingtième jour du mois de Thargélion, correspondant à la fin d'avril et au commencement de mai. Elles suivaient immédiatement les Bendidies, fête de Diane Bendis qui tenait, à certains égards, des Dionysiaques. Elles consistaient en un triple concours équestre, gymnique et musical, suivi d'un grand sacrifice et d'un festin donné au peuple. Le soin du concours était confié à dix juges ou *athlothètes*, choisis en nombre égal dans les dix tribus et nommés pour quatre ans.

La fête commençait le soir par des courses aux flambeaux qui se prolongeaient une partie de la nuit. Ce fut d'abord une course à pied, plus tard une course équestre. Elle se faisait dans l'Académie, qui se trouvait comprise dans le Céramique extérieur séparé par le mur d'enceinte du Céramique proprement dit. La carrière, longue de six à sept stades (environ 1200 mètres), s'étendait depuis l'autel de Prométhée jusqu'au mur de la ville, et des jeunes gens y étaient placés à distances égales. Au signal donné, le plus rapproché de l'autel y allumait un flambeau et, courant de toute sa vitesse, le portait au coureur suivant, qui le transmettait au troisième et ainsi de suite. Ceux qui le laissaient s'éteindre étaient exclus du concours; ceux qui ralentissaient leur course étaient livrés aux railleries et même aux coups de la foule des spectateurs. Il fallait, pour obtenir le prix, avoir parcouru les différentes stations. Cette course avait lieu aussi pendant les fêtes de Vulcain, suivant Hérodote.

Le concours gymnique comprenait les différents exercices de la palestre, et notamment le pancrace et le pentathle; on l'appelait le *combat de la force et du courage*. Il avait lieu dans le stade Panathénaïque, creusé dans une des collines de la rive gauche de l'Ilissus, sur le territoire du dème d'Echélide, près d'Ardettos et non loin du Pirée, suivant Meursius. Ce stade, de 235 mètres en longueur sur environ 41 de largeur à l'une de ses extrémités et 83 à l'autre, fut embelli par Lycurgue, l'orateur, qui fit niveler l'arène et construire un podium ou soubassement. Les spectateurs étaient assis sur le sol en pente des collines. Hérode Atticus, dit le Sophiste, couvrit ces pentes de gradins en marbre pentélique, et le stade d'Athènes devint un des plus beaux de la Grèce.

Le concours musical, fondé par Périclès, avait lieu dans l'Odéon. On entendait d'abord les joueurs de flûte (*sunaulia*) exécutant un chant rhythmé sans paroles, puis les chanteurs s'accompagnant de la lyre, ensuite des chœurs. Venait enfin le concours des poètes. Leur œuvre comprenait quatre drames, dont le dernier devait être satirique et dont l'ensemble était appelé tétralogie. On ajouta plus tard à ces jeux des danses pyrrhiques, exécutées par des adolescents, en mémoire de la danse de Minerve, victorieuse des Titans.

Ce fut à l'occasion d'un concours analogue qu'Hérodote,

suivant quelques auteurs, lut à la fête des Panathénées son admirable histoire, embrassant tout ce qu'on savait alors de l'antiquité. Les Athéniens lui décernèrent pour récompense la somme considérable de dix talents.

Les vainqueurs donnaient un festin à leurs amis. Ils recevaient comme prix une couronne d'olivier et une cruche d'huile provenant de certains oliviers qui végétaient près de l'Académie. Cette huile, donnée en prix, était la seule qu'il fût permis d'exporter hors de l'Attique.

La fête se terminait par un grand sacrifice, auquel toutes les villes de l'Attique et les colonies d'Athènes contribuaient en envoyant chacune un bœuf. Le sacrifice était suivi d'un festin donné au peuple, et pendant lequel on se servait de vases à boire dits *panathénaïques*. Ces vases contenaient, suivant Meursius, au moins deux conges, c'est-à-dire plus de six litres.

Sous la domination romaine, on ajouta aux Panathénées des combats de gladiateurs, assaisonnement de haut goût dont les Romains ne pouvaient se passer dans aucune circonstance, banquets, fêtes religeuses, funérailles, etc. Ces gladiateurs d'Athènes étaient, au dire des historiens, des misérables sortis de la lie sociale, chargés de tous les crimes, et qu'on achetait à grand prix dans la citadelle. Il en fut ainsi jusqu'au temps d'Apollonius de Tyane, qui persuada aux Athéniens de faire cesser les combats de gladiateurs, disant qu'il était impie de substituer des hécatombes humaines aux sacrifices de bœufs.

GRANDES PANATHÉNÉES

Les grandes Panathénées se célébraient tous les cinq ans, le 25 Hécatombéon, mois qui correspondait à la fin de juin et au commencement de juillet. C'était, de toutes les fêtes quinquennales, la seule, au dire de Meursius, dont l'organisation ne fût pas attribuée aux *hieropoioi*, fonctionnaires chargés des cérémonies sacrées. Elles

Fête des Panathénées, procession équestre.

comprenaient les mêmes cérémonies que les Panathénées annuelles, et, de plus, le transport solennel du *péplum* de Minerve. Cette draperie, analogue au vêtement du même nom que portaient les femmes grecques, figurait la voile du vaisseau panathénaïque. Elle était blanche, parsemée

Fête des Panathénées, les canéphores, le péplum.

de clous ou boutons d'or, ornée de broderies en or représentant le combat de Minerve contre les Titans et les exploits des grands hommes. Plus tard la flatterie y fit mettre les images d'Antigone et de Démétrius, qui ne pouvaient rappeler aux Athéniens que l'envahissement de leur patrie.

Le péplum était porté en grande pompe et suivi d'une foule immense formant un long cortège. Cette procession, dont les admirables bas-reliefs de Phidias nous montrent les principaux détails, se formait hors de la ville, près du temple de Cérès, entre la porte du Pirée et la porte Sacrée, dans un édifice attribué à cet usage pour les Panathénées comme pour toutes les cérémonies analogues.

Ce fut pendant qu'il organisait le cortège des Panathénées qu'Hipparque fut tué par Harmodius et Aristogiton.

Fête des Panathénées, procession équestre.

Voici comment les auteurs décrivent la procession des grandes Panathénées :

On suspendait le péplum, comme une voile, au mât d'un vaisseau de construction particulière et disposé de manière à se mouvoir sur le sol comme un chariot, et non à flotter sur les eaux ; c'était le vaisseau panathénaïque, spécialement consacré à Minerve. On le conservait, suivant Pausanias, dans un lieu voisin de l'Aréopage. Quand le cortège se mettait en marche, le vaisseau, traîné par des chevaux, suivant les uns, mû, suivant d'autres, par un mécanisme intérieur, semblait obéir à l'impulsion de ses avirons et au vent qui gonflait sa voile. Il parcourait ainsi le Céramique jusqu'au temple de Cérès Éleusinienne, faisait le tour du temple, puis, dépassant le mur Pélasgique et le temple d'Apollon Pythien, revenait à sa place. Plus tard, on porta le péplum dans la citadelle, au delà des Hermès. Quand la partie inférieure du péplum se trouvait souillée de poussière pendant le trajet, il était nettoyé par des gens chargés de ce soin religieux, puis on en revêtait la statue de Minerve.

Des personnes de tous les rangs et de tout âge prenaient place dans le cortége. En tête marchaient des vieillards des deux sexes, tenant à la main un rameau d'olivier, et appelés à cause de cela *tallophores*. Venaient ensuite des hommes dans la force de l'âge, portant des armes; puis les métèques (*metoicoi*), c'est-à-dire les étrangers établis en Attique, portant des vases qui contenaient le miel et les gâteaux destinés aux sacrifices : c'étaient les *scaphéphores*; quelques-uns, suivant Meursius, portaient des hoyaux. Après eux venaient les femmes athéniennes, suivies des femmes métèques qui portaient des urnes pleines d'eau : c'étaient les *hydriophores*.

Fête des Panathénées, les scaphéphores, les hydriophores, les éphèbes.

Les éphèbes s'avançaient ensuite, vêtus de la chlamyde, couronnés et chantant le Pæan, l'hymne de la déesse. Leur chlamyde était noire, en signe de deuil pour la mort du héraut Copreus, tué par les Athéniens tandis qu'il arrachait aux autels les Héraclides. Hérode Atticus fit cesser ce deuil et porter des chlamydes blanches.

Fête des Panathénées, procession équestre.

Les *canéphores* suivaient les éphèbes; c'étaient des jeunes filles d'Athènes qui portaient les corbeilles sacrées, contenant les objets nécessaires au culte, et que recouvraient des voiles dits *istrionides*. Ces corbeilles, comme tout ce qui servait à la cérémonie, étaient confiées à la garde des *archithéores*, qui les distribuaient aux jeunes filles en ne touchant qu'avec respect les corbeilles et les voiles sacrés. Les canéphores étaient choisies dans les familles les plus nobles, et ces fonctions ne s'accordaient pas indifféremment: aussi, quand Hipparque refusa d'admettre à cet honneur la sœur d'Harmodius, comme indigne par sa naissance de l'obtenir, ce fut une insulte pour la famille. Les canéphores étaient suivies par les *diphrophores* et les *skiadéphores*, ou porteuses d'escabeau et de parasol; c'étaient les filles des métèques que la loi forçait, aussi bien que leurs parents, à remplir dans le cortège ces humbles fonctions. Meursius pense que des enfants vêtus de tuniques fermaient la marche, parce que c'était l'usage dans toutes les cérémonies analogues.

On appelait *nomophylaques* les ordonnateurs de la cérémonie. Ils avaient la tête ceinte d'une bandelette blanche.

Pendant la marche du cortège, des rhapsodes récitaient les vers d'Homère ; cet usage avait été institué par Hipparque en l'honneur du grand poète et pour lui seul. C'était aussi la coutume de décerner, en cette occasion, une couronne d'or aux citoyens qu'on voulait honorer d'une manière exceptionnelle. Leur nom était proclamé par le héraut dans l'enceinte du concours gymnique. On sait qu'un décret, rendu sur la proposition de Ctésiphon, avait accordé cette récompense à Démosthène. Eschine voulut faire annuler le décret, et Démosthène obtint qu'il fût maintenu en prononçant devant le peuple assemblé le *Discours pour la couronne*.

Enfin, pendant les Panathénées, comme dans toutes les fêtes quinquennales, le héraut implorait la faveur des dieux pour les Athéniens et pour les Platéens, en mémoire de la belle conduite de ces derniers à la bataille de Marathon.

Telle était la procession ou, comme le disaient les Grecs, la pompe des grandes Panathénées. Phidias l'avait représentée dans la frise de la *Cella* du Parthénon.

ÉLEUSINIES

Les *Éleusinies*, fête de Cérès Éleusine, appelées par les Grecs *Eleusinia* ou *Mysteria* (les *mystères*), étaient la plus vénérée des fêtes de l'antiquité.

Leur fondation était attribuée à Érechthée par les uns, par d'autres à Cérès. Érechthée, disait-on, ayant apporté d'Égypte à Athènes de grandes quantités de blé pendant une famine, fut fait roi par les Athéniens en reconnaissance de ce bienfait, et les initia au culte de Cérès.

On disait aussi que Cérès parcourant le monde, à la recherche de sa fille Proserpine, enlevée par Pluton, s'arrêta dans un lieu qu'elle nomma Éleusis (arrivée), et, succombant à la fatigue, s'assit près d'un puits appelé *Callichoros*. Une vieille, nommée Baubô, la reçut dans sa demeure et lui offrit un potage que Cérès refusa. Baubô, pour la distraire de son chagrin, s'avisa d'une mimique fort saugrenue, mais qui réussit à faire rire la déesse, et Cérès, un peu consolée, prit le potage.

Suivant une autre légende, Cérès, ayant été accueillie par Célée, roi d'Éleusis, guérit Triptolème, son fils ; puis, quand elle eut retrouvé Proserpine, institua les *Mystères* et donna aux Athéniens le froment, dont elle avait enseigné la culture à Triptolème. Quelques auteurs attribuent à Orphée l'institution des Éleusinies. D'autres enfin disent qu'elles furent instituées par les Athéniens comme témoignage de leur reconnaissance envers Cérès, qui leur avait donné, avec l'agriculture, les premiers éléments de la civilisation.

Ce que l'on sait des rites usités en Égypte dans la célébration des fêtes d'Isis ne permet pas de douter que les Éleusinies, comme beaucoup d'autres cérémonies religieuses de la Grèce, aient été importées d'Égypte, ainsi que le dit Hérodote. Le culte égyptien, toujours austère et mystérieux, prit un autre caractère chez un peuple artiste, léger et ami des plaisirs ; mais l'idée première et le but de l'initiation restèrent les mêmes : épurer les croyances religieuses, en les dépouillant de la forme toute matérielle dont les enveloppait le culte vulgaire; présenter les mythes sous un jour nouveau qui permettrait, comme le dit Cicéron, de mieux connaître la nature des choses et les principes de la vie.... « Les mystères, dit M. A. Maury, atteignirent graduellement la forme systématique sous laquelle ils ont fini par constituer une religion distincte de la religion populaire. La pensée religieuse a été se dégageant sans cesse, dans cette doctrine, des éléments et des idées matérielles par lesquels elle s'était exprimée à l'époque antique, et elle les a remplacés par des conceptions plus pures et plus élevées, auxquelles les mythes ne servirent plus que d'enveloppe. On peut donc considérer les mystères non comme le résultat d'une révélation première, mais comme celui du travail de l'esprit religieux, de l'épuration du sentiment de la divinité. Aussi est-ce dans leur sein que le polythéisme revêtit sa forme la plus rapprochée des idées spiritualistes dont le christianisme assura le triomphe; ils furent le dernier effort du paganisme vers le monothéisme. »

On regardait les mystères comme devant avoir un effet de moralisation. L'initiation était appelée *télétè*, c'est-à-dire la plus haute dignité, l'état le plus parfait que l'homme pût atteindre. Elle rendait la vie plus heureuse, disait-on, et assurait le bonheur après la mort. Les Grecs, les Romains, les gens de tous les pays recherchaient l'initiation éleusinienne; les Athéniens la faisaient donner à leurs enfants encore jeunes, et, si on l'avait négligée jusqu'aux dernières années de la vie, on tenait du moins à la recevoir avant la mort. Quelques hommes, même des plus illustres, s'y refusèrent cependant, et quand les adeptes, dans leur enthousiasme, assuraient à Diogène qu'après leur mort ceux qui n'étaient pas initiés restaient aux enfers, plongés dans la fange, le Cynique leur répondait qu'il était ridicule de supposer qu'Agésilas et Épaminondas fussent enfouis dans le fumier, tandis que des lâches pourraient s'ouvrir par l'initiation le séjour des bienheureux.

On distinguait les *petits* et les *grands* mystères. Les petits se célébraient tous les ans à Agra, près d'Athènes, dans le mois d'Anthestérion (fin de novembre et commencement de décembre). Les grands mystères avaient lieu tous les cinq ans à Éleusis, dans le mois de Boédromion (fin d'août et commencement de septembre).

L'origine des *petits mystères* passait pour moins ancienne que celle des grands; elle remontait, disait-on, au temps d'Hercule. Ayant reçu d'Eurysthée l'ordre d'aller chercher Cerbère chez Pluton, Hercule, avant de partir pour ce dangereux voyage, eut l'idée de se faire initier. Peut-être croyait-il s'acquérir ainsi la bienveillance de Proserpine et se donner un vernis d'homme comme il faut dans une maison dont il allait voler le chien, dit Aristophane. Il se présenta donc à l'initiation; mais, dans ces temps reculés, les étrangers n'y pouvaient prétendre, et Hercule était de Thèbes. Cependant les Athéniens désiraient lui être agréables, car il avait déjà rendu bien des services aux pays environnants, et, quoique l'importation du taureau de Marathon ne fût certes pas un bienfait pour l'Attique, c'était peut-être une raison de plus pour qu'on craignît de désobliger le héros qui l'y avait amené de Crète. Hercule avait pour lui la force, il était la force personnifiée, et déjà, comme on peut croire, le droit était, contre la force, un pauvre argument. Pour sortir d'embarras, on fit adopter le fils d'Alcmène par un Athénien nommé Pylius, puis on l'initia, suivant les uns à Éleusis, suivant d'autres à Mélité, dême de l'Attique, mais, en tout cas, aux petits mystères seulement; et ce fut leur origine. Ils étaient consacrés à Proserpine.

A l'exemple d'Hercule, Bacchus, Thébain comme lui par sa mère, se fit initier. Vinrent ensuite les Dioscures, adoptés par Aphidmes, comme Hercule l'avait été par Pylius; puis Esculape, puis Hippocrate. Plus tard on admit tous les étrangers, sauf les Barbares, en haine des

Perses et des Mèdes, quoiqu'un Thrace, Eumolpus, eût été le premier fondateur des mystères, ou du moins le premier qui eût rempli les fonctions d'hiérophante.

Les petits mystères étaient une préparation aux grands, un premier degré dans l'initiation, ce qui a fait dire à Euripide que le sommeil était les petits mystères de la mort. L'initié y apprenait les fondements secrets de la doctrine qui devait lui être complètement révélée dans les grands mystères.

On désignait l'initiation par le mot de *muèsis* (enseignement, révélation). Les initiés aux petits mystères recevaient le titre de *mystes*, du verbe *muô* (fermer), parce que l'interdiction de rien révéler leur fermait la bouche. Initiés aux grands mystères, ils prenaient le titre d'*époptes* (contemplateurs). Les mystes ne dépassaient pas le vestibule du temple, dont la porte s'ouvrait pour eux quand, devenus époptes, ils étaient admis à *contempler* les mystères du culte, ou du moins ce qu'on leur en montrait, car il paraît que certains secrets étaient réservés à des adeptes exceptionnels ou aux ministres, de qui mystes et époptes recevaient l'initiation. Le grade d'épopte n'était conféré que pendant les grands mystères, en sorte que, si l'on était reçu myste dans l'année qui les suivait, il fallait attendre quatre ans l'initiation complète, et un an seulement quand on était devenu myste l'année qui les précédait. C'était le moindre intervalle permis entre la petite et la grande initiation ; mais ce que la légende raconte à propos d'Hercule, l'histoire le rapporte de Démétrius Poliorcète. Maître d'Athènes par la conquête, il voulut être initié en une seule fois à tous les grades, et il fallut bien faire ce qu'il voulait.

Les initiés devaient garder le secret des mystères, et sa révélation aux profanes, considérée comme le plus affreux sacrilège, était punie de mort. On devait s'éloigner du révélateur et n'avoir en commun avec lui ni la demeure, ni le chemin; rien, en un mot. C'était aussi un crime de prêter l'oreille à la divulgation. Quelques passages des tragédies d'Eschyle ayant paru dévoiler une partie de ces secrets, le poète se vit menacé d'une condamnation capitale, et Diagoras de Mélos fut, pour la même cause, proscrit à Athènes; on mit sa tête à prix : un talent était promis à quiconque le tuerait, deux talents à qui le livrerait vivant. Suétone rapporte qu'Auguste, initié à Athènes, ayant un jour à juger une affaire où il s'agissait des privilèges des prêtres de Cérès et dans laquelle il pouvait être question des secrets d'Éleusis, renvoya le conseil et l'assemblée et entendit seul les plaidoyers.

En Crète, cependant, le secret n'était pas imposé aux initiés : on pouvait parler librement des mystères, et les Crétois en concluaient, on ne voit pas trop pourquoi, qu'ils étaient les premiers fondateurs de ce rite. Ils avaient, à cet égard, des libertés peu conformes à l'orthodoxie des autres peuples : leurs hiérophantes n'étaient pas astreints au célibat.

L'entrée du temple de Cérès, où l'on célébrait les mystères, était rigoureusement interdite à ceux qui n'étaient pas initiés. Jeter un regard indiscret dans le temple, c'était une violation des cérémonies et l'équivalent de leur divulgation. Un fait de cette nature causa la guerre entre les Athéniens et Philippe. Deux jeunes Acarnaniens étaient entrés par erreur dans le temple, pendant qu'on y célébrait les mystères. Reconnus pour des profanes, à leur langage et à leurs questions, ils furent conduits devant les magistrats et mis à mort. Démétrius, qui s'était fait initier dans un même jour aux petits et aux grands mystères, ne respecta pas davantage le secret de leurs cérémonies. Cédant aux caprices d'une femme nommée Aristagora, il fit placer un siège pour elle à la porte du temple d'Éleusis, de façon qu'elle pût voir tout ce qui s'y passait, et menaça de faire repentir ceux qui voudraient s'y opposer.

Horace tenait à distance le révélateur des secrets d'Éleusis, mais Horace n'avait en vue qu'un coquin vulgaire. De nos jours, comme au temps d'Horace, les Démétrius, et des personnages très inférieurs au preneur de villes, trouvent toujours des courtisans trop heureux de les accompagner dans leurs voyages et de fréquenter leurs palais.

Cependant Néron, moins hardi que Démétrius, n'osa pas, dit Suétone, se présenter à l'initiation et braver ce cri du héraut : *Loin d'ici profanes et scélérats!* L'homicide, même involontaire, était une cause d'exclusion; les magiciens, les faiseurs de miracles, les impies, les criminels de tout genre ne pouvaient être admis aux mystères.

Les ministres du culte de Cérès étaient répartis en quatre ordres, suivant leurs fonctions : l'hiérophante, le porte-flambeau, le héraut et le ministre attaché au service de l'autel.

L'*hiérophante* ou *mystagogue* (conducteur des mystes) était chargé de l'initiation; il portait des ornements à l'image du Créateur (*dêmiourgos*) qu'il représentait, sa chevelure était ceinte d'un bandeau (*strophium*), il devait remplir certaines conditions sous le rapport de l'âge et de la voix, et défense était faite à l'initié de révéler son nom. A Éleusis, l'hiérophante était toujours un Athénien libre de tout autre sacerdoce; ses fonctions étaient à vie et il ne pouvait se marier. A Célée, il n'était élu que pour quatre ans et restait libre de se marier, dit Pausanias.

Le *porte-flambeau* (*dadoukos*) représentait le soleil; comme l'hiérophante, il était remarquable par sa chevelure ceinte du strophium; il était aussi nommé à vie, mais pouvait se marier.

Le *cêryce* (*kêrux*) ou héraut représentait Mercure, et le ministre chargé du soin de l'autel représentait la lune. Le premier hiérophante fut Eumolpus et un grand nombre de ses successeurs portèrent le même nom; leurs descendants formaient la race des Eumolpides.

A Athènes, le premier archonte, qui portait le titre de roi (*basileus*), présidait aux mystères et en surveillait les cérémonies. Il défendait d'abord par un édit qu'aucun ennemi de la république y prît part, puis, le surlendemain des mystères, il rassemblait, suivant la loi de Solon, le sénat dans le temple d'Éleusis, pour connaître des délits qui pouvaient y avoir été commis. Les *Épimélètes* secondaient l'archonte-roi dans ses fonctions. Ils étaient quatre, nommés par le peuple : deux parmi les citoyens d'Athènes, le troisième parmi les Eumolpides, le quatrième parmi les Céryces, descendants de Céryx, fils d'Eumolpe, et qui faisaient les fonctions de hérauts.

Ceux qui se présentaient à l'initiation des petits mystères étaient soumis d'abord à des cérémonies de purification sur le bord de l'Ilissus. Le dadoukos les plaçait sur la peau d'une victime immolée à Jupiter; on apportait des fleurs et des couronnes : c'était ce qu'on appelait l'*hismera* ; le ministre qui purifiait les néophytes était l'*hudranos;* ils sacrifiaient un porc lavé d'abord dans le Cantharas, un des bassins du Pirée; ce sacrifice, des vœux et une certaine austérité de mœurs étaient les préliminaires obligés de l'initiation qui, faute de leur observance, perdait tous ses avantages. Après avoir été purifiés, les néophytes étaient initiés et admis au rang de mystes; l'initiation avait lieu la nuit, dans un petit temple, à Agra, près d'Athènes.

L'initiation aux grands mystères se faisait aussi pendant la nuit, à Éleusis, dans le vaste sanctuaire de l'Éleusinion construit par Ictinus. Les mystes qui s'y présentaient avaient la tête ceinte d'une couronne de myrte. En entrant dans le temple, ils se lavaient les mains avec de l'eau puisée à un bassin consacré. On leur prescrivait d'être purs en toute chose, d'avoir l'esprit et les mains pures et de parler purement la langue grecque; puis on leur donnait à lire les rites des mystères, consignés dans des livres que l'on tirait d'un coffre, formé de deux pierres très bien jointes, où on les conservait. Ce coffre, appelé le *pétrôma*, était de rigueur dans le matériel du culte, car les Phénéates, au dire de Pausanias, en possédaient un semblable et qui servait au même usage, dans leur temple de Cérès Éleusine. Ces livres, dit Galien, n'étaient intelligibles que pour les initiés.

L'hiérophante demandait ensuite à chacun des mystes en particulier s'il avait ou non mangé, à quoi celui-ci répondait : « J'ai jeûné, j'ai bu le *cicéon* (breuvage), pris par moi dans la ciste, placé dans une corbeille, puis de la corbeille dans la ciste. » Ce jeûne était en mémoire de cêlui de Cérès, et l'initié prenait le cicéon comme avait fait la déesse en se laissant persuader par Baubô. Avant d'entrer dans le sanctuaire, les initiés étaient soumis à des épreuves effrayantes pour les crédules; plongés dans les ténèbres, n'ayant aucun moyen de se diriger et ne sachant où aller, ils entendaient des voix, la foudre semblait éclater près d'eux, ils étaient éblouis par les éclairs; enfin, les ténèbres se dissipaient, l'hiérophante ouvrait le sanctuaire, enlevait les draperies qui recouvraient la statue, l'essuyait de toutes parts, l'ornait et l'exposait brillante d'un éclat divin aux regards du myste devenu épopte. Il lui montrait aussi différents objets mystérieux dont l'ensemble formait ce qu'on appelait le monde de la déesse. Puis l'épopte entendait retentir les acclamations : *Kongs, hompax;* c'était pour lui le signal de la retraite, il cédait la place à un autre myste.

Les initiés ne quittaient plus le vêtement qu'ils portaient pendant la cérémonie. Quand un long usage l'avait mis hors de service, ils le consacraient à Cérès et à Proserpine ou le réservaient pour en faire des langes aux enfants.

Les grands mystères commençaient le 15 du mois de Boédromion et duraient neuf jours, suivant Meursius.

Le premier jour (*Agurmos*) était celui des initiations.

Le second (*haladé mustai*) était ainsi nommé parce que les mystes se baignaient dans la mer. Le troisième jour était celui des sacrifices; on immolait un mulet d'une espèce particulière et considérée comme la meilleure. Aussi le mulet était consacré à Cérès. Les gâteaux employés dans les sacrifices étaient pétris avec l'orge récoltée dans la plaine de Rharos et aucune parcelle n'en devait être jetée. Il était interdit au prêtre de Junon d'y goûter et le temple qu'il desservait était fermé pendant la célébration des mystères. On désignait sous le non de *thua* les offrandes présentées à Cérès et à Proserpine.

Le quatrième jour avait lieu la procession de la corbeille (*kàlathos*) placée sur un char que traînaient des bœufs. Sur le passage du char, les profanes devaient baisser les yeux; il leur était interdit de regarder les objets sacrés des fenêtres ou du haut des toits. C'était le soir qu'avait lieu la procession; le char s'avançait lentement, les roues étaient pleines et non à rais et à jantes. Les femmes suivaient, portant les cystes mystiques, enveloppées de bandelettes de pourpre et contenant des gâteaux de sésame piquetés à la surface, des pelotons de laine filée, quelques grains de sel, un serpent, des grenades, une corde, une tige de férule, du lierre et des pavots. La grenade rappelait celle dont Proserpine avait mangé un grain chez Pluton, et les pavots ceux que Morphée avait donnés à Cérès.

Le cinquième jour était celui des *flambeaux*. Cérès, allant à la recherche de sa fille, avait allumé une torche à l'Etna et, pour en rappeler le souvenir, quand la nuit était venue, les mystes s'avançaient processionnellement portant des flambeaux allumés, les femmes en portaient aussi; chacun dédiait une torche à la déesse et c'était à qui donnerait la plus grande.

Le sixième jour était consacré à Iacchos, fils de Cérès, suivant les uns, de Proserpine, suivant d'autres. On promenait sa statue couronnée de myrte et portant une torche, parce qu'il avait, disait-on, aidé Cérès à la recherche de Proserpine. Les *initiés*, couronnés aussi de myrte, prenaient part au cortège solennel dont la foule criait sans cesse : Iacchos, Iacchos! Des danses, des chants, le son des trompettes et d'autres instruments s'ajoutaient aux cérémonies. On se purifiait aux ruisseaux (*Rheitoi*) consacrés à Cérès et à Proserpine, puis on se rendait d'Athènes à Éleusis par la voie sacrée, en traversant le Céphise sur un pont où se trouvaient des gens apostés pour adresser des injures à ceux qui formait le cortège, ensuite, par la *route mystique*, on entrait à Éleusis. Ce cortège comprenait dans certaines années jusqu'à trente mille personnes. Plutarque rapporte qu'Alcibiade conduisit la pompe d'Iacchos et rétablit l'itinéraire anciennement suivi.

Le septième jour avaient lieu des luttes gymnastiques, poétiques et autres, dont le prix était une mesure d'orge.

Le huitième était désigné sous le nom d'*Épidauria*, en mémoire d'Esculape qui, venu d'Épidaure pour se faire initier, et arrivé trop tard, avait obtenu qu'on recommençât en sa faveur les cérémonies de l'initiation. Ce jour-là, si quelqu'un n'avait pu être initié plus tôt, il pouvait encore se faire admettre à la connaissance des mystères.

Le neuvième et dernier jour était le *Plèmochon*, ainsi nommé parce qu'on emplissait alors deux vases du genre de ceux appelés plèmochons et dont le fond était plus large que le haut. On plaçait ces vases l'un à l'orient, l'autre au couchant, et, en prononçant des paroles mystiques, on les renversait par manière de libation.

Pendant les Éleusinies, il était interdit d'arrêter personne et de présenter des requêtes judiciaires. Les femmes ne pouvaient suivre la pompe en char, sous peine d'une amende de six mille drachmes; celles qui avaient besoin d'un véhicule se faisaient traîner par des ânes. Quant aux mystes, ils ne devaient pas se servir d'ânes comme montures et l'abstinence de certains mets leur était imposée.

La célébration des mystères eut lieu jusqu'aux empereurs chrétiens; elle ne fut suspendue qu'une fois, quand la prise de Thèbes par Alexandre fut une cause de deuil. Un hiérophante avait, dit-on, prédit à Julien que les Éleusinies cesseraient sous son règne, mais elles ne furent abolies que sous Théodose le Grand.

JEUX OLYMPIQUES

Les grandes solennités ou jeux d'Olympie, de Corinthe, de Delphes et de Némée étaient des fêtes nationales plutôt que religieuses. Tandis que les fêtes de ce dernier genre, comme les Panathénées, les Éleusinies, etc., se célébraient non seulement à Athènes et à Éleusis, mais dans beaucoup d'autres villes en même temps, ce qui diminuait l'affluence dans celle qui leur était principalement affectée, les quatre grands jeux, dont la date ne coïncidait pas et dont le siège était unique pour chacun d'eux, attiraient une foule immense.

Les jeux olympiques tenaient le premier rang parmi les fêtes de la Grèce. Ils se célébraient en Élide, dans une grande plaine située à l'ouest de Pise et nommée Olympie : cette dénomination ne paraît pas avoir désigné une ville, mais plutôt une réunion de temples et de monuments publics. L'origine des jeux olympiques remonte à la plus haute antiquité et se présente sous forme de légende. Suivant Pausanias, les Éléens la rapportaient à Hercule Idéen, l'aîné des cinq dactyles à qui Rhéa confia son fils Jupiter. Hercule avait remporté sur ses quatre frères le prix de la course, une couronne d'olivier. D'autres prétendaient que

Jupiter, luttant avec Saturne à Olympie, avait eu l'empire du monde pour prix de sa victoire; ou bien encore que Jupiter, vainqueur des Titans, avait institué ces jeux et qu'Apollon y avait gagné le prix de la course sur Mercure et celui du pugilat sur Mars. C'est pour cela, disait-on, que les vainqueurs au pentathle (*penté*, cinq, *athlos*, combat), exercice comprenant le saut, la course, le disque, le javelot et la lutte, dansent au son des flûtes qui jouent des airs pythiens, parce que ces airs sont consacrés à Apollon et que ce dieu fut couronné le premier aux jeux olympiques.

Selon Strabon, ils furent institués, après le retour des Héraclides dans le Péloponèse, par les Étoliens réunis aux Éléens. Interrompus lors de l'invasion dorienne, ils furent remis en honneur par Iphitus, roi d'Élide, qu'on dit avoir été aidé dans cette œuvre par Lycurgue, le législateur lacédémonien, et Cléosthène de Pise. Iphitus étant allé consulter l'oracle de Delphes sur le moyen de faire cesser la guerre civile et la peste, qui désolaient la Grèce, il lui fut répondu par la Pythie que le rétablissement des jeux olympiques serait le salut de sa patrie. On s'appliqua donc à remettre en honneur les anciens exercices de la palestre et, depuis lors, les jeux furent célébrés sans interruption jusqu'à la seizième année du règne de l'empereur Théodose, en l'an 394 de l'ère chrétienne.

Les jeux olympiques étaient quinquennaux, c'est-à-dire, selon l'ancienne manière de compter, que quatre années pleines s'écoulaient entre chacune de ces solennités et la suivante. Ces périodes successives de quatre ans s'appelaient des olympiades, et elles constituaient pour les Grecs une ère chronologique, qui avait commencé l'an 776 avant Jésus-Christ. Les jeux étaient consacrés à Jupiter Olympien, dont le temple, orné de la statue exécutée par Phidias, était une des merveilles architecturales de la Grèce. Précédés et suivis de cérémonies religieuses, ils étaient présidés par des juges dont le nombre varia d'un à douze, suivant les époques. Pausanias dit que, de la cent huitième olympiade jusqu'à son temps, il y avait dix juges. Ils étaient tirés au sort parmi les Éléens et portaient le titre d'*Hellanodices* (*ellanodicai*, juges grecs).

Cette affectation de la surintendance et du jugement des jeux, réservée aux seuls habitants de l'Élide, pouvait sembler peu conforme aux lois de l'impartialité, et les sages de l'Égypte, consultés à cet égard, avaient déclaré que si les juges devaient toujours être choisis parmi les Éléens, le concours devait être interdit aux athlètes de l'Élide. Cependant rien ne fut changé aux dispositions premières; on permit seulement aux athlètes d'appeler au sénat d'Olympie de la décision qui les privait de la couronne.

Outre leurs attributions de juges des concours, les Hellanodices avaient le droit d'admettre ou d'exclure tels ou tels exercices ; ils faisaient faire par leurs agents la police des jeux, réprimaient les fraudes, punissaient les athlètes ou les villes qui s'en rendaient coupables. Leurs arrêts étaient généralement respectés et l'oracle de Delphes, ce recours suprême en cas de litige, leur donnait presque toujours raison.

On célébrait les jeux vers le solstice d'été ; ils duraient cinq jours. A l'époque de cette grande solennité, des hérauts proclamaient par toute la Grèce la *trêve sacrée,* qui arrêtait pour un mois dans tout le pays grec les opérations militaires. Le territoire de l'Élide, en particulier, était alors considéré comme inviolable, et si des troupes y étaient entrées, elles auraient été condamnées à une amende de deux mines (quatre-vingts francs) par soldat.

Ce n'étaient pas seulement les athlètes qu'attirait cette fête nationale. On y voyait affluer les poètes, les écrivains, les artistes qui profitaient de cette immense réunion pour faire connaître leurs œuvres à un peuple non moins capable de juger les productions de l'intelligence que passionné pour les exercices de la palestre. On a vu plus haut qu'Hérédote lut ainsi, dit-on, les premiers chapitres de sa grande histoire à la Grèce assemblée. C'était encore pour ce peuple enthousiaste une occasion d'acclamer les grands hommes auxquels il devait ses lois ou ses victoires. On lit dans Plutarque qu'aux premiers jeux qui suivirent la bataille de Salamine, Thémistocle ayant paru sur l'enceinte du stade, les spectateurs oublièrent les combattants et eurent, durant tout le jour, les yeux fixés sur lui. Ils le montraient aux étrangers avec des cris d'admiration et des battements de mains. Thémistocle, au comble du bonheur, dit à ses amis que c'était là une digne récompense de ce qu'il avait souffert pour la Grèce.

Tout le monde n'était pas admis à disputer les prix aux jeux olympiques; il fallait être de pur sang hellénique et n'avoir commis aucune faute contre la nation. Hiéron de Syracuse n'avait pas combattu avec la Grèce contre les Perses; il envoya cependant des chevaux à Olympie pour y disputer le prix de la course et fit dresser un pavillon magnifiquement orné. Alors, dit Plutarque, Thémistocle proposa, dans l'assemblée des Grecs, d'arracher le pavillon du tyran et d'empêcher ses chevaux d'entrer en lice.

Les barbares pouvaient assister aux jeux comme spectateurs, mais il était interdit aux esclaves de s'y présenter. Les femmes étaient également exclues du stade et de ses abords, il leur était même défendu de passer l'Alphée pendant tout le temps des fêtes, et l'infraction à cette loi entraînait la peine de mort; la coupable devait être précipitée du haut d'un rocher voisin, nommé le mont Typée. Les prêtresses de Cérès étaient seules admises au spectacle du stade, elles y avaient leur place réservée. Cette défense paraît avoir été respectée, car on n'y connaissait qu'une seule infraction. Callipatira, nommée par d'autres Phérénice, fille et sœur d'athlètes couronnés dans le stade, voulut y conduire elle-même son fils Pisidore. Elle s'habilla comme un maître d'exercices et vit Pisidore remporter la victoire, mais alors sa joie la trahit, elle jeta son habit d'homme et s'élança vers son fils. On la conduisit devant les juges, qui lui firent grâce, en décidant toutefois qu'à l'avenir les maîtres d'exercices ne paraîtraient dans le stade que dépouillés de tout vêtement, comme les athlètes. Quant aux courses de l'hippodrome, les femmes y étaient sans doute admises, puisqu'une femme, nommée Bélistiché, remporta le prix d'une course de chevaux, en la cent vingt-huitième olympiade.

Altis, stade, hippodrome. — L'emplacement où se célébraient les jeux comprenait l'altis, bois consacré à Jupiter, le stade et l'hippodrome. L'altis, d'une grande étendue, renfermait le temple de Jupiter Olympien, les temples de Pélops et de Junon, le monument où s'assemblait le conseil ou sénat, le théâtre, beaucoup d'autres édifices religieux ou commémoratifs pour la plupart, et des statues innombrables. Parmi celles de Jupiter, plusieurs avaient été élevées avec le produit des amendes imposées aux athlètes convaincus de supercherie dans les exercices de l'arène. Beaucoup d'autres étaient celles des athlètes les plus illustres. Dans l'enceinte du sénat s'élevait la statue de Jupiter Horcius (*orcos*, serment). C'était là que, sur les membres d'un porc immolé, les athlètes prenaient le dieu à témoin qu'ils s'étaient exercés pendant dix mois aux combats qu'ils allaient livrer, et promettaient d'en disputer le prix loyalement. Leurs parents et leurs maîtres d'exercices prêtaient le même serment. Toute fraude dans les exercices était sévèrement punie d'une forte amende et même de coups de lanières appliqués en public par les *mastigophores* (porte-fouet).

Après la cérémonie du serment, les hellanodices et les athlètes se rendaient de l'altis à l'enceinte du stade et de l'hippodrome.

La carrière olympique se divisait en deux parties distinctes, mais très rapprochées sinon contiguës : le *stade*, long de 600 pieds olympiques (185^{m},198), destiné à la course à pied et aux autres exercices de la palestre, et l'*hippodrome*, long de 1200 pieds (370^{m},396), large de 600 pieds, où se faisaient les courses de chevaux et de chars. L'un et l'autre étaient précédés d'une enceinte qui donnait entrée dans l'arène et qu'on nommait *aphèsis* (ouverture, barrière). L'aphèsis était ornée de colonnades, de statues, d'autels et de monuments divers. Celle de l'hippodrome contenait en outre les stalles destinées aux chevaux et aux chars. Dans celle du stade les athlètes se dépouillaient de leurs vêtements, se faisaient frotter d'huile, se chaussaient pour la course ou s'armaient du ceste, en un mot se préparaient à paraître dans l'arène où le héraut devait bientôt les appeler.

Le stade et l'hippodrome étaient bordés de talus, naturels ou artificiels, occupées par les spectateurs. Le stade formait un carré long. L'hippodrome était arrondi à l'une de ses extrémités, échancré et terminé par des lignes droites à l'autre extrémité où se trouvait l'aphèsis. On entrait dans celles-ci par un portique, et elle était bornée du côté de l'arène par les stalles des chevaux et des chars. Ces stalles étaient disposées suivant deux lignes courbes formant une ogive, ou, comme dit Pausanias, une proue de navire.

Les concurrents tiraient au sort leurs places, et, au moment de la course, on ouvrait de chaque coté les stalles, en commençant par les plus reculées, de manière que tous les chars fussent sur une même ligne au départ. Au centre de l'aphèsis on voyait un autel surmonté d'un aigle en bronze; à la pointe de l'ogive des stalles était un dauphin aussi en bronze. Au moment du départ l'aigle, mû par un mécanisme, s'élevait dans l'air et le dauphin se précipitait sur l'arène comme s'il eût plongé dans la mer. L'arène était divisée dans la moitié de sa longueur, en deux parties de largeur inégale, par une barrière analogue à la *spina* du cirque romain, mais consistant simplement en une levée de terre, dont l'extrémité la plus éloignée présentait la borne que devaient tourner les chars. Entre les stalles et cette levée, l'enceinte de l'hippodrome échancrait l'arène à angle droit, ne laissant aux chars qu'un passage assez étroit.

Les jeux consistaient en exercices de force et d'adresse variés, et dont le nombre augmenta successivement pendant la longue série des olympiades; on en compta jusqu'à vingt-deux de genre différent.

Voici, d'après Pausanias, l'ordre dans lequel furent institués les principaux : La course à pied dans la simple longueur du stade remonte à la 1re olympiade; la course du stade doublé, à la 14e; la lutte et le pentathle, à la 18e; le pugilat, à la 23e; la course de chars à deux chevaux, à la 25e; le pancrace et la course de chevaux de selle, à la 28e. La 37e vit les premiers combats d'enfants ou plutôt d'adolescents de douze à seize ou dix-sept ans, course et lutte; on les admit au combat du ceste en la 41e; la première course à pied de gens armés répond à la 65e olympiade : cet exercice fut jugé très convenable à une nation guerrière.

Les Éléens, qui instituaient de nouveaux exercices, en abolissaient aussi quelquefois, lorsqu'ils les trouvaient peu agréables au peuple ou peu conformes aux lois de l'hygiène. Ainsi la course du *calpè* et celle de l'*apenè*, introduites à la 70e olympiade, furent abolies plus tard; il en fut de même du pentathle pour les enfants. Dans le *calpè*, un écuyer conduisait deux juments, l'une qu'il montait, l'autre en main. Au milieu de la course il sautait à terre et parcourait le reste de la carrière en tenant ses juments par la bride. L'*apenè* était une course de chars attelés de deux mules, et les Éléens avaient en horreur ces animaux. Lorsqu'on admit à concourir entre eux les enfants, on ne leur permit d'abord que la course à pied, la lutte et le pugilat; plus tard on leur accorda le pentathle, mais on reconnut bientôt que cet exercice nuisait au développement régulier des organes dans l'adolescence, et il fut interdit aux enfants. On ne permettait pas de concourir avec les adultes aux athlètes dont la constitution paraissait faible et le développement incomplet; même pour les combats d'enfants, la faiblesse des organes était une cause d'exclusion. Il fallait avoir au moins dix-huit ans pour combattre avec les adultes et dix-sept au plus pour être accepté parmi les adolescents.

L'ordre des exercices a varié plusieurs fois dans la série des olympiades. Au temps de Pausanias, après avoir sacrifié à Jupiter, on ouvrait les jeux par le pentathle, puis venaient la course à pied et la course des chevaux. On consacrait en général la matinée aux exercices les moins pénibles et l'après-midi aux plus violents.

Course à pied. — Le prix de la course à pied dans la simple longueur du stade fut toujours considéré comme le premier et le plus honoré parmi ceux de la palestre, parce que ce prix était le plus anciennement fondé. Le nom du vainqueur s'ajoutait dans les annales éléennes au chiffre chronologique de l'olympiade, et c'est ainsi qu'est venu jusqu'à nous le nom de Corœbus, le premier athlète dont l'histoire ait constaté le succès. Quelques-uns remportèrent ce prix deux ou trois fois; un seul, Léonidas de Rhodes, l'obtint quatre fois de la 104e à la 107e olympiade.

Ce fait, digne de remarque, prouve bien la profonde et salutaire influence de la gymnastique sur nos organes. C'est à la première jeunesse qu'appartiennent le genre de force et l'agilité nécessaires pour une course d'autant plus rapide qu'elle ne devait durer que quelques instants, trente secondes à peine. Si l'on admet que Léonidas eût vingt ans à sa première victoire, il parvint donc à conserver son agilité de vingt ans jusqu'à trente-deux, âge où, pour l'ordinaire, l'homme le plus apte à fournir une course longue, mais de vitesse modérée, est depuis longtemps hors d'état de lutter avec un jeune homme de dix-huit à vingt ans, dans une course d'une demi-minute à toute vitesse.

D'autres épreuves consistaient à parcourir deux fois et même douze fois la longueur du stade. Le nom du vainqueur était proclamé par un héraut, et la foule des spectateurs le saluait d'acclamations enthousiastes.

Dans la course des hommes armés, ceux-ci portaient l'armure usitée à la guerre et des boucliers d'airain conservés, pour cet usage, dans le temple de Jupiter.

Lutte. — Pour la lutte comme pour les autres exercices du stade, les athlètes se faisaient frotter d'huile. Ces frictions huileuses n'avaient en réalité d'autre effet que de rendre la transpiration moins abondante et de préserver ainsi l'athlète d'un épuisement rapide. C'était une erreur que partagent encore quelques personnes, de croire que l'huile assouplit et fortifie les muscles ; on sait qu'elle ne traverse pas l'épiderme. Comme la peau huilée ne donnait pas prise à la main, on saupoudrait ensuite les lutteurs de poussière ou de sable préparé pour cet usage, et, après le combat, on enlevait, à l'aide du strigile, la boue dont ils étaient couverts.

Les juges appariaient les lutteurs par la voie du sort. On mettait dans une urne, autant de jetons en bois qu'il y avait de concurrents ; ces jetons étaient marqués deux à deux de la même lettre, et, si le nombre des athlètes était impair, le jeton dont la lettre se trouvait unique désignait l'*éphèdre*, c'est-à-dire celui qui devait attendre la fin du combat des autres pour lutter avec un des vainqueurs. Le nombre des couples finissait par se réduire à un seul, et un dernier assaut décidait du prix.

Chaque couple luttait à trois reprises et la victoire appartenait à l'athlète qui, deux fois, avait forcé son antagoniste à s'avouer vaincu. Il était interdit de frapper l'adversaire, mais non de lui serrer la gorge, de lui presser la poitrine ou le ventre avec le genou, et c'était en général l'emploi de ces moyens qui terminait l'assaut. Pausanias parle même d'un certain Leonticus qui, saisissant les doigts de ceux qui luttaient avec lui, les leur serrait de manière à les forcer de demander quartier. On voit que la lutte grecque différait, en ce point, de celle des peuples modernes et notamment de celle de la Suisse où, pour être vainqueur, il faut renverser son adversaire de façon à faire toucher la terre à ses épaules. Aujourd'hui la lutte occasionne rarement des lésions graves; elle était peut-être moins inoffensive chez les Grecs, mais dans cet exercice, comme dans tous les autres, la mort du vaincu privait le vainqueur de la couronne. En revanche, le mort était quelquefois déclaré vainqueur.

Pugilat. — Le pugilat était, comme le mot l'indique, un combat à coups de poing; on ne devait ni frapper autrement qu'avec le poing, ni saisir son adversaire. Les pugilistes entouraient leurs mains et leurs avant-bras de lanières en cuir de bœuf, qui formaient comme un gantelet, arme offensive et défensive à la fois; c'était le ceste. A une certaine époque, il fut garni de plaques ou de boules métalliques pour rendre les coups plus dangereux. La forme du ceste a varié selon les temps, comme le prouvent les monuments de l'art où cette arme est représentée. Tantôt il enveloppe toute la main d'un réseau qui ne monte pas au-dessus du poignet, tantôt il ne dépasse pas la naissance des doigts et s'étend à l'avant-bras. Il semble avoir toujours permis d'ouvrir la main, comme l'indique la gravure si remarquable de la ciste de Ficoroni reproduite par Winkelman et dans le *Dictionnaire des antiquités* de M. Saglio. Cette lourde armure devait gêner les mouvements dans lesquels la main est ramenée vers l'épaule pour être lancée en avant par l'extension rapide du bras. C'était donc sans doute comme d'un marteau que les pugilistes se servaient de leur poing, et la plupart des figures antiques indiquent cette manière de frapper avec le ceste. Ainsi, dans l'Énéide, Entelle assomme un bœuf comme il se proposait d'assommer Darès ; ainsi Théocrite, nous montre Pollux frappant la tempe gauche d'Amycus de son poing qui retombe sur l'épaule du géant. C'était vers la 120e olympiade que Théocrite écrivait ses Idylles, au plus beau temps des jeux de la Grèce, encore indépendante. Le combat auquel il nous fait assister est peut-être la description la plus complète de ces exercices qui passionnaient les spectateurs d'Olympie, et la précision des détails prouve que le poète, sous les traits des Dioscures, peint les athlètes de son temps. Transportons-nous au stade avec Théocrite.

« Les combattants armèrent leurs mains de lanières de cuir, et enroulèrent de longues courroies autour de leurs bras ; puis il s'avancèrent au milieu de l'arène. Là une lutte préliminaire eut lieu, chacun cherchant à recevoir sur le dos des rayons de soleil. Après de longs efforts, ô Pollux, tu trompas par ton adresse le redoutable géant, et le soleil darda ses rayons sur le visage d'Amycus. Celui-ci, plein de fureur, allait toujours en avant, étendant les mains et cherchant à frapper ; Pollux le prévient et lui assène un coup sous le menton. Amycus, transporté d'une rage plus violente, se précipie sur son adversaire, la tête penchée, les yeux sur le sol. Les Bébryces font retentir l'air de leurs cris, et de leur côté les héros encouragent le vaillant Pollux : ils craignent que le géant ne tombe sur leur champion et ne l'accable de son poids. Le fils de Jupiter rend cette terreur vaine : avançant çà et là, il frappe alternativement des deux mains, et arrête l'élan du fils de Neptune quoique doublé par son énorme masse.

Enfin celui-ci s'arrête, ivre de douleur, crachant un sang vermeil, et les héros poussent tous ensemble un cri de triomphe, en voyant les horribles blessures qui couvrent ses lèvres et ses joues, et ses yeux rétrécis par l'enflure de son visage tuméfié. Alors Pollux achève de l'étourdir, en faisant voler autour de lui ses mains qui menacent et ne frappent pas; puis, tout à coup, le voyant hors de garde, il le frappe au-dessus du nez, entre les deux sourcils, et du coup lui dépouille le front jusqu'à l'os. Amycus tombe à la renverse sur la terre verdoyante; mais bientôt il se relève et le combat recommence plus acharné. Les cestes solides meurtrissent la chair qu'ils frappent sans relâche; mais les coups d'Amycus tombaient tous sur la poitrine et loin de la tête, tandis que son visage, à lui, se couvrait de plaies hideuses, atteint sans relâche par le poing de l'invincible Pollux. Ses muscles se fondaient en sueur, et sa force gigantesque se changait en faiblesse; Pollux, au contraire, insensible à la fatigue, grandissait, et un frais coloris annonçait la vigueur de ses membres robustes.

« Amycus, voulant porter un coup décisif, saisit de la main gauche la main gauche de Pollux en se penchant obliquement, et s'avançant de l'autre côté, il lance son bras robuste de droite à gauche; Pollux évite le coup en se baissant, puis, redressant la tête avec agilité, il frappe la tempe gauche d'Amycus de sa forte main qui retombe sur l'épaule de son ennemi.... Le héros redouble, frappe sur la bouche du Bébryce.... il frappe, frappe encore de sa main plus rapide.... Amycus, renversé sur la terre, renonce à la lutte, il étend ses mains suppliantes.... Tu te montras magnanime dans ta victoire, ô Pollux, habile athlète; et Amycus appelant avec un terrible serment son père Neptune du fond de la mer, jura qu'à l'avenir il se montrerait, autantqu'il serait en lui, bon et traitable aux étrangers. »

D'après ce que le poète avait dit précédemment du

personnage, il était à craindre que sa conversion ne fût pas solide; mais on ne se refait pas, et les pugilistes de profession, dans l'antiquité, étaient grossiers, brutaux, fanfarons; les Anglais parlent aujourd'hui de leurs boxeurs dans des termes à peu près semblables.

C'était probablement par la voie du sort que l'on appariait les athlètes au pugilat comme à la lutte; mais il s'en présentait toujours plusieurs couples pour disputer le prix, et l'on s'explique difficilement que, dans l'état où les mettait généralement un premier combat, ils pussent en soutenir plusieurs pour décider à qui devait être accordée la couronne.

De pareils spectacles répugnent à nos mœurs et l'on peut s'étonner que la civilisation des Grecs, l'élégance et l'atticisme dont ils se piquaient ne les empêchassent pas de contempler avec enthousiasme ces luttes sanglantes. On comprend, en revanche, qu'une foule avide de semblables émotions n'éprouvât aucun dégoût en voyant le fouet des mastigophores déchirer les athlètes condamnés par les hellanodices, et frapper même ceux des spectateurs qui troublaient l'ordre.

Pancrace. — Quelque repoussant que fût le spectacle du pugilat, celui du pancrace devait l'être plus encore. Le *pancrace* (*pan*, tout; *cratos*, force) admettait, comme moyens de vaincre son adversaire, la lutte, le pugilat, les les coups de pied et toutes les ressources de l'escrime la plus féroce. Les pancratiastes n'étaient pas armés de cestes, ce qui ne rendait pas le combat moins dangereux, entre des hommes dont les mouvements n'en étaient que plus libres et les coups plus rapides. Pausanias dit qu'un athlète nommé Sostrate se bornait, dans le combat du pancrace, à saisir les mains de son adversaire, et lui serrait les doigts avec tant de force qu'il le forçait à s'avouer vaincu. Nous avons vu que pareille chose était admise dans la lutte. Une pierre gravée du musée de

Florence représente deux enfants luttant au pancrace sous la surveillance d'un maître d'exercices. Un des deux combattants, au moment où l'autre se baissait pour lui saisir les jambes, a mis un genou en terre et, entourant de son bras la tête de son antagoniste, le tient à sa merci. Ce *coup* est bien connu dans le *pancrace* des enfants de Paris, dont l'escrime, encore moins académique que celle des Grecs, porte un nom moins relevé.

Pentathle. — Le pentathle comprenait, comme nous l'avons dit, le saut, la course à pied, le jet du disque et du javelot, et la lutte. Ce n'étaient pas des lutteurs de profession qui pouvaient disputer le prix du saut et de la course. L'exercice du pentathle était donc réservé à des hommes à la fois agiles et robustes qui pouvaient rappeler dans leurs formes celles d'Apollon ou de Mercure, mais non celles d'Hercule. Ils avaient la grâce en même temps que la force et leurs cinq exercices réunissaient presque tout ce qu'on enseignait dans la palestre ; aussi les pentathles étaient-ils considérés et favorablement accueillis, entre tous les athtlètes, dans les jeux de la Grèce.

Saut. — Le prix du saut appartenait à l'athlète qui franchissait le plus grand espace en longueur. On s'y exerçait dans les gymnases en tenant de chaque main un haltère. C'est ce que nous apprend Lucien, mais il ne dit pas que, dans le stade, les sauteurs ajoutassent une pareille surcharge à leur poids naturel. Cet exercice et d'autres encore se faisaient au son de la flûte, dont la mélodie rythmait les mouvements de l'athlète. C'est ainsi que, de nos jours, les clowns et les acrobates se font accompagner dans l'exécution de leurs tours. Suivant certains auteurs, des athlètes auraient franchi d'un saut un espace de 50 pieds olympiques, c'est-à-dire environ $15^{m},34$. On ne cite rien d'aussi extraordinaire dans la gymnastique moderne.

Disque. — Le disque était un palet de forme à peu près

lenticulaire, suivant Lucien, ordinairement en bronze et dont la surface polie donnait peu de prise ; aussi les discoboles le couvraient de poussière pour le rendre moins glissant. On conservait à Olympie, dans l'Altis, trois disques destinés aux jeux. Le jet du disque en hauteur paraît n'avoir été qu'un exercice de gymnase ; dans le stade c'était en longueur qu'on le lançait. La main qui le tenait décrivait un cercle, et le disque s'en échappait comme d'une fronde.

On lançait encore le disque au moyen d'une courroie ou d'une corde qui passait par le centre de la masse dans un trou ménagé à cet effet.

Javelot. — Pour le javelot, il s'agissait aussi de le lancer le plus loin possible, mais non contre un but déterminé. C'était donc un exercice de force plutôt que d'adresse.

Courses de chevaux. — Courses de chars. — Les courses de chevaux et surtout celles de chars ne passionnaient pas moins les spectateurs que les luttes du stade. Les courses de chevaux montés encourageaient l'élève des meilleures races et, comme aujourd'hui, ce n'étaient pas les maîtres, mais des hommes à gages qui payaient de leurs personnes dans l'hippodrome.

Les chars étaient attelés de deux poulains, de deux chevaux, et de quatre pour la course la plus brillante, la plus glorieuse et une des plus anciennes, car elle fut instituée dès la 25e olympiade. Ces courses étaient, pour les concurrents, l'objet de dépenses si considérables que les particuliers pouvaient difficilement y prétendre. Alcibiade fut un des rares personnages de cette classe qui purent se permettre un si grand luxe. Il présenta dans l'arène sept chars, plus qu'aucun roi n'en avait jamais envoyé à Olympe, et remporta trois prix, dont le premier et le second. Plusieurs villes, dans leur enthousiasme pour lui, voulurent contribuer à l'entretien de ses équipages et de sa maison pendant les jeux. Dans la suite, on paraît avoir augmenté le nombre des chevaux.

Suétone rapporte que Néron conduisait lui-même aux jeux olympiques un char attelé de dix chevaux; que tombé de son char, il y fut replacé, mais ne put achever sa course, et cependant fut couronné comme vainqueur. Ce n'était plus le temps où les hellanodices pouvaient se glorifier de leur impartialité. En revanche ils reçurent, dit Suétone, le titre de citoyens romains et beaucoup d'argent du César qui, dans sa joie, déclara libre toute la province d'Achaïe, autrefois la Grèce.

Les auteurs ne s'accordent pas sur le nombre de tours de l'hippodrome que les chars devaient faire; Pindare parle de douze tours, Sophocle de sept ou huit. Nous avons dit comment ces chars se rangeaient sur une même ligne pour le départ. Les chevaux étaient attelés de front. Tourner la borne sans la heurter, et, tout en cherchant à devancer ses concurrents, éviter leur choc, tel était le but que poursuivait le conducteur de char; c'était à son adresse plus encore qu'à la vitesse de ses chevaux que le vainqueur devait la palme.

Le dernier jour des fêtes on couronnait les vainqueurs. C'était dans l'Altis qu'avait lieu cette cérémonie, précédée de nombreux sacrifices, après lesquels les athlètes victorieux se rendaient au théâtre, parés de vêtements magnifiques, tenant une palme à la main et marchant au son des flûtes. Devant eux s'avançaient les hellanodices, et ils étaient entourés d'une foule immense qui les acclamait à leur passage Les vainqueurs de l'hippodrome étaient montés sur leurs chars ou sur leurs chevaux ornés de fleurs. Au théâtre on chantait un hymne d'Archiloque; puis le héraut proclamait chacun des vainqueurs qui, tour à tour, recevaient du président des jeux une couronne d'olivier sauvage, cueillie sur un arbre voisin du temple de Jupiter et devenu l'objet de la vénération publique. Les athlètes couronnés offraient ensuite des sacrifices en actions de grâces; leurs noms étaient inscrits dans les registres publics des Éléens, et on leur donnait un festin dans le Prytanée. Les poètes célébraient leur victoire, et Pindare, en chantant les exploits de quelques-uns d'entre eux, s'est immortalisé. Les villes dont ils étaient originaires leur élevaient des statues de marbre ou de bronze. Ils rentraient dans leur patrie avec tout l'appareil du triomphe, au milieu d'un nombreux cortège, vêtus de pourpre, quelquefois sur un char auquel on ouvrait un passage à travers les murs de la ville. Dans certaines provinces ils étaient entretenus aux frais de l'État ou exempts d'impôts; à Sparte, les jours de bataille, ils combattaient auprès du roi.

JEUX ISTHMIQUES

Ainsi nommés parce qu'ils se célèbraient dans l'isthme de Corinthe, ces jeux, comme la plupart des grandes solennités de la Grèce, remontaient à la plus haute antiquité. Sisyph les avait, disait-on, institués en l'honneur de Mélicerte, devenu le demi-dieu Palémon, et rapporté par un dauphin ou rejeté par les flots sur le rivage de l'isthme. A cette époque ils avaient lieu la nuit et sous forme d'initiation à des mystères plutôt que comme une fête publique. D'anciens auteurs et Plutarque, d'après eux, attribuent la fondation des jeux isthmiques à Thésée, qui les aurait consacrés à Neptune. La direction de ces jeux appartint dès lors aux Corinthiens ; Thésée leur imposa, pour seule condition, que les Athéniens qui viendraient assister aux jeux auraient droit, sur les premiers bancs, à autant de places qu'en pourrait couvrir, déployée, la voile du vaisseau de la Théorie.

Les jeux isthmiques avaient lieu tous les deux ans, ou chaque troisième année, c'est-à-dire deux fois pendant chaque période olympique, la première et la troisième année de l'olympiade. Suspendue pendant le règne des Cypsélides à Corinthe, c'est-à-dire pendant soixante-dix ans, leur célébration fut reprise et continua jusqu'à l'établissement définitif du christianisme dans l'Empire. Lorsque Mummius et ses légionnaires eurent détruit Corinthe, la politique romaine ne respecta pas le deuil des vaincus; au milieu de la désolation publique, les Sicyoniens eurent ordre de célébrer les jeux, à défaut des Corynthiens morts, dispersés, emmenés en esclavage ou réduits à la misère par le pillage et l'incendie. Quand une autre Corinthe se fut élevée sur les ruines de l'ancienne, ses nouveaux habitants reprirent la surintendance des jeux isthmiques.

Ce fut là que Flamininus proclama, par la voix du héraut, l'an 196 avant Jésus-Christ, l'indépendance de la Grèce dont Rome préparait l'asservissement. Ce fut encore à ces jeux que Néron, dans l'ivresse de son frauduleux triomphe à Olympie, déclara libre la province d'Achaïe, comme on appelait alors ce qui jadis avait été la Grèce.

Seuls de tous les Grecs, les Éléens n'assistaient pas aux jeux isthmiques, parce que, suivant une inscription citée par Pausanias, les mânes vengeurs des fils de Molione leur interdisaient de s'y présenter. Quand les Romains y furent admis, ou plutôt y vinrent en maîtres, ils ajoutèrent aux anciens exercices le spectacle de la chasse, c'est-à-dire de combats entre des bestiaires et les animaux les plus rares. Précédemment ces jeux comprenaient, outre les exercices de la palestre, et les courses de chevaux et de chars, des concours entre les musiciens et les poètes.

Les femmes étaient admises à disputer le prix de poésie, et une femme poète, Aristomaque, y fut couronnée. La couronne, aux jeux isthmiques, était faite de branches de pins; on y ajouta dans la suite une somme d'argent qui fut fixée par Solon à cent drachmes, environ quarante francs. Les Romains assignèrent aux vainqueurs de plus riches présents. Pindare a composé plusieurs odes en l'honneur de vainqueurs à ces jeux, et un des livres de ses odes porte le titre d'*Isthmia*.

JEUX PYTHIQUES

Consacrés à Apollon, Diane et Latone, ils se célébraient dans le voisinage de Delphes, dont un des noms grecs était *Pytho*. La plaine de Crissa, qui leur servait d'emplacement habituel, renfermait dans ce but un hippodrome, un stade et un théâtre. Il arriva cependant une fois que les jeux eurent lieu à Athènes, sur l'ordre de Démétrius Poliorcète, parce que les Étoliens se trouvaient maîtres des passages qui conduisaient à Delphes. Suivant la plupart des légendes, ils avaient été institués par Apollon ; quelques-uns attribuaient leur fondation à Diomède, revenant du siège de Troie.

La troisième année de la quarante-huitième olympiade, c'est-à-dire l'an 596 avant Jésus-Christ, les Delphiens cédèrent aux Amphictyons la présidence de leurs jeux, et les *pythiades* commencèrent à servir d'ère chronologique à l'instar des olympiades. Jusque-là les jeux s'étaient célébrés tous les neuf ans; mais alors ils furent fixés à des époques plus rapprochées et formèrent une *pentaetèris* (*pente*, cinq ; *etos*, année) comme ceux d'Olympie, c'est-à-dire que la solennité pythique se représenta à la fin de chaque quatrième année, la seconde année de chaque olympiade. On ne sait pas au juste quand les jeux pythiques cessèrent d'être célébrés. Ce fut probablement vers la même époque que ceux d'Olympie, c'est-à-dire l'an 391 de notre ère.

Dans l'origine, les jeux pythiques n'étaient qu'une cérémonie religieuse où l'on chantait des hymnes au son de la flûte. Il s'établit ensuite des concours entre les poètes et entre les musiciens. Vers la cinquantième olympiade, les Amphictyons introduisirent à Delphes la plupart des exercices et des combats usités à Olympie. Les enfants, par une loi expresse, dit Pausanias, furent admis à la course du stade simple et du stade répété.

A la pythiade suivante, on décida que les vainqueurs ne recevraient, comme prix, qu'une couronne; ce qui montre que précédemment il leur était donné quelque chose de plus. On supprima en même temps l'accompagnement des flûtes, réservé seulement aux chants élégiaques. Les courses d'hommes armés et de chars furent ajoutées ensuite aux autres exercices; le pancrace n'y fut admis qu'à la soixante et unième pythiade.

On donnait aux vainqueurs une couronne de laurier, l'arbre d'Apollon, et des fruits cueillis sur les arbres consacrés au dieu. La solennité des jeux pythiques attirait un très grand nombre d'étrangers, et l'empressement avec lequel on s'y rendait était dû principalement à l'importance de leurs concours artistiques et littéraires. Lucien nous apprend que certains concurrents aux prix de musique et de poésie se présentaient vêtus avec le plus grand luxe et couverts d'or et de pierreries. Mais là, comme aux autres jeux de la Grèce, les juges infligeaient une peine sévère au présomptueux dont la nullité semblait un manque de respect envers l'assemblée. Il était châtié en plein théâtre par les fouets des mastigophores.

JEUX NÉMÉENS

Ils avaient lieu à Némée, sur le territoire de Cléone, dans l'Argolide. Némée n'était pas une ville, quoique Pausanias lui donne ce titre; c'était, comme Olympie, un vaste espace comprenant, outre le bois sacré et le temple de Jupiter Néméen, un stade, un hippodrome long de sept cent cinquante pas géométriques (1200 mètres), le plus grand de la Grèce, et les édifices destinés à la célébration des jeux. Contrairement à toutes les autres solennités du même genre, celle-ci avait lieu vers le solstice d'hiver. Les légendes en ont attribué l'origine soit aux sept chefs devant Thèbes, soit à Hercule, vainqueur du lion de Némée. Les jeux néméens étaient consacrés à Jupiter, comme nous l'apprend Pindare. Cléone, Corinthe et Argos en eurent, à différentes époques, la présidence. Négligés pendant longtemps, ils furent repris à des intervalles réguliers, à partir de la cinquante-troisième olympiade, et, depuis lors, trouvèrent leur place deux fois dans chaque olympiade, la seconde et la quatrième année. L'an 196 avant Jésus-Christ, Quinctius Flamininus les présida et y fit proclamer, au nom des Romains, la liberté de la Grèce, comme il avait fait peu auparavant aux jeux isthmiques; l'empereur Adrien les encouragea, mais, à partir de cette époque, les historiens n'en parlent plus, d'où l'on peut conclure qu'ils cessèrent alors d'être célébrés.

Les jeux néméens admettaient les mêmes exercices que les autres grandes fêtes de ce genre, c'est-à-dire, outre les luttes de la palestre, celles des poètes et des musiciens. On décernait aux vainqueurs une couronne d'ache. Ces jeux ne le cédaient en importance qu'à ceux d'Olympie et attiraient une foule considérable. C'était une occasion de triomphe pour les hommes célèbres et les grands citoyens que les spectateurs acclamaient. Ainsi, peu après avoir défait et tué Machanidas, tyran de Lacédémone, Philopœmen s'étant rendu aux jeux néméens, entra au théâtre tandis que les musiciens se disputaient le prix du chant. Le hasard voulut, dit Plutarque, qu'au moment où il parut dans l'enceinte, le musicien Pylade, qui commençait à chanter, prononçât ce vers :

C'est moi qui orne la Grèce des splendides fleurons de la liberté.

De toutes les parties de l'assemblée les yeux se tournèrent vers Philopœmen, des applaudissements et des cris de joie éclatèrent. Les Grecs saluaient le dernier de leurs grands hommes et les derniers jours de cette liberté qui devait finir avec lui.

ROME

SATURNALES

Les fêtes étaient nombreuses à Rome dans l'antiquité. Fort obscures, pour la plupart, comme origine, empruntées à la Grèce, à l'Égypte ou venues de l'Asie, ces fêtes étaient religieuses, et commençaient toutes par des sacrifices; mais, quoique se rattachant à des mythes ou à des légendes sacrées, les cérémonies usitées dans presque toutes les fêtes romaines avaient un caractère d'extrême licence, et les mystères de la Bonne Déesse étaient devenus à Rome tout autre chose qu'en Égypte et en Grèce.

De ces fêtes, les *Saturnales* sont celles dont le nom est resté le plus célèbre. Elles commençaient le 17 décembre et n'eurent d'abord qu'un jour de durée ; plus tard elles se prolongèrent pendant trois et même cinq jours. Elles se célébraient en l'honneur de Saturne et de son règne, sous lequel tous les hommes étaient égaux. Le cri de *Io Saturnalia!* retentissait dans la ville ; les esclaves sacrifiaient avec les hommes libres et se coiffaient du *pileus*, le bonnet d'affranchi; ils vivaient avec leurs maîtres sur le pied d'une égalité parfaite, ou plutôt ils prenaient leur place dans la maison, s'asseyaient à leur table, où ils étaient servis par eux, et s'envoyaient les uns aux autres des étrennes et des présents. Ceux que le sort désignait devenaient rois ou prenaient la pourpre des magistrats, tandis que les autres, vêtus de blanc, fêtaient avec eux Saturne. Des festins, où le vin n'était pas épargné, ajoutaient aux joies de la solennité et avaient pour les maîtres cet avantage qu'ils apprenaient, sur le compte de leurs esclaves et sur la police de leur maison, plus de choses en quelques heures que dans tout le reste de l'année.

TRIOMPHE

Le triomphe, accordé par le sénat à un général, fut de tout temps, à Rome, la fête la plus solennelle. Dans les premiers siècles de la république, l'appareil en était modeste, car l'État était alors plus riche en grands citoyens qu'en trésors d'autre sorte. Le triomphe, proprement dit, n'était accordé par le sénat qu'après de grands succès militaires : la défaite de l'ennemi, la prise d'une ville capitale et de nombreux prisonniers, une victoire qui avait coûté à l'ennemi cinq mille hommes au moins. Des succès moindres n'obtenaient que l'ovation (*ovis*, brebis) ; le vainqueur y paraissait à cheval et non sur un char, il sacrifiait des brebis et non des taureaux. Quand le triomphe était accordé à un général, les magistrats et toutes les tribus, les flamines, couverts de la pourpre, les prêtres et les pontifes, revêtus de leurs insignes, les personnages consulaires et ceux qui avaient triomphé précédemment, toute la noblesse et le sénat, portant la prétexte et le laticlave, tous les citoyens avec leurs femmes et leurs enfants, en un mot, toutes les classes de la population s'avançaient au-devant du triomphateur. A son entrée dans Rome, il était précédé par les images peintes ou sculptées des montagnes, des rivières, des forteresses ou des villes qu'il avait conquises. C'est ainsi que Marcellus triompha de Syracuse, que Scipion l'Asiatique fit porter devant lui les simulacres de cent trente places fortes, et César ceux de Marseille, du Nil, du Rhin et du Rhône. Sur des tableaux on lisait, inscrits en grands caractères, les noms des peuples et des rois vaincus. Venaient ensuite des reliefs représentant les détails les plus marquants de la campagne et des combats ; puis des chars couverts des armes et des dépouilles de l'ennemi, avec ses étendards renversés, ses machines de guerre, les rostres de ses navires, les chars armés de faux, les boucliers remarquables, les litières d'or ou de bronze, les statues d'argent ou de marbre, les vases et les couronnes d'or et d'argent, les métaux précieux en lingots ou monnayés, enfin les objets rares ou inconnus des Romains et propres au pays vaincu. Des trompettes suivaient, sonnant la marche, et, derrière eux, des jeunes gens, portant des plats d'or et d'argent, conduisaient les nombreuses victimes du sacrifice, bœufs et taureaux blancs aux cornes dorées. Le groupe suivant comprenait les officiers, cavaliers et fantassins qui avaient mérité des dons militaires, des couronnes civiques, murales ou autres, des colliers d'or, des phalères, etc. Après ces soldats chargés de dépouilles et d'armes brillantes, venaient les princes ou les généraux vaincus et la foule de leurs malheureux compatriotes chargés de chaînes en signe d'esclavage. Quand la mort avait épargné cette honte aux chefs, on les portait en effigie ; ce fut ainsi que l'image de Cléopâtre figura au triomphe d'Auguste et celle de Mithridate, en or et haute de deux mètres, au triomphe de Lucullus.

Le triomphateur dominait la foule sur un char doré, que traînaient quatre chevaux magnifiques (Pompée et César remplacèrent les chevaux par des éléphants, Antoine par des lions); des licteurs marchaient devant lui. Vêtu de pourpre, couronné, il portait les insignes du commandement et de la magistrature qu'il exerçait; son visage était fardé de vermillon, suivant la mode asiatique; quelquefois il revêtait un habit étranger : ainsi Pompée eut, dit-on, le mauvais goût d'endosser la chlamyde d'Alexandre le Grand. La couronne fut d'abord de myrte, puis de laurier; sous les Césars on la fit en or. Elle était soutenue au-dessus de la tête du triomphateur par un esclave placé derrière lui sur le même char. Des enfants de sa famille, ses parents, ses secrétaires l'entouraient. Il était suivi de ses soldats en armes qui chantaient des vers élogieux ou satiriques, tandis que sur son passage la foule organisait des festins, jetait des fleurs, faisait des libations, immolait des victimes. Le cortège traversait le Vélabre, et par la voie Sacrée montait au Capitole, où l'on sacrifiait les taureaux à Jupiter. Un festin magnifique était ensuite donné au peuple.

Le triomphe de César dura quatre jours, pendant lesquels le vainqueur de Pompée et du monde presque entier entendit la foule acclamer ses conquêtes et ses soldats flétrir les vices de leur général. Il avait, pour son triomphe de l'Afrique, fait dresser en un seul jour vingt-deux mille tables à trois lits, et il prodigua les mets et les vins les plus recherhés à ce peuple de convives.

Lorsqu'il triompha de la Gaule, ce pays et sa plus belle ville, Massalia, figurèrent dans le cortège. Les prisonniers transalpins, tirés des cachots où ils languissaient depuis six ans, allèrent représenter leur patrie à travers les rues et les carrefours de Rome, et une image, peinte ou sculptée, de la ville phocéenne fut traînée comme une captive devant le char triomphal. Ce fut au milieu de ces joies de César que, par son ordre, Vercingétorix fut mis à mort, ainsi qu'une foule d'autres prisonniers du triomphateur, plus récemment vaincus, Espagnols, Africains, Asiatiques ou Grecs.

Course de quadriges à Rome d'après un bas-relief du palais Colonna.

COURSES DE CHARS

De tous les jeux du cirque à Rome, le seul qu'aurait dû admettre un peuple civilisé, c'étaient les courses de chars, encore devinrent-elles souvent l'occasion de sanglantes mêlées. Les courses de chars, à deux chevaux (*biges*) ou à quatre chevaux (*quadriges*), se faisaient dans les cirques dont le nombre s'éleva jusqu'à quinze. Les plus belles avaient lieu dans le grand cirque (*circus maximus*), le plus ancien de tous, construit, suivant la légende, par Tarquin l'Ancien, rebâti à plusieurs reprises et toujours agrandi jusqu'au règne de Constantin, époque où il contenait 380 000 spectateurs. Chaque course, ou mission (*missus*), consistait à faire sept fois le tour de la *spina* qui divisait le cirque dans sa longueur; les tours étaient comptés au moyen de sept dauphins et de sept œufs placés sur des colonnes de la *spina*, en vue des spectateurs et dont on enlevait un à chaque tour. Le premier conducteur de char qui avait fourni la carrière, c'est-à-dire achevé sa mission, ses sept tours, en évitant le redoutable écueil des bornes (*metæ*), était proclamé vainqueur et recevait le prix. Le nombre ordinaire des missions était de vingt-cinq par jour.

Une mission comprenait quatre chars qui représentaient autant de factions (*factiones*), nom qu'on donnait aux différentes troupes de concurrents, distinguées entre elles par les couleurs de leurs vêtements. Ces couleurs étaient le vert, le bleu, le rouge et le blanc. Il n'y eut d'abord que deux factions, la *blanche* et la *rouge;* on y ajouta ensuite la *verte* et la *bleue*. Domitien créa deux autres factions : la *jaune* et la *violette;* mais elles ne subsistèrent pas longtemps, et le nombre des factions fut ramené à quatre. Les factions formaient comme autant de partis pour lesquels chacun se passionnait. Les consuls, les empereurs se déclarèrent souvent pour telle ou telle faction; Caligula fut pour la verte et Vitellius pour la bleue ; quel honneur pour l'une et l'autre! L'intérêt violent que les spectateurs prenaient à leurs factions donna lieu mainte fois à de grands désordres.

GAULE

FÊTE D'AUGUSTE A LYON

A l'occasion de la fête d'Auguste, qui avait lieu le 1er août, on célébrait à Lyon, près de l'autel consacré à l'empereur, des jeux de diverses sortes. A l'époque de cette fête, on voyait accourir, de toutes les parties des Gaules, une foule considérable. Cette circonstance donna l'idée de construire sur le coteau voisin, dont la déclivité pouvait être avantageusement utilisée pour l'établissement des gradins, un vaste amphitéâtre où des places seraient réservées aux délégués des différents peuples de la Gaule chevelue.

GALLO-GRÈCE

BANQUET D'UN AN

Athénée raconte, d'après Phylarque, qu'Ariamne, personnage des plus riches parmi les Gallo-Grecs ou Galates, fit annoncer qu'il traiterait tous ses compatriotes pendant une année. Or, voici comment il s'y prit pour exécuter sa promesse : il établit, par intervalles, des logements ou auberges dans les lieux les plus avantageux du pays par les routes, y fit élever avec des pieux, des roseaux et des branches de saule, des tentes qui tenaient chacune quatre cents hommes et même davantage, selon que les lieux le permettaient : c'était là que devait être reçue la multitude qui affluerait des villes et des bourgades. Il y plaça de grandes marmites pour toutes sortes de viandes, les ayant fait faire, un an auparavant, par des ouvriers qu'il avait appelés d'autres villes. On y tua tous les jours nombre de taureaux, de porcs, de moutons et d'autres bestiaux. Il s'était pourvu de tonneaux de vin, de quantité de farines qu'on y servait toutes pétries. Non seulement les Galates qui étaient venus des bourgades et des villes jouirent de ce régal, mais les étrangers qui passaient étaient forcés par les gens des personnes présentes, de venir y prendre part.

MOYEN AGE

FRANCE

FÊTE DES FOUS

Les réjouissances des souverains et les tournois tenaient la première place dans les fêtes du moyen âge, mais cette époque avait aussi des fêtes populaires d'un genre grotesque, dont les plus célèbres sont celles des Fous, des Innocents, des Sous-Diacres, de l'Ane, etc. Elles se célébraient dans la dernière semaine de décembre et la première de janvier. C'était à cette époque de l'année qu'avaient lieu, dans la Rome païenne, les saturnales que le moyen âge semblait vouloir reproduire, non pour toute la population, mais pour le clergé seulement. La fête des Fous était, en effet, une parodie grossière des cérémonies du culte, dans laquelle le souvenir des fêtes de Bacchus se mêlait à celui des Saturnales. Elle se faisait dans un très grand nombre de diocèses, avec la tolérance des chapitres, qui non seulement y prenaient part, mais en faisaient quelquefois les frais. On cite même un évêque, Guillaume de Mâcon, mort en 1308, qui légua au chapitre d'Amiens ses propres ornements épiscopaux pour habiller l'évêque des Fous.

Les évêques des Fous s'appelaient aussi, suivant les diocèses, archevêques, papes, cardinaux, abbés, rois, petits évêques, etc. ; ils portaient généralement le costume épiscopal et, pendant trois jours, avaient le droit de contrefaire les fonctious d'évêque et même de battre monnaie. Quelques-uns revêtaient un costume analogue à celui des fous de cour.

Cette fête a eu des apologistes, parmi lesquels figure en première ligne le célèbre Gerson. Il existe même, dans la bibliothèque de la ville de Sens, un *Office de la fête des Fous*, composé par Pierre de Corbeil, archevêque de Sens, mort en 1222. La fête des Fous résista longtemps aux censures de l'Église et aux prohibitions civiles; mais quand les mœurs devinrent plus réservées, sinon plus pures, elle tomba en désuétude.

C'était dans les sièges les plus importants, à Paris, à Amiens, à Sens, etc., que cette fête déployait le plus de pompe, d'extravagance et de licence.

A Notre-Dame de Paris, on célébrait d'abord la fête des Sous-Diacres, ainsi nommée, suivant Ducange, parce que les diacres s'y montraient *saouls*. Elle avait lieu le 26 décembre et servait de prélude à la fête des Fous, dont la célébration, commencée le 1er janvier, se continuait jusqu'au jour des Rois.

Dans la première de ces fêtes on s'occupait à élire, parmi les diacres et les sous-diacres de la cathédrale, un évêque des Fous; on le bénissait, et cette cérémonie consistait en actions et en paroles grossières et ridicules; ensuite le clergé s'avançait processionnellement vers l'église, portant la mitre et la crosse, devant le nouvel élu qui, arrivé et nstallé sur le siège épiscopal, donnait avec une feinte gravité sa bénédiction aux assistants, la formule bouffonne de cette bénédiction en faisait une véritable malédiction.

La seconde fête, celle des Fous, offrait un spectacle bien plus scandaleux que la première. Le clergé allait en procession chez l'évêque des Fous, le conduisait solennellement à l'église, où son entrée était célébrée par le tintamarre des cloches. Arrivé dans le chœur, il se plaçait sur le siège épiscopal; alors commençait une soi-disant grand'messe et, en même temps, les actions les plus extravagantes, les scènes les plus scandaleuses.

Les clercs portaient des costumes de baladins, des habits de femmes; leur visage était barbouillé de suie ou couvert de masques hideux, barbus. Ils se livraient à toutes sortes d'extravagances au milieu du chœur, jouant aux dés sur l'autel, mangeant des boudins et des saucisses qu'ils offraient à l'officiant, faisant brûler de vieux souliers dans l'encensoir et lui en faisant respirer la fumée. Après cette parodie de la messe, l'orgie prenait des proportions encore plus scandaleuses : tous les acteurs de la fête, sous l'influence du vin, se livraient à des danses et à des jeux qui souvent finissaient par des voies de fait et du sang répandu. Sortis ensuite de l'église, les uns allaient par les rues, montés sur des tombereaux d'ordures qu'ils jetaient aux passants; d'autres dressaient des tréteaux et y représentaient des scènes qui, de nos jours, paraîtraient révoltantes.

FÊTE DE L'ANE

La *fête de l'Ane*, moins licencieuse que celle des Fous et des Innocents, avait lieu vers la même époque. A Rouen, elle se célébrait avec une grande pompe. Un âne magnifiquement orné y jouait le principal rôle. Il était monté par Balaam, entouré des prophètes, de Moïse, d'Aaron et d'une foule d'autres personnages bibliques auxquels était adjointe la sibylle.

A Beauvais, l'âne et son cortège entraient processionnellement dans l'église; on chantait une parodie de la messe, dont les répons et les amen étaient remplacés par le cri de *hi-han*. Une prose latine, célébrant le héros de la fête, commençait ainsi :

Orientis partibus
Adventavit asinus
Pulcher et fortissimus,
Sarcinis aptissimus.

Cette prose comptait six à huit strophes, après chacune desquelles venait le refrain :

Hez! sire Asne, hez!

COUR PLÉNIÈRE TENUE PAR SAINT LOUIS A SAUMUR

On désignait alors, dit Sismondi, sous le nom de cours plénières, des assemblées de grands seigneurs qui, selon le caractère qu'on retrouve partout dans la féodalité, participaient de la servilité des cours et de l'indépendance des assemblées politiques. Joinville, qui assistait à la cour plénière de Saumur, comme attaché au service de Thibaut, comte de Champagne, en fait le tableau suivant :

«..... Après ces choses, tint le roi une grande cour à Saumur en Anjou, et là fus-je, et vous témoigne que ce fut la mieux aournée (ornée) que je visse oncques. Car à la table du roi, mangeoit auprès de lui le comte de Poitiers, qu'il avoit fait chevalier nouvel à la Saint-Jean; et après le comte de Poitiers, mangeoit le comte Jean de Dreux (le nouveau duc de Bretagne, fils de Mauclerc), qu'il avoit fait chevalier aussi. Après le comte de Dreux, mangeoit le comte de la Marche, après le comte de la Marche, le bon comte Pierre de Bretagne (Mauclerc), et devant la table du roi, endroit (vis-à-vis) le comte de Dreux, mangeoit monseigneur le comte de Navarre, en cotte et en mantel de samit (étoffe de soie mêlée de fils d'or), bien paré de courroie, de fermail et de chapel d'or, et je tranchois devant lui. Devant le roi servoit du manger le comte d'Artois, son frère; devant le roi tranchoit du coutel le bon comte Jean de Soissons. Pour la table grande étoit monseigneur Imbert de Beaujeu, qui puis fut connétable de France, et monseigneur Enguerrand de Coucy et monseigneur Archambaud de Bourbon. Derrière ces trois barons il y avoit bien trente de leurs chevaliers, en cottes de drap de soie, pour eux gaudir; et derrière ces chevaliers, avoit grand planté de sergens vêtus des armes au comte de Poitiers, battues sur cendal (drap de soie). Le roi avoit vêtu une cotte de samit ynde (bleu) et surcot et mantel de samit vermeil fourré d'hermines, et un chapel de coton en sa tête qui moult mal lui séoit, pource qu'il étoit lors jeune homme. Le roi tint cette fête aux halles de Saumur; et l'on disoit que le grand roi Henri d'Angleterre les avoit faites pour ses grandes fêtes tenir. Et les halles sont faites à la guise de celles de ces moines blancs (de Cîteaux); mais je crois que de trop il s'en faut qu'il en soit nulles si grandes : et vous dirai pourquoi il me le semble; car à la parois du cloître où le roi mangeoit, qui étoit environné de chevaliers et de sergens qui tenoient grand espace, mangeoient à une table vingt tant évêques que archevêques; et après les évêques et les archevêques mangeoit en côté de celle table, la reine Blanche, sa mère, au chef du cloître de celle part là où le roi ne mangeoit pas. Et si servoit à la reine le comte de Boulogne, qui puis fut roi de Portugal, et le bon comte de Saint-Pol, et un Allemand de l'âge de dix-huit ans, qu'on disoit qui avoit été fils de sainte Élisabeth de Thuringe. Dont l'on disoit que la reine Blanche le baisoit au front par dévotion, pource qu'elle entendoit que sa mère l'y avoit mainte fois baisé.

« Au chef du cloître d'autre part étoient les cuisines, bouteilleries, les paneteries et les dépenses. De celui cloître servoit l'on devant le roi, et devant la reine, de chair, de vin et de pain. Et en toutes les autres ailes, et au pré du milieu, mangeoient de chevaliers si grande foison, que je ne sais le nombre, et disent moult de gens qu'ils n'avoient oncques vu autant de surcots, ne d'autres garnitures de drap d'or à une fête, comme il y eut là, et disent qu'il y eut bien trois mille chevaliers. »

Nous n'avons, dit Sismondi, aucun détail sur les négociations qui occupèrent les princes rassemblés à cette cour plénière, et qui cependant étaient le but principal de sa convocation.

On peut rapprocher de ces assemblées les *vœux* du héron, du paon, du faisan, qui s'y faisaient quelquefois, et par lesquels les conviés prenaient l'engagement de parachever telle ou telle aventure.

ENTRÉE D'ISABEAU DE BAVIÈRE A PARIS

« L'an 1389, le roi voulut que la reine sa femme entrât à Paris. Et il le fit notifier et à sçavoir à ceux de la ville de Paris, afin qu'ils se préparassent. Et furent toutes les rues tendues par lesquelles elle devoit passer. Et y avoit à chaque carrefour diverses histoires, et fontaines jettans eaue, vin et laict. Ceux de Paris allèrent au-devant avec le prévost des marchands, à grande multitude de peuple criant *Noël*.

Le pont par où elle passa étoit tout tendu d'un taffetas bleu à fleurs de lys d'or. Et y avoit un homme assez léger, habillé en guise d'un ange, lequel par engins bien faits, vint des tours Notre-Dame de Paris à l'endroit dudit pont, et

Entrée d'Isabeau de Bavière à Paris d'après une estampe de la Bibliothèque nationale.

entra par une fente de ladite couverture, à l'heure que la reine passoit, et lui mit une belle couronne sur la teste. Et puis par les habillements qui étoient faits, fut retiré par ladite fente comme s'il s'en fust retourné de soi-même au ciel. Devant le grand Chastelet y avoit un beau lict tout tendu et bien ordonné de tapisserie d'azur à fleurs de lys d'or. Et disoit-on qu'il étoit fait pour représentation d'un lit de justice, et étoit bien grand et richement paré. Et au milieu y avoit un cerf (devise du roi) bien grand, à la mesure de celui du Palais, tout blanc, fait artificiellement, les cornes dorées, et une couronne d'or au col. Et étoit tellement fait et composé qu'il y avoit un homme qu'on ne voyoit pas, qui lui faisoit remuer les yeux, les cornes, la bouche, et tous les membres, et avoit au col les armes du roi pendans, c'est à sçavoir l'écu d'azur à trois fleurs de lys d'or, bien richement fait. Et sur le lit, emprès le cerf, y avoit une grande espée, toute nuë, belle et claire. Et quand ce vint à l'heure que la reine passa, celuy qui gouvernoit le cerf, au pied de devant dextre lui fit prendre l'espée, et la tenoit toute droite, et la faisoit trembler. Au roi fut rapporté qu'on faisoit les dits préparatoires, et dit à Savoisi, qui étoit un de ceux qui étoient des plus près de luy : « Savoisi, je te prie tant que je puis, que tu « montes sur un bon cheval, et je monterai derrière toy, « et nous nous habillerons tellement qu'on ne nous con- « noîtra point, et allons voir l'entrée de ma femme. » « Et combien que Savoisi fit bien son devoir de l'en desmouvoir, toutesfois le roi le voulut et lui commanda que ainsi fust fait : si fit Savoisi ce que le roi lui avoit commandé, et se desguisa le mieux qu'il peut et monta sur un fort cheval, et le roi derrière lui, et s'en allèrent parmy la ville en divers lieux, et s'advancèrent pour venir au Chastelet, à l'heure que la reine passoit, et y avoit moult de peuple et grande presse. Et se bouta Savoisi le plus près qu'il peut, et là y avoit sergens de tous costez tenant grosses boulayes; les quels pour défendre la presse et qu'on ne fist quelque violence au lict, où estoit le cerf, frappoient d'un costé et d'autre de leurs boulayes bien fort, et s'efforçoit toujours Savoisi d'approcher. Et les sergens qui ne connoissoient ny le roi ny Savoisi, frappoient de leurs boulayes sur eux; et en eut le roi plusieurs coups et horions sur les espaules bien assis. Et au soir, en la présence des dames et des damoiselles, fut la chose sceuë et récitée, et s'en commença-on à farcer, et le roi même se farçoit des horions qu'il avoit reçus. La reyne à l'entrée, estoit en une litière, bien richement ornée et habillée, et aussi étoient les dames et damoiselles, qui estoit belle chose à voir. Ils soupèrent et firent grande chère. Et qui voudroit mettre tous les habillements des dames et damoiselles, des chevaliers et escuyers, et de ceux qui menoient la reyne, ce seroit choses longues à réciter et ne serviroit de guères. Après souper y eut chansons et danses jusques au jour et faite une très-grande chère. Le lendemain y eut joustes et autres esbatemens. » (Juvénal des Ursins, dans le *Cérémonial français* de Godefroy.)

FÊTE DONNÉE PAR CHARLES VI A SAINT-DENIS

La roi Charles VI, ayant armé chevaliers les fils du duc d'Anjou, voulut donner à cette occasion une grande fête.

La solennité, dit Michelet, eut lieu avec une magnificence et un concours de monde incroyables. Toute la noblesse de France, d'Allemagne et d'Angletere était invitée; il fallut que la vénérable et silencieuse abbaye, l'église des tombeaux, s'ouvrît à ces pompes mondaines, que les cloîtres retentissent sous les éperons dorés, que les pauvres moines accueillissent les belles dames.

Aucune salle n'était assez grande pour le banquet royal; on en fit une dans la grande cour. Elle était décorée comme une église et n'avait pas moins de trente-deux toises de long. L'intérieur était tendu d'une toile immense, rayée de blanc et de vert. Au bout s'élevait un haut et large pavillon de tapisseries précieusement et bizarrement historiées; on eût dit l'autel de cette église, mais c'était le trône.

Hors des murs de l'abbaye, on aplanit, on ferma de barrières des lices longues de cent vingt pas. Sur un côté s'élevaient des galeries et des tours où devaient siéger les dames pour juger des coups.

Il y eut trois jours de fêtes : d'abord les cérémonies de l'église, puis les banquets et les joutes, puis le bal de nuit; enfin un dernier bal, mais celui-ci masqué.

« J'aurais abandonné, dit le religieux de Saint-Denis, le récit de ces faits aux déclamations de la scène, plutôt que de les exposer dans cette histoire, n'était l'avis d'un grand nombre de gens sages, qui m'ont conseillé de ne pas passer sous silence tout ce qui peut servir d'exemple à l'avenir, soit en bien, soit en mal. J'engage donc la postérité à éviter de pareils désordres; car, il faut le dire, les seigneurs, en faisant de la nuit le jour, en se livrant à tous les excès de la table, furent poussés par l'ivresse à de grands dérèglements, sans respect pour la présence du roi. »

Le lendemain, au sortir de table, le roi récompensa dignement les chevaliers et les écuyers, en les comblant de riches présents, prodigua aux dames les joyaux d'or et d'argent, les bracelets, les étoffes de soie, et congédia sa cour.

FÊTE A L'HOTEL DE LA REINE BLANCHE

Cette fête est restée tristement célèbre. Charles VI avait, dans sa folie, des intervalles lucides pendant lesquels « on lui donnoit, dit Juvénal des Ursins, le plus de plaisance qu'on pouvoit. Et fust ordonnée une feste au soir en l'hôtel de la reine Blanche, à Saint-Marcel, près Paris, d'hommes sauvages enchaisnez, tous velus. Et estoient leurs habillements propices au corps, velus, faits de lin ou d'estoupes attachées à poix-raisine, et engraissez aucunement pour mieux reluire. Et vindrent comme pour danser dans la salle, où il y avoit torches largement allumées. Et commença-on à jetter parmy les torches torchons de fouërre (paille). Et, pour abréger, le feu se bouta aux habillements, qui estoient bien lacez et cousus. Et estoit grande pitié de voir ainsi les personnes embrasées.... et d'iceux hommes sauvages est à noter que le roy en estoit un. Et y eut une dame vefve qui avoit un manteau, dont elle affeubla le roi et fut le feu tellement estouffé qu'il n'eut aucun mal. Il y en eut aucuns ars et bruslés qui moururent piteusement.... Et pour l'énormité du cas, fut ordonné que ledit hostel où advinrent les choses susdites, seroit abattu et demoly. » Il en était resté quelques ruines insignifiantes, très chèrement acquises vers 1869 par la ville de Paris, et qui depuis ont disparu.

TOURNOIS

C'était la grande fête militaire de la noblesse au moyen âge. Image de la guerre, les tournois étaient une école d'adresse aux exercices militaires et de courtoisie. Duguesclin et Bayard ne sont guère moins célèbres par leurs succès dans les tournois que par leur bravoure et leurs exploits sur le champ de bataille; mais l'invention des armes à feu devait faire abandonner les joutes chevaleresques, et quand la mort d'Henri II fit supprimer les tournois en France, ils tombaient déjà en désuétude.

Quelques tournois sont restés célèbres à divers titres; les uns par la splendeur de la fête, d'autres par le nombre ou le rang des personnages qui en furent victimes.

En 1240, à Nuys, près Cologne, un tournoi coûta la vie à soixante chevaliers ou écuyers.

A Beaucaire, en 1174, il y eut un grand tournoi de dix mille chevaliers, pour célébrer la réconciliation de Rémond, duc de Narbonne, avec le roi d'Aragon. Les principaux personnages y firent parade d'une folle prodigalité. Ainsi Bertran Raiembaux ou Raibaux fit labourer le champ du tournoi avec douze paires de bœufs, derrière lesquels des hommes semèrent par son ordre trente mille pièces d'or ou d'argent. Guillaume Gros de Martello, venu avec une suite de quatre cents chevaliers, n'employa d'autre feu pour préparer les mets de sa table que la flamme des bougies et des torches, ce qui, soit dit en passant, dut lui faire une triste cuisine. Un certain Raimon le Venoul avait amené pour son usage trente chevaux de belle race : il les fit tous brûler après la fête, en présence de la foule des assistants.

LE PAS D'ARMES DE SANDRICOURT

On lit dans le *Vray théâtre d'honneur et de chevalerie* un minutieux récit du *Pas d'armes de Sandricourt*, par le héraut Orléans. Ce tournoi célèbre eut lieu au château de Sandricourt, près Pontoise, le 16 septembre 1493. On avait annoncé le combat longtemps à l'avance, « en plusieurs villes et places tant que au quinzième jour dudit mois, se sont trouvez audit château grand nombre de

Tournoi où Henri II fut blessé mortellement, d'après une estampe de la Bibliothèque nationale.

nobles hommes pour combattre tant à pied que à cheval, et semblablement les dames et damoiselles tant de France, Normandie que autres païs.

« La première place pour combattre estoit la Barrière périlleuse, qui est devant ledit château de Sandricourt, et n'y combatoit-on que à pié, à grands pouls de lance et coups d'espées tranchantes sans estoc.

« La seconde place pour combattre à cheval à la foule a été le Carrefour ténébreux, fermé au champ de l'Espine, qui estoit tout clos de grands eschaffaux et aux deux bouts avoit force pavillons et tentes, tant pour les survenans que pour ceux du dedans. Et chacun desdits dix chevaliers (les tenants) avoit son pavillon et tente et force ypocras, vins et viandes donnoient à chacun qui y vouloit venir.

« La tierce place a esté le champ de l'Espine pour combattre seul à seul à cheval, là où combattirent les dits dix chevaliers à tous venans, depuis le matin jusqu'au soir, et pour ledit jour firent des grands armes.

« Et pour la dernière place c'estoit la Forêt desvoyable ; là se trouvèrent tous, tant ceux de dedans qui y tenoient le combat à tous venans de dehors, ainsi que chevaliers errans querans leurs advantures, comme faisoient jadis les seigneurs de la Table ronde.... et s'en alloient en ladite forest pour combattre à pié et à cheval à qui mieux mieux ; car il n'y avoit point de juges ne de gens qui se meslassent guère de les départir. »

Louis d'Hédouville, seigneur de Sandricourt, figurait bien entendu parmi les dix tenants ainsi que son frère Jean d'Hédouville, seigneur de Fremecourt. Le quatrième jour il y eut trente courses de deux chevaliers, l'un contre l'autre ; les autres journées ne furent pas moins bien employées, sans que toutefois le narrateur parle de blessures ou accidents graves. Au reste, le cas était prévu et « audit chasteau de Sandricourt avoit médecins, apothicaires pour ayder ceux qui en avoient mestier; mais il ne parait pas qu'on en ait eu mestier. » En revanche il se fit une grande consommation de victuailles, d'hypocras et de vins de toutes sortes, « le tout aux dépens des dits dix chevaliers tenant le pas, et la dame de Sandricourt estoit très joyeuse de voir les bonnes chières qui se faisoient en sa maison. »

FOIRE DU LENDIT

Suivant Sauval, cette foire remonte à Louis le Gros, qui la donna à l'abbaye de Saint-Denis. D'autres auteurs lui attribuent une origine plus ancienne. Au commencement du douzième siècle, lorsqu'on eut apporté en France du bois de la vraie Croix, l'évêque de Paris, pour satisfaire la piété des fidèles de son diocèse, qui souhaitaient voir cette précieuse relique, établit un *indict* annuel dans la plaine Saint-Denis, n'y ayant pas d'emplacement assez vaste dans la ville pour contenir tant de monde. Le clergé y allait en procession, l'évêque y prêchait et y donnait la bénédiction au peuple. L'indict, origine de cette solennité, la fit appeler par modification du mot la fête du Lendit, Landit ou Landi. L'Université ayant pris une certaine forme, s'y rendit pareillement avec son recteur, de même que le Parlement, lorsqu'il fut rendu sédentaire. L'endroit était sec et aride; car il n'y avait ni ruisseau ni fontaine : on fut donc obligé d'y apporter des rafraîchissements; peu à peu il s'y forma une foire : elle fut continuée durant plusieurs jours et devint bientôt fameuse.

Comme le parchemin était alors la matière dont on se servait le plus communément pour écrire, il s'en faisait un débit considérable à cette foire ; le recteur de l'Université allait lui-même acheter ce qu'il lui en fallait pour lui et pour tous ses collègues, et il n'était pas permis d'en vendre aux marchands de Paris, avant qu'il eût fait ses emplettes. Cette procession du recteur à la foire du Lendit procurait aux écoliers quelques jours de vacances. Tous voulaient escorter le chef de l'Université, ne croyant pas qu'il fût accompagné suffisamment de ses premiers officiers. Le voyage se faisait avec toute la pompe et la magnificence possibles. Les régents et les écoliers se trouvaient à cheval dans la place Sainte-Geneviève ; de là ils marchaient en ordre jusqu'au champ du Lendit. Cette longue cavalcade se terminait rarement sans effusion de sang. Malgré la vigilance de leurs maîtres, ces jeunes gens, après avoir dîné, se querellaient et en venaient aux mains. Outre ces petites guerres, le Lendit était encore sujet à d'autres inconvénients. Plusieurs vagabonds, domestiques et gens sans aveu, se joignaient au cortège de l'Université, des femmes en habit d'hommes s'y mêlaient aussi et y causaient de grands désordres. Il fallut plusieurs arrêts du Parlement pour y remédier ; encore ne vint-on à bout de les faire cesser entièrement, que lorsqu'on eut transféré cette foire célèbre, du milieu de la plaine, dans la ville même de Saint-Denis. Le temps de la Ligue qui survint et l'inutilité d'aller chercher du parchemin depuis que le papier était devenu commun, contribuèrent aussi beaucoup à l'abolissement du Lendit. Le nom en est cependant resté ; et l'on appelle ainsi le congé que prend encore l'Université, le lundi après la Saint-Barnabé.

Les loges des marchands étaient construites non seulement dans les champs, du côté de la rivière, mais aussi sur le bord du chemin ; et c'était dès le premier jour de Mai que les marchands de Paris venaient les retenir et les marquer. Le commerce était représenté à cette foire dans toutes ses branches, depuis les bestiaux jusqu'aux dentelles de Malines. (Hurtaut, *Dictionnaire historique de la ville de Paris.*)

TEMPS MODERNES

ÉGYPTE

FÊTE DU DOSSEH AU CAIRE

Les musulmans célèbrent, en Égypte, la naissance du Prophète par des cérémonies et des fêtes qui durent dix jours et dix nuits. Une des cérémonies religieuses qui ont lieu à cette époque est celle du *Dosseh* (piétinement). Un voyageur anglais la raconte ainsi :

« Le sheikh des derviches Saadi'yeh, qui est le *Khatï'b* (prédicateur) de la mosquée de Hhasaney'n, ayant achevé la prière du soir, se rendit à cheval depuis la mosquée jusqu'à la maison d'El-Bekri, le supérieur de tous les ordres de derviches en Égypte. Le sheikh, homme à barbe grise, d'un extérieur distingué, portait un beniche blanc et un turban en mousseline de couleur olive foncé qu'une bande de mousseline blanche traversait obliquement au milieu du front. Dès qu'il fut hors de la mosquée, une foule de derviches Saadi'yeh s'empressèrent de le suivre et de se ranger derrière son cheval. A quelque distance de la maison d'El-Bekri, la procession s'arrêta. Des derviches et d'autres fidèles, au nombre de plus de soixante, se couchèrent à plat ventre sur le sol, les uns contre les autres, se serrant de près, les jambes tendues et les bras pliés sous leurs fronts. Ils murmuraient tous le mot : Allah! Une douzaïne d'autres derviches, presque tous déchaussés, se mirent aussitôt à courir sur le dos de leurs compagnons, en frappant des *ba'zes* ou petits tambours de forme hémisphérique, et en criant aussi : Allah ! Le sheikh fit alors avancer son cheval, qui hésita pendant quelques minutes à monter sur les premiers de ces hommes prosternés. Mais, à la fin, tiré en avant et excité, il commença à fouler ce plancher vivant sans trop paraître effrayé et en levant les pieds très haut. Un long cri fut immédiatement poussé par les spectateurs : Allah, la, la, la, la, lah! Chacun des hommes couchés était frappé deux fois, la première par l'un des pieds de devant, une seconde fois par l'un des pieds de derrière. Aucun ne parut éprouver la moindre souffrance. Le peuple considère l'accomplissement de cette cérémonie, sans accident, comme un miracle dû au pouvoir surnaturel accordé par privilège au sheikh des derviches Saadi'yeh. Les fidèles croient aussi que les patients récitent mentalement une prière mystérieuse qui les préserve de la douleur. Suivant quelques personnes le cheval est déferré; je crus m'apercevoir que, cette fois-là du moins, il n'en était pas ainsi. Seulement le cheval était de taille moyenne. On ajoutait encore qu'il était dressé à cette marche; le fait est vraisemblable; on sait quelle répugnance ont naturellement les chevaux à fouler les hommes.

Le même voyageur vit répéter cette cérémonie à la fête du *Mirag*, c'est-à-dire l'anniversaire de l'ascension du Prophète. Cette fois le nombre des derviches couchés à terre était au moins de cent. D'autres derviches coururent d'abord, pieds nus, sur leurs corps, avec des tambours et des bannières. Le sheikh s'avança ensuite, monté sur le même petit cheval gris. Il était vêtu cette fois d'une pelisse bleu clair, bordée d'hermine, et la tête ceinte d'un mouckl'eh noir, sorte de large turban d'apparat qui n'est porté que par les personnes de professions savantes ou religieuses.

Fête du Dosseh au Caire, d'après une estampe du *Magasin pittoresque.*

Il chevaucha à l'amble sur les dévots en marmottant une prière. Deux hommes, leur chaussure à la main, guidaient le cheval. Une fois, le cheval se cabra et frappa, ou peu s'en fallut, plusieurs têtes. Personne ne trahit par un seul mouvement sa douleur. A mesure que le cheval s'avançait, derrière lui les hommes se relevaient vivement et se mêlaient en riant à la foule qui suivait le sheikh. Notre voyageur remarqua toutefois que l'un d'eux riait d'un mauvais rire : quoiqu'il ne portât pas la main derrière lui, il paraissait être blessé; on eût dit qu'il allait s'évanouir, et des larmes roulaient dans ses yeux.

JAPON

LES GO-SÉKI OU FÊTES ANNUELLES

Il y a au Japon des fêtes qui ne consistent pas en représentations ou divertissements donnés au peuple par le gouvernement, mais en véritables réjouissances publiques dans lesquelles le peuple est l'unique acteur.

Telles sont les Go-Séki ou cinq fêtes annuelles, qui sont reliées entre elles par une série d'autres fêtes moins importantes et mensuelles. La Séki du premier jour du premier mois est la principale fête du nouvel an. C'est celle des visites de félicitations et des *étrennes*. La seconde, troisième jour du troisième mois, est la *fête des Poupées*, exposées dans la chambre de parade et auxquelles les jeunes filles donnent un banquet.

Le cinquième jour du cinquième mois (juin) a lieu la troisième Séki, la *fête des Bannières*, en l'honneur des jeunes garçons. La ville de Yédo est toute pavoisée, dès le matin, de tiges de bambou de la plus haute taille, surmontées de plumets ou de houppes de crin ou de papier doré, et supportant, les unes, une touffe de longues ban-

Fête des Bannières à Yédo, d'après *le Tour du Monde*.

deroles de papier de couleur flottant au gré du vent; les autres, des poissons en paille tressée ou en papier laqué; le plus grand nombre enfin, de hautes bannières tendues sur un cadre de roseaux et ornées d'armoiries, de noms de famille, de sentences patriotiques ou de figures héroïques. C'est un spectacle charmant, surtout quand on le contemple du haut d'une galerie donnant sur une des grandes rues de la cité. Les passants paraissent et disparaissent parmi les images des bannières. Les magasins de bronzes exhibent à leurs étalages leurs plus belles pièces, armures, casques, hallebardes, etc. Des troupes de jeunes garçons, en habits de cérémonie, circulent sur la voie publique, les uns ayant à la ceinture deux petits sabres, comme ceux des Yakounines, d'autres portant sur leurs épaules un énorme sabre de bois ou de petites bannières.

La quatrième Séki, septième jour du septième mois, est la fête des Lampes ou Lanternes. A Yédo, les petites filles parcourent en troupe les rues illuminées, en chantant et balançant des lanternes proportionnées à leur taille. La cinquième, neuvième jour du neuvième mois, est la fête des Chrysanthèmes, dont on effeuille les pétales sur les tasses de thé ou les coupes de saki dans les collations de famille. C'est, dit-on, un moyen de prolonger la vie.

Selon Kæmpfer, les anciens Japonais ont fixé leurs cinq grandes fêtes aux jours réputés les plus malheureux comme impairs, dans le double but d'amuser les dieux et de détourner les influences fâcheuses par les divertissements, les vœux et les souhaits mutuels de la population. — (Humbert, le *Japon illustré.*)

INDE

LE ROTH-JATTRA OU FÊTE DES CHARS A POURI

Le temple de *Djaganate*, nommé aussi *Jogonnath* ou *Jagernaut*, est le plus célèbre et le plus vénéré de l'Inde. Il est situé à Pouri, ville du Bengale, à cent lieues de Calcutta, sur la côte d'Orissa. Ce n'est pas un temple isolé, mais un groupe d'au moins cinquante temples, renfermés dans un parvis de 189 mètres de long sur 183 de large, d'une architecture remontant au treizième siècle, lourde, sans élégance, mais formant un massif assez imposant. Quatre portes donnent entrée dans le parvis ; la plus belle et la plus fréquentée est flanquée de deux lions colossaux, c'est la porte des Lions. Vis-à-vis s'élève, au milieu de la rue, une colonne de basalte noir, haute d'environ 12 mètres, légère, gracieuse, contrastant par son élégance avec tout ce qui l'entoure et surmontée d'une idole à tête de singe, le dieu *Honuman*. Le temple principal *Boro-Dewal*,ou grand temple, est formé d'une tour de 60 mètres de haut sur 12 de façade, qu'on aperçoit de fort loin en mer, et de trois bâtiments pyramidaux. Sur une vaste plate-forme en marbre trônent *Djaganate*, son frère *Boloram* et sa sœur *Chouboudra*. Tout l'édifice, à l'intérieur comme à l'extérieur, est couvert de sculptures : éléphants, griffons, monstres de toute espèce.

Un nombre très considérable de pèlerins se dirig nt dans toutes les saisons et des contrées de l'Inde les plus reculées vers le temple de Djaganate. Ce temple est desservi par des brahmines dont les uns y séjournent constamment, tandis que d'autres parcourent l'Inde pour stimuler le zèle des pèlerins et en attirer le plus possible aux fêtes annuelles. Les prêtres voyageurs sont appelés Pandas, mais le peuple confond sous ce nom tous les desservants de Djaganate. Ces brahmines ont le monopole des vivres nécessaires à la multitude des pèlerins, qui ne croit pas pouvoir se permettre une autre nourriture que les aliments présentés à la divinité du lieu, sanctifiés, quelle que soit leur nature, par cette destination première, puis revendus, six ou huit fois ce qu'ils valent, à la foule affamée. Aussi les trois mille prêtres de Djaganate trouvent-ils dans cette industrie, et dans beaucoup d'autres, des ressources plus que suffisantes à leur entretien et à celui des temples. Ils comptent dans leurs rangs quatre cents familles de cuisiniers et cent vingt danseuses ou bayadères, le tout employé au service des dieux et de leurs adorateurs.

On célèbre chaque année douze fêtes à Pouri. Les quatre principales sont le *Dol-Jattra*, le *Chondon-Jattra*, le *Snan* et le *Roth-Jattra* ou fête des Chars. Cette dernière est de beaucoup la plus importante par ses cérémonies et par la foule qu'elle attire.

Elle commence le second jour du mois bengalais d'Asar (dans les derniers jours de juin), à l'époque des plus fortes chaleurs et à l'entrée de la saison des pluies. Trois chars de dimensions colossales donnent leur nom (*roth*) à la fête. Ces chars de Djaganate sont célèbres dans le monde entier par le nombre de fanatiques qu'ils ont écrasés sous leurs roues. Surmontés de vastes dais aux raies écarlates, vertes, jaunes, pourpres, ils paraissent de loin d'une grande magnificence, mais de près ce ne sont que des masses bizarres, misérablement ornées. Le plus grand, celui de Djaganate, a 14 mètres de haut; seize roues de 2 mètres de diamètre servent à le mouvoir, la plate-forme porte le trône de l'idole. Les deux autres chars destinés à *Bolcram* et *Chouboudra* diffèrent peu du premier, mais sont un peu moins hauts. Tous trois sont environnés d'une galerie de $2^{m},50$ de large où des prêtres s'agitent comme en délire, provoquant par leurs gestes violents et leurs harangues les transports de la multitude, et recevant les offrandes qu'on jette de tous côtés.

Après des prières et des cérémonies diverses, la porte des Lions donne passage aux dieux. Ces idoles sont des pièces de bois d'environ deux mètres de haut, n'ayant presque rien de la forme humaine, et taillées grossièrement dans des arbres sur lesquels, disent les brahmines, les oiseaux de proie ne se sont jamais posés. A certaines époques, fixées par la liturgie brahmanique, des idoles fabriquées à neuf remplacent les anciennes.

Pour les sortir du temple, de nombreux fidèles portent Chouboudra, tandis que ses frères sont tirés au moyen de cordes passées autour de leur cou, et soutenus en équilibre par les prêtres qui les poussent avec des gestes peu respectueux. On les guinde, sur un plan incliné, en haut des chars, et on les place sur leurs trônes. Alors éclate une clameur étourdissante, le délire de la multitude est à son comble, et deux cent mille pèlerins, dont la plupart sont des femmes, célèbrent par leurs cris le triomphe des dieux. Pendant ce temps, on adapte à Djaganate des pieds, des mains et des oreilles d'or; puis, avec tous les signes du respect, on ceint les trois idoles d'écharpes écarlates. Elles reçoivent alors les hommages du rajah de Kourdah, qui, venu à la fête en grande pompe, s'arme d'un balai magnifique, monte sur les chars et y remplit les fonctions de *chondal* ou balayeur des dieux. Ensuite accourent des bandes nombreuses de paysans des environs, appelés *kolabétias*, et qui sont chargés spécialement d'aider les habitants de Pouri à traîner les idoles. Ils bivouaquent autour des chars, et, au signal donné, se précipitent sur les câbles énormes qui y sont attachés; la multitude suit leur exemple, chacun tient à faire acte de dévotion en mettant la main aux câbles, ne fût-ce qu'un instant; enfin les lourdes machines s'ébranlent et font trembler le sol dans leur marche.

Une joie frénétique anime tous les visages, les rues fourmillent de multitudes enthousiastes, les tamtams retentissent et des cris éclatants de *Hori Bol!* s'élèvent incessamment au milieu du tonnerre continu de la fête. Le brillant cortège du rajah, ses ombrelles sacrées, ses larges éventails, son imposante garde du corps, les dix éléphants de l'idole aux clochettes retentissantes, à la housse écarlate semée de paillettes d'or, les Pandas à l'œil hagard, aux gestes forcenés, qui hurlent sur les galeries des chars, le pas pesant et uniforme d'une multitude, qui se fraye un passage à travers d'autres multitudes, tout l'ensemble de cet étrange scène fait, sur l'étranger qui la contemple, une impression profonde.

Les chars, marchant plus ou moins vite, suivant l'état du sol, mettent en général trois ou quatre jours à atteindre le temple de Gondicha, but de leur voyage. Là les dieux se reposent quelques jours, puis reviennent au temple de Djaganate. (*Voyage du missionnaire* Lacroix *au temple de Joganath, en* 1849.)

Autrefois, à cette pompe maintenant inoffensive se joignaient les horreurs des sacrifices humains. Alors des fanatiques se jetaient sous les roues du char de Djaganate, qui, selon les brahmines, se plaisait aux libations de sang; d'autres, suspendus en l'air par des crochets qui pénétraient dans leurs épaules, tournaient avec rapidité sur eux-mêmes en jetant des fleurs à la foule; d'autres se précipitaient sur des pointes de lances, sur des couteaux.... Les scènes les plus hideuses se multipliaient sur le parcours des chars, comme le rapporte un voyageur anglais, Buchanan, qui, en 1806, assistait au Roth-Jattra. Ces pratiques abominables du fanatisme ont cessé depuis longtemps. Le gouvernement anglais a rendu les brahmines responsables du sang versé dans leurs fêtes. Mais ces solennités sont funestes par la mortalité qu'elles causent dans la foule des pèlerins. C'est pendant la saison la plus malsaine qu'ils affluent de toutes parts, qu'ils parcourent des espaces immenses, sans abri, couchant sur le sol, souffrant de la faim et placés, par leur agglomération au but de leur voyage, dans les conditions d'insalubrité les plus redoutables. Aussi des milliers d'entre eux ne revoient jamais leur pays, et, dans toutes les directions autour de Pouri, les chemins sont parsemés d'ossements humains.

CHINE

FÊTE DE L'AGRICULTURE

La principale fête de la Chine, au temps de sa splendeur, était une fête religieuse en l'honneur de l'agriculture. L'empereur, la main appuyée sur le manche d'une charrue, traçait le premier sillon au retour de la saison du labour. Deux mandarins conduisaient les bœufs attelés à la charrue; ces bœufs avaient les cornes dorées et un riche tapis couvrait leur dos. L'empereur rentrait ensuite à son palais au milieu d'une suite nombreuse et au son des instruments de musique.

FÊTE DES LANTERNES

Sous le règne de Jouï-Tsong, un certain Poto obtint la permission d'allumer à Péking cent mille lanternes, dans la nuit du 15 de la première lune. Ce spectacle plut à l'empereur, qui décida que cette fête aurait lieu toutes les fois qu'on voudrait célébrer un évenement heureux.

FÊTE D'HIVER A PÉKING

Le 6 janvier 1752, qui répond à la onzième lune de la seizième année du règne de Kien-Long, eut lieu à Péking une des fêtes les plus brillantes dont l'histoire de la Chine fasse mention, pour célébrer la soixantième année de l'impératrice-mère.

Les décorations de la fête commençaient à une des maisons de plaisance de l'empereur, celle de Yunenmin-Yunen, et se terminaient au palais de Péking, dans le centre de la ville tartare; elles étaient ainsi distribuées sur une longueur d'environ seize kilomètres. Deux chemins conduisaient d'un palais à l'autre: mais il fut arrêté qu'on suivrait par eau les bords du fleuve. Des barques magnifiques furent construites pour l'empereur, sa mère et leur suite. Le fleuve, à cette époque, devait être gelé; mais un mandarin avait pris l'engagement d'empêcher la congélation. Il employa cent mille hommes à battre l'eau dans ce but et à retirer les glaçons qui descendaient le fleuve; malgré tout cela le froid eut le dessus, le fleuve gela et le mandarin fut condamné à perdre une année de son revenu. Au lieu de barques, ce furent des traîneaux qui ramenèrent la cour à Péking.

La route qui longeait le fleuve était bordée de pavillons, de théâtres, de trônes et de jardins construits à cette occasion. Quelques maisons s'élevaient sur le lit même du fleuve, et on y arrivait par des ponts établis tout exprès. D'autres ponts formaient des arcs de triomphe sous lesquels passaient les traîneaux. Des tertres de sable figuraient un désert où l'on voyait des animaux sauvages artificiels; des enfants couverts de peaux de singes et d'autres animaux imitaient dans leurs gestes et leurs allures le personnage qu'ils représentaient; des comédiens et des musiciens multipliaient sur tous les points les spectacles dispersés sans ordre mais piquants par leur variété.

Les rues de Péking, qui sont fort larges, étaient partagées en trois portions égales. Les chevaux et les palanquins passaient dans le milieu; un côté était destiné à ceux qui allaient à la fête, l'autre à ceux qui en revenaient. Quelques soldats surveillaient la foule.

Un jour fut exclusivement destiné aux femmes pour jouir de ce spectacle; mais une des scènes les plus intéressantes de la fête, ce fut le festin des vieillards.

Cent vieillards, dont chacun avait cent ans, furent amenés des différentes provinces. Chacun portait le nom de son pays gravé sur une plaque de cuivre suspendue à son cou. Après un repas magnifique, ils souhaitèrent à la mère de l'empereur une vie aussi longue que les années accumulées de tous les commensaux.

THIBET

LA FÊTE DES FLEURS A KOUNBOUM

Voici comment Huc décrit cette fête :

« La lamaserie de *Kounboum* jouit d'une si grande renommée, que les adorateurs de Bouddha s'y rendent en pèlerinage de tous les points de la Tartarie et du Thibet; pas de jour qui ne soit signalé par l'arrivée ou le départ de quelques pèlerins. Cependant il est des fêtes solennelles où l'affluence des étrangers devient immense; on en compte quatre principales dans l'année, la plus fameuse de toutes est celle qui a lieu le quinzième jour de la première lune (qui commence au Thibet dans la seconde moitié de février) : on la nomme la *Fête des Fleurs*. Nulle part elle ne se célèbre avec autant de pompe et de solennité qu'à Kounboum; celles qui ont lieu dans la Tartarie, dans le Thibet, à Lha-Ssa même, ne peuvent lui être comparées. Nous nous étions installés à Kounboum le six de la première lune, et déjà on pouvait remarquer les nombreuses caravanes de pèlerins qui arrivaient par tous les sentiers qui aboutissent à la lamaserie. De toutes parts il n'était question que de la fête; les fleurs étaient, disait-on, d'une beauté ravissante. Le conseil des beaux-arts, qui les avait examinées, les avait déclarées supérieures à toutes celles des années précédentes. Aussitôt que nous entendîmes parler de ces *fleurs* merveilleuses, nous nous hâtâmes, comme on peut penser, de demander des renseignements sur une fête inconnue pour nous. Voici les détails qu'on nous donna et que nous n'écoutâmes pas sans surprise.

« Les *Fleurs* du quinze de la première lune consistent en représentations profanes et religieuses, où tous les peuples asiatiques paraissent avec leur physionomie propre et le costume qui les distingue. Personnages, vêtements, paysages, décorations, tout est représenté en beurre frais. Trois mois sont employés à faire les préparatifs de ce singulier spectacle. Vingt lamas, choisis parmi les artistes les plus célèbres de la lamaserie, sont journellement occupés à travailler le beurre, en tenant toujours les mains dans l'eau, de peur que la chaleur des doigts ne déforme l'ouvrage. Comme ces travaux se font, en grande partie, pendant les froids les plus rigoureux de l'hiver, ces artistes ont de grandes souffrances à endurer. D'abord ils commencent par bien brasser et pétrir le beurre dans l'eau, afin de le rendre ferme. Quand la matière est suffisamment préparée, chacun s'occupe de façonner les diverses parties qui lui ont été confiées. Tous les ouvriers travaillent sous la direction d'un chef, qui a fourni le plan des fleurs de l'année, et qui préside à leur exécution. Les ouvrages étant terminés, on les livre à une autre compagnie d'artistes, chargés d'y apposer les couleurs, toujours sous la direction du même chef. Un musée tout en beurre nous paraissait une chose assez curieuse pour qu'il nous tardât un peu d'arriver au quinze de la lune.

« La veille de la fête, l'affluence des étrangers fut inexprimable. Kounboum n'était plus cette lamaserie calme et silencieuse où tout respirait la gravité et le sérieux de la vie religieuse; c'était une cité mondaine pleine d'agitation et de tumulte. Dans tous les quartiers on n'entendait que les cris perçants des chameaux et les grognements sourds des bœufs à long poil qui avaient transporté les pèlerins. Sur les parties de la montagne qui dominent la lamaserie, on voyait s'élever de nombreuses tentes où campaient tous ceux qui n'avaient pu trouver place dans les habitations des Lamas. Pendant toute la journée du 14, le nombre de ceux qui firent le pèlerinage autour de la lamaserie fut immense. C'était pour nous un étrange et pénible spectacle que de voir cette grande foule se prosternant à chaque pas, et récitant à voix basse son formulaire de prières. Il y avait parmi ces zélés bouddhistes un grand nombre de Tartares Mongols, tous venant de fort loin. Ils se faisaient remarquer par une démarche pesante et maussade, mais surtout par un grand recueillement et une scrupuleuse attention à accomplir les règles de ce genre de dévotion. Les Houng-Mao-Eul, ou Longues-Chevelures, y étaient aussi; leur sauvage dévotion faisait un singulier contraste avec le mysticisme des Mongols. Ils allaient fièrement, la tête levée, le bras droit hors de la manche de leur habit, toujours accompagnés de leur grand sabre et d'un fusil en bandoulière. Les Si-Fan du pays d'*Amdo* étaient les plus nombreux de tous les pèlerins. Leur physionomie n'exprimait ni la rudesse des Longues-Chevelures, ni la candide bonne foi des Tartares. Ils accomplissaient leur pèlerinage lestement et sans façon. Ils avaient l'air de dire : Nous autres, nous sommes de la paroisse ; nous sommes au courant de tout cela.

« La coiffure des femmes d'*Amdo* nous causa une agréable surprise; elles portaient un petit chapeau en feutre noir ou gris, dont la forme était absolument la même que celle de ces petits chapeaux pointus qui étaient autrefois si à la mode en France. La seule différence, c'est que le ruban qui servait à serrer la forme par le bas, au lieu d'être noir, était rouge ou jaune. Les femmes d'Amdo laissent pendre sur leurs épaules leurs cheveux divisés en une foule de petites tresses ornées de paillettes de nacre et de perles en corail rouge. Le reste du costume ne diffère pas de celui des femmes tartares ; mais la pesanteur de leur grande robe en peau de mouton est corrigée par le petit chapeau, qui leur donne un air assez dégagé. Nous fûmes fort surpris de trouver, parmi cette foule de pèlerins, quelques Chinois, avec un chapelet à la main, et faisant comme tous les autres les prosternations d'usage. Sandara le Barbu nous dit que c'étaient des marchands de *khata* (mouchoirs brodés); qu'ils ne croyaient pas à Bouddha, mais qu'ils simulaient de la dévotion pour attirer des pratiques et vendre plus facilement leur marchandise. Nous ne pouvons dire si ces paroles de Sandara étaient une médisance ou une calomnie ; tout ce que nous savons, c'est qu'elles exprimaient passablement bien le génie chinois.

« Le quinze, les pèlerins firent encore le tour de la lamaserie, mais ils étaient bien moins nombreux que les jours précédents. La curiosité les poussait plus volontiers vers les endroits où se faisaient les préparatifs de la fête des Fleurs. Quand la nuit fut arrivée, Sandara vint nous inviter à aller voir ces merveilles de beurre que nous avions tant entendu prôner....

« Les fleurs étaient établies en plein air, devant les divers temples bouddhiques de la lamaserie. Elles étaient éclairées par des illuminations d'un éclat ravissant! Des vases innombrables, en cuivre jaune et rouge, et affectant la forme de calice, étaient distribués sur de légers échafaudages qui représentaient des dessins de fantaisie. Tous ces vases, de diverses grosseurs, étaient remplis de beurre figé d'où s'élevait une mèche solide entourée de coton. Ces illuminations étaient ordonnées avec goût ; elles n'eussent pas été déplacées à Paris, aux jours de réjouissance publique.

« La vue des fleurs nous saisit d'étonnement. Jamais nous n'eussions pensé qu'au milieu de ces déserts, et parmi des peuples à moitié sauvages, il pût se rencontrer des artistes d'un si grand mérite. Les peintres et les sculpteurs que nous avions vus dans diverses lamaseries étaient loin de nous faire soupçonner tout le fini que nous eûmes à admirer dans ces ouvrages en beurre. Ces fleurs étaient des bas-reliefs de proportions colossales, représentant divers sujets tirés de l'histoire du Bouddhisme. Tous les personnages avaient une vérité d'expression qui nous étonnait. Les figures étaient vivantes et animées, les poses naturelles, et les costumes portés avec grâce et sans la moindre gêne. On pouvait distinguer au premier coup d'œil la nature et les qualités des étoffes. Les costumes en pelleteries étaient surtout admirables. Les peaux de mouton, de tigre, de renard, de loup et d'autres animaux étaient si bien représentées, qu'on était tenté d'aller les toucher de la main, pour s'assurer si elles n'étaient pas véritables. Dans tous ces bas-reliefs, il était facile de reconnaître Bouddha. Sa figure, pleine de noblesse et de majesté, appartient au type caucasien. Elle était conforme aux traditions bouddhiques, qui prétendent que Bouddha, originaire du ciel d'Occident, avec la figure blanche et légèrement colorée de rouge, les yeux largement fendus, le nez grand, les cheveux longs, ondoyants et doux au toucher. Les autres personnages avaient tous le type mongol, avec les nuances thibétaine, chinoise, tartare et *si-fan*. En ne considérant que les traits du visage, et abstraction faite du costume, on pouvait les distinguer facilement les uns des autres. Nous remarquâmes quelques têtes d'Hindous et de nègres très bien représentées. Ces dernières excitaient beaucoup la curiosité des spectateurs. Ces bas-reliefs grandioses étaient encadrés par des décorations représentant des animaux, des oiseaux et des fleurs ; tout cela était aussi en beurre et admirable par la délicatesse des formes et du coloris.

« Sur le chemin qui conduisait d'un temple à l'autre, on rencontrait, de distance en distance, de petits bas-reliefs où étaient représentées en miniature des batailles, des chasses, des scènes de la vie nomade, et des vues des lamaseries les plus célèbres du Thibet et de la Tartarie. Enfin, sur le devant du principal temple, était un théâtre dont, personnages et décorations, tout était en beurre. Les personnages n'avaient pas plus d'un pied de haut ; ils représentaient une communauté de Lamas se rendant au chœur, pour la récitation des prières. D'abord on n'apercevait rien sur le théâtre. Quand le son de la conque marine se faisait entendre, on voyait sortir de deux portes latérales deux files de petits Lamas ; puis venaient les supérieurs avec leurs habits de cérémonie. Après être restés un instant immobiles sur le théâtre, ils rentraient dans les coulisses, et la représentation était finie. Ce spectacle excitait l'enthousiasme de tout le monde. Pour nous, qui avions vu autre chose en fait de mécanisme, nous trouvions assez plats ces petits bonshommes qui arrivaient sans remuer les jambes et s'en retournaient de la même façon. Une seule représentation comme cela nous suffit, et nous allâmes admirer les bas-reliefs.

« Pendant que nous étions à examiner des groupes de diables, aussi grotesques, pour le moins, que ceux de Callot, nous entendîmes retentir tout à coup un bruit immense d'un grand nombre de trompettes et de conques marines. On nous dit que le Grand-Lama sortait de son sanctuaire pour aller visiter les fleurs. Nous ne demandions pas mieux ; le Grand-Lama de Kounboum était pour nous chose étrange à voir. Il arriva bientôt à l'endroit où nous étions arrêtés. Des Lamas-satellites le précédaient en écartant la foule avec de gros fouets noirs ; il allait à pied et était entouré des principaux dignitaires de la lamaserie. Ce Bouddha vivant nous parut âgé, tout au plus, d'une quarantaine d'années ; il était de taille ordinaire, d'une physionomie commune et plate, et d'un teint fortement basané. Il jetait, en allant, un coup d'œil maussade sur les bas-reliefs qui se trouvaient sur son passage. En regardant les belles figures de Bouddha, il devait sans doute se dire qu'à force de transmigrations il avait singulièrement dégénéré de son type primitif. Si la personne du Grand-Lama nous frappa peu, il n'en fut pas ainsi de son costume, qui était rigoureusement celui des évêques ; il portait sur sa tête une mitre jaune ; un long bâton, en forme de crosse, était dans sa main droite, et ses épaules étaient recouvertes d'un manteau en taffetas violet, retenu sur sa poitrine par une agrafe, et semblable en tout à une chape.

« Les spectateurs paraissaient se préoccuper peu du passage de leur Bouddha vivant; ils regardaient plus volontiers les Bouddhas de beurre qui, au fond, étaient bien plus jolis. Les Tartares étaient les seuls qui donnassent quelques signes de dévotion; ils joignaient les mains, courbaient la tête en signe de respect, et semblaient affligés qu'une foule trop pressée ne leur permît pas de se prosterner tout du long.

« Quand le Grand-Lama eut fini sa tournée, il rentra dans son sanctuaire, et alors ce fut pour tout le monde comme un signal de s'abandonner sans réserve aux transports de la joie la plus folle. On chantait à perdre haleine, on dansait des farondoles; puis on se poussait, on se culbutait, on poussait des cris, des hurlements à épouvanter les déserts; on eût dit que tous ces peuples divers étaient tombés dans le délire. Comme au milieu de cet épouvantable désordre il eût été facile de renverser les illuminations et les tableaux en beurre, des Lamas armés de grandes torches enflammées étaient chargés d'arrêter les flots de cette immense foule qui bouillonnait comme une mer battue par la tempête. Nous ne pûmes résister longtemps à une semblable cohue. Le Kitas-Lama (Lama chinois), s'étant aperçu de l'oppression dans laquelle nous étions, nous invita à prendre le chemin de notre habitation. Nous acceptâmes avec d'autant plus de plaisir que la nuit était déjà fort avancée, et que nous éprouvions le besoin d'un peu de repos.

« Le lendemain, quand le soleil se leva, il ne restait plus aucune trace de la grande fête des Fleurs. Tout avait disparu, les bas-reliefs avaient été démolis, et cette immense quantité de beurre avait été jetée au fond du ravin pour servir de pâture aux corbeaux. Ces travaux grandioses, où l'on avait employé tant de peine, dépensé tant de temps et on peut dire aussi tant de génie, n'avaient servi qu'au spectacle d'une seul nuit. Chaque année on fait des fleurs nouvelles et sur un plan nouveau.

« Avec les fleurs disparurent aussi les pèlerins. Déjà, dès le matin, on les voyait gravir à pas lents les sentiers sinueux de la montagne, et s'en retourner tristement dans leurs sauvages contrées; ils s'en allaient tous la tête baissée et en silence; car le cœur de l'homme peut porter si peu de joie en ce monde, que le lendemain d'une bruyante fête est ordinairement un jour rempli d'amertume et de mélancolie. » — (Huc, *Souvenirs d'un voyage dans la Tartarie, le Thibet et la Chine.*)

PÉROU

LA FÊTE DU SOLEIL A CUZCO

Dans la capitale des Incas, on célébrait chaque année quatre grandes fêtes en l'honneur du soleil. La plus solennelle était celle qui avait lieu au solstice boréal, lorsque le soleil, après avoir atteint le point le plus éloigné du Pérou, revenait sur ses pas et redonnait le mouvement et la vie à la nature. Cette fête s'appelait *Raymi*.

Les *Curacas*, personnages dont la race venait après celle des Incas dans la hiérarchie péruvienne, et les grands seigneurs des provinces se rendaient à Cuzco pour y faire leur cour à l'empereur, qui, dans cette circonstance, déployait la plus grande magnificence. Ceux que la maladie ou leur grand âge empêchaient de s'y rendre y envoyaient leurs enfants, leurs frères et leurs parents.

Les Péruviens se préparaient à cette fête par un jeûne de trois jours, pendant lesquels ils ne prenaient d'autre nourriture que quelques grains de maïs cru, mâchant quelques pincées de *Cuca* et ne buvant que de l'eau; d'autres privations leur étaient encore imposées et ils ne devaient pas allumer de feu dans leurs maisons.

La fête commençait au lever du soleil et le souverain y faisait les fonctions de grand prêtre, quoique le grand prêtre fût toujours un Inca. Le monarque sortait de son palais, accompagné de toute sa famille et des Curacas placés selon leur âge et leur rang. Ces derniers étaient magnifiquement vêtus : les uns avaient la tête ornée de guirlandes d'or et d'argent, leurs habits étaient faits d'étoffes de la plus grande finesse, brodées et parsemées de paillettes d'or; les autres portaient de grandes peaux de bêtes sauvages dont la tête leur servait de coiffure, comme pour indiquer qu'ils avaient le courage de l'animal dont ils se croyaient issus; d'autres enfin portaient la dépouille du condor. Chacun d'eux était suivi d'un certain nombre de ses vassaux, habillés et armés à la manière de leur nation, portant les productions les plus rares de leur pays et des tableaux où étaient représentées les belles actions que leurs Curacas avaient faites au service du soleil et de l'empire. Les Incas se couvraient le visage de masques affreux et, au son d'instruments discordants, tenant en main des lambeaux de peaux de bêtes féroces, ils faisaient des gestes dont la signification s'est perdue. Cette espèce de procession se rendait sur la grande place de Cuzco, appelée *Haucaydata*, où l'on attendait le lever du soleil, les pieds nus et les yeux fixés sur le lieu où il devait paraître. Au moment où il se montrait, tout le monde l'adorait à genoux, et chacun lui envoyait des baisers, l'appelant son dieu et son père. L'empereur se levait ensuite seul, prenant de la main droite un grand vase plein de la boisson ordinaire du pays, et en qualité de fils aîné du Soleil il invitait ce dieu à boire. Supposant son offre agréée, l'Inca versait dans une coupe d'or la liqueur qui s'écoulait par un tube jusqu'au sanctuaire; après quoi, supposant encore une invitation semblable de la part du soleil à lui-même et à tous les assistants, il buvait quelques gouttes de cette liqueur et distribuait le reste aux princes du sang dans de petites tasses d'or ou d'argent, qu'ils portaient avec eux à cet effet. Cette boisson, considérée comme sanctifiée par l'usage qu'en avaient fait le soleil et l'empereur, était préparée par les Vierges consacrées au soleil.

La procession se rendait ensuite au temple et à deux cents pas de la porte, tout le monde, excepté l'empereur, se mettait nu-pieds. L'empereur et les Incas entraient seuls et se prosternaient devant l'image du soleil dont les rayons en or et en argent, inscrustés de pierres brillantes, occupaient toute l'étendue du sanctuaire. Les Curacas restaient sur la place, n'étant pas jugés dignes d'entrer dans le temple. L'empereur offrait au dieu le vase dont il s'était servi pour la première cérémonie et les princes remettaient les leurs aux ministres du temple. Ceux-ci allaient sur la place et recevaient les vases des Curacas, qui se présentaient dans l'ordre où leurs provinces et leurs villes s'étaient soumises à l'empereur, et donnaient en même temps de petits animaux d'or ou d'argent, suivant l'espèce de métal qui abondait dans leur pays.

Les prêtres s'avançaient ensuite avec une quantité d'agneaux et de brebis parmi lesquels il y avait toujours un agneau noir, choisi dans les troupeaux du soleil pour le sacrifice. De même que chez les peuples antiques de l'ancien monde, on jugeait d'après ses entrailles des sentiments du dieu et, si les présages étaient défavorables, on immolait une seconde puis une troisième victime, après lesquelles beaucoup d'autres étaient sacrifiées, toujours au dieu sans doute, mais aussi à l'appétit des assistants réunis dans un grand festin voué au soleil. On brûlait le cœur et le sang des victimes et l'on préparait le repas avec un feu que le grand prêtre allumait au moyen d'un peu de coton placé au foyer d'un miroir concave, grand comme une moitié d'orange et qu'il portait suspendu à une chaîne sur sa poitrine.

Quand l'état de l'atmosphère ne permettait pas d'obtenir ainsi le feu, c'était un funeste présage et une cause de deuil; on se procurait alors du feu en frottant l'un contre l'autre deux morceaux de bois sec. Ce feu était ensuite enretenu toute l'année dans le cloître des Vierges, comme à Rome le feu des Vestales.

Les mets et le pain servis au banquet étaient préparés par les Vierges, pour l'empereur, les Incas et les seigneurs, par d'autres femmes, mais par des femmes seulement, pour le commun des convives. Le pain qu'on mangeait ce jour-là et à une autre fête seulement était le pain sacré nommé *cancu*.

L'empereur, assis sur son trône d'or massif, envoyait inviter les habitants de Cuzco, comme ses parents, pour qu'ils donnassent à boire aux principaux personnages étrangers qui se trouvaient à la fête. Les invitations s'adressaient d'abord aux chefs militaires et aux Curacas. En fait, le point essentiel de la fête et du banquet était de boire et, si les Péruviens avaient été plus connus au seizième siècle, Rabelais les aurait sans doute comptés parmi les «beuveurs très-illustres »; mais ce rapprochement pourrait nous mener trop loin. L'empereur invitait à boire les chefs militaires; tenant une tasse dans chaque main, il présentait celle de la main droite à l'invité, qui la vidait avec certaines formalités et la rendait à l'Inca; celui-ci, invité respectueusement à son tour, buvait plus ou moins suivant qu'il voulait honorer le personnage qui lui offrait la coupe. Les tasses que ses lèvres avaient touchées étaient réputées sacrées et conservées religieusement dans les familles des Curacas.

Toutes ces libations amenaient nécessairement des chants,

des danses, des mascarades. Ces réjouissances duraient neuf jours et, si les mauvais présages tirés des entrailles des victimes ou du feu avaient attristé les premiers, on n'en tenait plus aucun compte dans la dernière partie de la fête. — (Ferrario, *le Costume chez tous les peuples*.)

TURQUIE

LE RAMADAN A CONSTANTINOPLE

Le Ramadan, ou Ramazan, est, comme on sait, le carême des Turcs; il dure l'espace d'une lune, et, pendant ce temps, le jeûne est de rigueur durant tout le jour. Dans les villes fortes, c'est un coup de canon qui indique l'heure où commence et celle où finit le jour; ailleurs le musulman se guide sur la possibilité de distinguer un fil bleu d'un fil noir. Pendant les heures de jeûne, il s'abstient de toute nourriture, ne boit pas même une goutte d'eau, ne fume pas et ne respire même pas un parfum, fût-ce celui d'une fleur. Mais, la nuit venue, il se dédommage amplement de ses privations, et les nuits du Ramadan sont peut-être le temps de l'année où il mange le plus. Les rues s'illuminent ainsi que les monuments publics; ce sont partout des danses, des spectacles de toutes sortes; on entend retentir une musique dont les oreilles des mulsulmans sont agréablement affectées, tandis qu'elle déchire celles de l'Européen.

Castellan, qui voyageait dans le Levant au commencement du siècle, donne la description suivante des illuminations de Constantinople pendant le Ramadan :

« Du mouillage de San Stefano, nous apercevions vers le nord une vive lumière qui enflammait l'atmosphère. Ce

Illuminations du Ramadan à Constantinople, d'après une estampe de la bibliothèque de l'Institut.

n'était pas la teinte rosée du crépuscule ; elle imitait plutôt le reflet d'un courant de lave emflammée.... A mesure que nous approchions, la clarté devenait plus vive. Tout à coup des gerbes de feu jaillissent de la mer : ce sont les immenses minarets des mosquées de Constantinople, et peu à peu une foule d'objets tous lumineux croissent, s'élèvent du sein des eaux, et présentent enfin un ensemble dont l'œil est ébloui et qu'il ne peut embrasser à la fois.

« Nous avions déjà dépassé les îles des Princes, lorsqu'un calme, alors très favorable, nous permit de jouir du développement des illuminations; elles se prolongeaient sur les rives d'Europe et d'Asie, formant deux riches cordons qui paraissaient se rejoindre et qui traçaient autour de nous un immense demi-cercle, dans lequel on pouvait aisément distinguer les mosquées impériales; car elles se dessinaient en traits de feu sur la voûte d'un ciel dont ces vapeurs enflammées ternissaient la parure ordinaire.

« La mosquée du sultan Achmet se faisait remarquer par-dessus toutes les autres par ses six minarets à trois rangs de galeries entourées de larges cercles lumineux : ils se trouvaient réunis par des guirlandes de feux de diverses nuances, jetées de l'un à l'autre, et dont le scintillement acquérait plus de vivacité lorsqu'un souffle de vent leur communiquait un doux balancement.

« Cette réunion de clartés se reflétait sur les parois de marbre, sur les dômes dorés, et faisait ressortir les formes et les ornements de l'architecture, tandis que les pins, les cyprès, et d'autres arbres dispersés çà et là parmi les édifices, absorbaient la lumière. Ces masses d'arbres, dont les formes et les couleurs étaient plus ou moins distinctes, produisaient des oppositions et des contrastes piquants. Des colonnes de fumée ajoutaient du vague à cet effet et le rendaient encore plus magique, en voilant ou découvrant alternativement cette continuité de feux qui suivait l'inégalité du terrain, et dont les différents plans, plus ou moins éloignés, se détachaient les uns sur les autres, se faisaient valoir mutuellement, et semblaient dispersés à dessein pour éclairer la ville et faire juger de son im mense étendue. Mais l'éclat des mosquées et des monuments publics se répandait sur leur alentour en flots de lumière qui se fondaient insensiblement avec l'ombre dans laquelle étaient plongées les maisons et les masures, dont l'entassement irrégulier et les petits détails auraient nui aux beautés de cet ensemble imposant.

« De plus, qu'on se représente ce brillant spectacle doublé par sa réflexion dans les eaux de la mer, qui, tantôt calme et lisse, répétait fidèlement ces objets, et tantôt émue par les courants, les faisait ondoyer; ou bien, si les eaux plus agitées étaient soulevées par le vent, alors ces formes éclatantes, brisées de mille manières, offraient tous les accidents du prisme et les feux scintillants du diamant : la surface de la mer en était enflammée, et les innombrables caïques, qui sillonnaient dans tous les sens le port et le canal, semblaient nager dans une mer de feu.

« Enfin, les cris de réjouissance du peuple qui s'agitait, courait sur le rivage avec des flambeaux allumés ou faisait retentir les airs d'une musique plus bruyante que mélodieuse, mais qui n'en exprimait que mieux le délire de la joie, donnaient encore plus de mouvement à cette scène, dont je n'ai tracé que les principaux traits, qui sont bien loin de faire juger du charme sous lequel nous avons passé cette merveilleuse nuit. » — (Castellan, *Voyage en Morée.*)

FÊTES DU BAIRAM ET DU KOURBAN BAIRAM

Les Turcs donnent le nom de Baïram à deux fêtes séparées par un intervalle de deux mois. La première se célèbre au moment où finit le Ramadan. On l'appelle aussi *id Fitre*, c'est-à-dire rupture du jeûne. La seconde, *Kourban Baïram*, ou fête des sacrifices, a lieu soixante jours plus tard.

A minuit du jour qui précède la fête du premier Baïram, le sultan, après avoir prié dans sa chapelle, se revêt des ornements impériaux et reçoit les hommages des principaux personnages de sa maison. Ensuite, deux heures avant le lever du soleil, tous les ordres de l'État se rassemblent dans les différentes salles du palais qui leur sont assignées, et, à la pointe du jour, ils font tous ensemble une prière sous la direction de l'imam de Sainte-Sophie. Après cela le grand vizir, assis dans la salle du divan, reçoit les congratulations de tous les ordres, excepté celui des Ulémas. Les divers corps d'officiers civils et militaires vont se ranger dans la seconde cour du sérail, où le sultan, sur son trône, vis-à-vis de la porte Félicité, reçoit leurs hommages comme au jour de son inauguration, excepté qu'au Baïram la musique est toute militaire. Cette cérémonie se nomme *muayédé* ou complément de la fête. De là le sultan se rend en grande pompe à une des mosquées impériales, ordinairement à celle de Sultan-Achmet, à cause du voisinage de l'At-meïdan, où le cortège peut se ranger facilement.

Après soixante jours vient la fête du *Kourban Baïram*, ou des sacrifices, dans laquelle le sultan, au retour de la mosquée, accomplit un acte de religion obligatoire pour les musulmans. Il se transporte à une tente dressée près du *Khass Oda*; des eunuques blancs amènent devant lui dix boucs dont la tête est ornée de plumes enrichies de pierreries. Il prend un des quatre cimeterres, à garde enveloppée de mousseline, que l'intendant lui présente sur un bassin d'argent, et il égorge deux ou trois de ces animaux, tandis que le porte-épée les tient; puis il goûte du rognon du premier qui a été sacrifié, cuit sur le gril, en récitant certaines prières. Le reste des boucs et vingt autres sont immolés les deux jours suivants, par un officier délégué à cet effet par le sultan, à qui, suivant la loi, revient par là tout le mérite de cet acte religieux. La viande des victimes est distribuée aux pauvres avec des aumônes considérables. — (Ferrario, *Le costume chez tous les peuples.*)

DÉPART DE LA CARAVANE DE LA MECQUE A CONSTANTINOPLE

La caravane se met en marche avec une grande solennité; c'est une sorte de fête publique à laquelle prennent part Constantinople, ses faubourgs et ses villages. Le dimanche 28 juillet, dès neuf heures, du matin Scutari s'encombrait de curieux. Les caïques volaient sur l'eau, se hâtaient, se heurtaient aux débarcadères. Les Turcs impassibles remplissaient les cafés, et à grand'peine pouvait-on fendre la foule bruyante. Kurdes aux manteaux zébrés, Circassiens aux pelisses armées de cartouchières, Grecs en jaquettes blanches, Juifs à la mine honteuse, Arméniens au doux visage, Persans en bonnet de fourrure, Rouméliotes au large turban, Éthiopiens à la tête crépue, Bulgares aux blonds cheveux, moines d'Europe en noirs vêtements, hommes de toute religion et de toute patrie s'entassaient pêle-mêle dans la grande rue de Scutari. Des vendeurs de sorbets et de confitures se faisaient jour à travers ces transfuges de tant de peuples et criaient leurs marchandises; les mendiants invoquaient la charité des passants, en arrosant leurs vêtements de quelques gouttes d'essence de rose. Les maisons avaient des têtes à toutes leurs croisées; sur leurs toits s'amoncelaient des pyramides humaines;

d'innombrables arabas laissaient voir sous leurs draperies d'or les voiles blancs et les yeux noirs des femmes, et le ciel répandait sur chacun la lumière de son soleil.

Vers midi, deux régiments descendirent, étendard au vent et musique en tête. Ils se rangèrent en haie, les lanciers d'un côté, les fantassins de l'autre, déblayèrent la rue et resserrèrent la foule curieuse entre eux et les maisons.... Des derviches sales et velus récitaient à haute voix des versets du Coran et prenaient des figures d'inspirés....

Vers trois heures, le bruit du canon nous annonça que la caravane allait bientôt paraître. En effet, un bateau à vapeur battait les flots du Bosphore et nageait entouré de caïques de toutes grandeurs; il aborda à Scutari. Les pèlerins en descendirent, et le cortège s'ébranla aux salves d'artillerie, aux éclats des fanfares, aux cris de joie de la multitude.

En avant marchait une troupe de musulmans, sans turbans et sans pelisses, chantant et frappant sur des tambourins qu'ils agitaient au-dessus de leur tête; immédiatement après, monté sur un cheval richement caparaçonné, venait le *Surimini* (chef de la caravane) choisi par le sultan pour remettre lui-même les cadeaux que le grand-seigneur, protecteur des villes de Médine et de la Mecque, envoie tous les ans à la maison sainte. A ses côtés se tenait un officier, portant dans sa main droite le sachet de satin vert qui contient les lettres annuelles que le sultan écrit à l'iman de la Mecque, pour recommander son empire à ses prières. Venaient ensuite des aides de camp escortés d'une vingtaine de musiciens, accordant comme ils pouvaient leur symphonie criarde et barbare. Deux mules noires, chargées de plumets, d'étendards, de verroteries et de houppes de soie, avançaient lentement, portant sur leur dos une manière de grand coffre rouge, orné de grandes plaques et de miroirs, et destiné à contenir les présents du padischah. Des chious armés jusqu'aux dents les conduisaient par la bride; puis deux longues files d'ânes et de mulets, couverts d'ornements et de grelots sonores, montaient la rue, soutenant sur des cacolets des boîtes carrées contenant l'argent destiné au pèlerinage. Derrière eux cheminaient les arabas, remplis de femmes, et enfin la foule des pèlerins tenant leur chapelet d'une main et leur bâton de l'autre.

A mesure que la queue du cortège passait devant les soldats, ils se repliaient et l'escortaient par compagnies alternées, tantôt de fantassins, tantôt de cavaliers.

La caravane, ainsi ordonnée, suivit la rue de Scutari, traversa le grand champ des morts, et s'arrêta aux plaines de Hyder-Pacha, qui s'étendent entre le cimetière et la mer. Les campements y étaient préparés depuis plusieurs jours. Au milieu de toutes les tentes s'élevait le pavillon du Surimini.

L'usage veut que les pèlerins restent là trois jours. Jadis le départ définitif était aussi entouré de solennités imposantes; le sultan devait prendre en main la bride du chameau porteur des présents, et lui faire faire les trois premiers pas, au son de la musique et du canon. Cette coutume est tombée en désuétude, et maintenant, à l'aurore du troisième jour, les pèlerins lèvent le camp, plient leurs tentes et prennent leur route à travers l'Orient. — (Maxime Du Camp, *Orient et Italie.*)

GÉORGIE

FÊTE FUNÉRAIRE DE HOSSEIN A SCHOUCHA

Dans les dix premiers jours du mois de Moharrem, on célèbre à Schoucha la fête des khalifes Hussun et

Hossein, successeurs d'Aly, assassinés par Ayzid, roi de Syrie. Pendant ces dix jours, les musulmans observent un jeûne rigoureux. Le soir des neuf premiers jours la

Fête funéraire de Hossein à Schoucha, d'après *le Tour du Monde.*

population se livre à des danses bizarres; on joue des mystères ou drames dont le sujet est toujours le martyre des deux khalifes. Le dixième jour a lieu une fête plus solennelle, une procession et une grande scène tragique.

La procession est composée principalement de fanatiques dont les uns se balafrent le visage avec un sabre, ou s'enfoncent des chevilles de bois dans la peau du front et des joues, d'autres portent de grosses pierres suspendues à des chaînes qui les forcent à marcher courbés, d'autres ont des sabres et des poignards attachés autour de leur corps avec des chaînes et disposés de telle sorte qu'au moindre mouvement le tranchant de ces armes leur entame la peau ; un certain nombre se bornent à se frapper la poitrine avec la main ou avec une brique. Ceux qui se taillent le visage sont enveloppés d'une sorte de grand sac blanc sur lequel le sang coule.

La fête se termine par la représentation du martyre de Hossein.

RUSSIE

FÊTE DE SAINT ALEXANDRE NEWSKI A MOSCOU

Dès le matin (10 septembre) la fête s'annonça par un bruit incroyable de cloches ; on les sonnait en branle dans tous les quartiers de la ville, mais plus particulièrement dans le Kremlin, où sont les principales églises et les plus grosses cloches.

Avant onze heures nous allâmes rendre nos respects au prince Volkouski, qui a un lever en qualité de gouverneur de la province de Moscou ; il portait le cordon rouge de l'ordre de Saint-Alexandre et reçut les compliments de la noblesse. Après le lever nous nous rendîmes à la cathédrale Saint-Michel et nous assistâmes à une grand'messe dans laquelle l'archevêque de Rostof officia. L'église était remplie d'une telle foule de peuple, que ce ne fut pas sans la plus grande difficulté que nous pénétrâmes jusqu'au bas des degrés du sanctuaire.... Quand le service fut fini, après avoir duré deux heures, nous retournâmes chez le prince Volkouski, où il y avait environ quatre-vingt-dix personnes invitées au festin qu'il donnait à l'occasion de la fête. — (W. Coxe, *Voyage en Russie.*)

LA BÉNÉDICTION DES EAUX DE LA NEWA A SAINT-PÉTERSBOURG

Nous avons vu cette fête, qui eut lieu le 6e janvier, vieux style, mais non pas avec toute la pompe et la magnificence qui étaient d'usage anciennement. La Newa est le lieu de la cérémonie. Le souverain se rend en personne sur ce fleuve alors gelé, et tous les régiments des gardes y paraissent en grande pompe. Cependant on en a beaucoup rabattu depuis quelques années.

On avait élevé un bâtiment octogone en bois sur la glace d'un petit canal qui est entre l'amirauté et le palais. On l'avait décoré de branches de sapin; il était ouvert par les côtés et couronné d'un dôme supporté par huit piliers; sur le faîte était une figure de saint Jean tenant une croix; quatre tableaux autour de lui représentaient des miracles de notre Sauveur. Dans l'intérieur était suspendue une colombe, sculptée en bois, emblème du Saint-Esprit, comme c'est l'usage dans les sanctuaires des églises grecques. On avait étendu des tapis sur tout le parquet, à la réserve d'une place carrée au milieu de laquelle on avait fait un trou et rompu la glace pour y placer une échelle au moyen de laquelle on pouvait descendre dans l'eau. Ce bâtiment était environné d'une palissade ornée de branches de sapin, et l'espace entre la palissade et le pavillon était également couvert de tapis. Un échafaud était dressé devant le palais,

Bénédiction de la Newa à Saint-Pétersbourg, d'après *le Tour du Monde.*

à la hauteur des fenêtres, et couvert de drapeaux, il s'étendait jusques à un des bouts du canal. A l'heure fixée, l'impératrice parut à cette fenêtre du palais. L'archevêque qui devait faire la cérémonie de la bénédiction passa, suivi d'une nombreuse procession le long de l'échafaud jusqu'à l'octogone. Après avoir prononcé quelques prières, il descendit par l'échelle jusqu'au bord de l'eau, dans laquelle il plongea une croix avec laquelle il fit une aspersion sur les drapeaux de chacun des régiments qui étaient en garnison à Pétersbourg. Après cette cérémonie, l'archevêque se retira, et le peuple se jeta sur le pavillon octogone, but de l'eau avec avidité, en aspergea ses habits et en emporta pour purifier ses maisons. — (W. Coxe, *Voyage en Russie.*)

FÊTE ET FESTIN POPULAIRE A SAINT-PÉTERSBOURG

Nous fûmes témoins le 6 décembre d'un divertissement singulier que donnait un Russe qui avait acquis une grande fortune en prenant à ferme, pour quatre ans seulement, le droit de vendre des liqueurs spiritueuses. A l'échéance de son bail, il voulut témoigner sa reconnaissance à la classe du peuple qui avait le plus contribué à l'enrichir. Pour cela il lui donna une fête près du jardin du Palais d'été, et il la fit annoncer par des billets distribués dans la ville.

Étant arrivés sur la place à deux heures après midi, nous en fîmes le tour et nous examinâmes les préparatifs de la fête. Une grande table en fer à cheval était couverte de toute sorte de provisions entassées avec une extrême profusion. C'étaient de grandes tranches de pain et de caviar, des esturgeons secs, des carpes et d'autres poissons en grandes piles qui figuraient des maisons, des pyramides, des hangars; ces bâtiments étaient couverts d'écrevisses, d'oignons, de confitures au sel et au vinaigre. En divers endroits du jardin, il y avait des rangs de barils d'eau-de-vie et de liqueurs, et de tonneaux de vin, de bière et de quass. Une immense baleine, de pâte couverte d'une étoffe d'or et d'argent, attira mon attention. Elle était remplie de pain, de poisson sec et de tout ce qui se mange en carême.

On avait aussi pourvu à l'amusement du peuple au moyen de toute sorte de jeux et de divertissements. Le spectacle de cette fête était animé et fort gai : plus de 40 000 personnes des deux sexes y prenaient part.

Nous pâssames, non sans difficulté, dans un pavillon du jardin où étaient assemblés celui qui donnait la fête et plusieurs personnes de la noblesse qui prenaient des rafraîchissements.

On était convenu d'un signal auquel le repas devait commencer, mais l'impatience du peuple ne lui permit pas de l'attendre. Il se mit en mouvement et la baleine fut le premier objet sur lequel il se jeta. Elle fut dépecée en quelques minutes avec tout ce qu'elle contenait. D'abord on mit en lambeaux la riche étoffe qui la couvrait et on s'en empara. Ensuite les vivres qu'elle contenait furent au pillage. Le peuple renversait les hangars, les maisons, les pyramides, en mangeait les débris, et les mettait en poche en même temps. D'autres s'attachaient aux barils et aux tonneaux et, armés de grandes cuillers de bois, ils avalaient à grands traits le vin, la bière et l'eau-de-vie.

La confusion et le tumulte qui suivirent peuvent être mieux imaginés que décrits. Le soir les jardins furent magnifiquement illuminés et on tira un superbe feu d'artifice. Mais le froid ayant tout à coup augmenté au point que le thermomètre de Fahrenheit qui, à midi, n'était qu'à 4° au-dessous de la glace (—20° C.), descendit vers le soir jusqu'à 15° (—26° C.), plusieurs personnes ivres furent gelées et moururent; d'autres en assez grand nombre prirent querelle et se portèrent des coups mortels; d'autres furent volés et assassinés dans les quartiers de la ville peu habités, en se retirant dans la nuit; et en combinant les diverses relations, nous crûmes pouvoir conclure que quatre cents personnes au moins perdirent la vie à l'occasion de cette fête désastreuse. — (W. Coxe, *Voyage en Russie.*)

ALLEMAGNE

FÊTES POUR LE MARIAGE DE L'EMPEREUR LÉOPOLD

Le 12 décembre 1666, Léopold, empereur d'Allemagne, épousa Marguerite-Thérèse, fille de Phillippe IV, roi d'Espagne. Ce mariage fut l'occasion de fêtes dont on trouve la description dans la *Gazette de France*. Nous en extrayons ce qui suit :

« Le lendemain de l'entrée de Leurs Majestés dans Vienne, on commença les réjouissances. Elles débutèrent par un feu d'artifice représentant le temple d'Hyménée, entre le mont Etna, au pied duquel se voyait la forge de Vulcain, et le Parnasse, où l'on découvrait le Lycée des Muses. Dès que l'impératrice y eut mis le feu, on eut le plaisir de toutes les merveilles qu'ils enfermaient et qui surprirent agréablement les spectateurs,

D'abord on aperçut Vulcain à sa forge avec les trois cyclopes ses compagnons, travaillant à toutes sortes d'armes, et en même temps on vit les Muses sur leur montagne avec Pégase, lesquelles, excitées à l'allégresse par la présence de Mercure, donnaient des marques de leur joie par un concert de plusieurs instruments de musique. Alors un Amour descendit du ciel le flambeau à la main, chassa Vulcain et les cyclopes, et fit un débris de tous leurs ouvrages, au son des trompettes et des timbales; en suite de quoi plus de mille fusées s'élevèrent au plus haut de l'air et firent voir quatre lettres qui signifiaient : Vive l'Autriche ! vive l'Espagne !

Cependant l'Amour forgeait, sur l'enclume de Vulcain, un anneau nuptial que les Muses vinrent prendre et portèrent au temple d'Hyménée. Des aigles de feu leur succédèrent sur le Parnasse, l'artillerie tonna et ce fut le signal d'une nouvelle éruption de fusées faisant voir les chiffres de Léopold et de Marguerite. La Muse de la Gloire se montra ensuite avec Hercule domptant Cerbère, puis les Centaures descendirent de l'Etna formant un concert de musettes et de flûtes. Un combat s'engagea entre Hercule et les monstres, qu'il vainquit encore comme autrefois. Alors Vénus, montée sur son char, parut dans le temple d'Hyménée, en même temps que Jupiter, et les Muses formèrent une danse autour de l'autel. Enfin le Phénix vint se consumer au sommet de la montagne pendant que vingt-cinq gros mortiers et toute l'artillerie tiraient une dernière salve.

Le 14, Sa Majesté impériale donna à la princesse le divertissement de la chasse du sanglier; le lendemain, de celle du cerf, du daim, du loup, de l'ours, du renard, du lièvre, sur lesquels elle tira et dont elle abattit quelques-uns avec beaucoup d'adresse.

D'autres réjouissances eurent lieu les jours suivants; ce furent, entre autres, un dîner dans la maison des Jésuites et la représentation d'une comédie par leurs écoliers. On donna aussi à la princesse le plaisir de deux courses en traîneaux.

Enfin, le 24 janvier eut lieu un ballet à cheval dont le mauvais temps avait interrompu la première représentation.

La place du palais impérial avait été, à cet effet, disposée en forme de théâtre avec les choses nécessaires pour la commodité de la noblesse allemande et de celle des autres nations dont il s'était fait un concours extraordinaire. La fête commença, au bruit des décharges du canon et des fanfares de quantité de trompettes, en présence d'un nombre infini de spectateurs.

Un vaste temple s'élevait au fond de la place; une des deux portes s'ouvrit et l'on en vit sortir le navire des Argonautes, aux voiles d'or déployées et tout environné des ondes et de trente Tritons avec leurs conques. Les mariniers, au nombre de soixante, ayant jeté les ancres au milieu de la place, la Renommée, en l'équipage qu'on lui donne ordinairement, se montra sur la poupe et publia le sujet de la fête, qui était la contestation de l'Air et de l'Eau sur la production que chacun de ces éléments s'attribuait d'une perle qui désignait l'impératrice par allusion à son nom de Marguerite. Les deux autres éléments avaient pris parti dans la querelle, le Feu pour l'Air, la Terre pour l'Eau.

Immédiatement après s'ouvrit l'autre porte, d'où sortirent quatre quadrilles de chevaliers qui prenaient la défense des éléments, tous avec la gravité, les habits, les couleurs, les armes et les devises qui leur étaient propres; chacune des quadrilles précédée de ses trompettes et timbaliers, et suivie de la Divinité tutélaire.

Ainsi la quadrille de l'Air avait Junon, laquelle était assise sur un trône, dans un amas de nuées argentées, et environnée de vingt-quatre griffons, armés de foudres, ayant leurs peaux et leurs plumes d'or.

Celle du Feu avait Vulcain paraissant à la cime de son ardente caverne, armé d'un pesant marteau et accompagné aussi de vingt-quatre hideux cyclopes avec de pareils marteaux.

La quadrille de l'Eau avait Neptune, sur un trône fort élevé, soutenu de chevaux marins, et assisté de vingt-quatre vents, tous ailés; et celle de la Terre avait la déesse Bérécinthe qu'on voyait dans un vaste et délicieux jardin, environnée de vingt-quatre sauvages, les thyrses à la main.

Ces quadrilles avec leurs machines, ayant fait le tour du camp, se rangèrent en bel ordre à l'entour de la nef des Argonautes, et Junon et Neptune exposèrent aussitôt, par un beau récit en musique, les raisons de l'Air et de l'Eau, qui finirent par se défier et s'appeler à justifier leurs prétentions par les armes.

En même temps donc, le signal de la bataille se donna par un concert de timbales et de trompettes, et toutes les machines s'étant retirées pour laisser le champ libre aux quadrilles, elles se choquèrent avec diverses sortes d'armes et une telle ardeur que, dans leurs feintes elles donnèrent aux spectateurs l'image d'un effroyable combat. Mais enfin la mêlée, quelque opiniâtre qu'elle parût, cessa en un instant à la vue de l'Éternité, qui, survenant dans le milieu d'une nue et au haut d'un temple merveilleux, fit défense à tous ces braves de combattre pour une perle qui était destinée à l'empereur.

Alors ce prince sortit de cette pompeuse machine, avec les autres génies qui l'y accompagnaient, pour solenniser la fête de l'Hyménée, paraissant en un habit superbe, suivi d'un char d'or tout lumineux et enrichi de perles, tiré par huit hermines, avec un trône fort élevé où la Gloire était assise, et, après avoir fait le tour du camp, invitant chacun à l'allégresse, se retira pour donner moyen aux chevaliers de se réjouir en cette nouvelle et charmante quadrille.

Ensuite, le champ de Mars s'étant changé en une scène des plus agréables, le ballet fut commencé par Sa Majesté impériale avec ceux de sa compagnie, et continué par tous les autres chevaliers, dont les chevaux, ne démarchant que par courbettes mesurées, au son des instruments, ravirent en admiration tant les deux impératrices que les archiduchesses, les princes, la noblesse, et tout le peuple de Vienne qui s'était rendu au même endroit.

Après que ces quadrilles se furent signalées en cette nouvelle danse, avec le succès qu'on en pouvait attendre, Sa Majesté impériale, faisant encore avec tous les chevaliers une passade devant l'impératrice son épouse, rentra dans le temple aux fanfares des trompettes et des cimbales, accompagnée de cette leste cavalerie et des acclamations du peuple; et c'est ainsi que se termina ce divertissement des plus complets qu'on ait vus en cette cour-là, tant par l'excellence de la musique, la richesse des habits, que par la grandeur et la beauté des machines. »

LAPONIE

FÊTE DU RETOUR DU SOLEIL A BOSSEKOP

A Bossekop, petit centre de population situé sur le bord de la mer, en Laponie et au delà du cercle polaire, le disque du soleil, à partir du 17 novembre, reste complètement invisible. Pendant quelque temps, une lueur crépusculaire illumine encore vers midi le contour méridional de l'horizon, et répand une clarté douteuse; mais en approchant du 21 décembre, cette lueur même s'évanouit. Elle reparaît dans le commencement de janvier, et elle grandit par degrés. Enfin, le 31 janvier, le disque solaire recommence à se montrer légèrement. Il projette un premier rayon qui est accueilli par les acclamations universelles de la population placée aux fenêtres ou sur les hauteurs pour saluer l'astre bienfaisant dont l'absence a mieux fait sentir tout le prix. Ce jour-là tout travail est suspendu, on se félicite, on danse, on boit à la résurrection du soleil, et on juge les paris faits sur les horloges qui, n'ayant pas été réglées depuis deux mois et demi, ont pu se déranger plus ou moins. (Élie de Beaumont, *Éloge de Bravais.*)

ANGLETERRE

MARCHE TRIOMPHALE D'ÉLISABETH A LONDRES

La veille de son couronnement, le samedi 14 janvier 1558, notre très gracieuse souveraine lady Élisabeth, reine, par la grâce de Dieu, d'Angleterre, de France et d'Irlande, défenseur de la foi...., partit de la Tour pour aller, à travers la cité de Londres, à Westminster, richement vêtue et honorablement accompagnée de gentilshommes de la noblesse du royaume et d'un remarquable cortège de bonnes et belles dames. Elle fut reçue à l'entrée de la cité par une foule enthousiaste, et s'efforçait, par sa contenance et des mots aimables, de prouver sa reconnaissance à son peuple.

Près de Fanchurche, un échafaud richement orné portait une troupe de musiciens et un enfant, revêtu d'un costume somptueux, qui lui souhaita la bienvenue et lui récita une pièce de vers, aux applaudissements de la foule. Sa Majesté remercia vivement la Cité de cet accueil.

Plus loin s'élevait un arc de triomphe d'une grande magnificence, où se trouvaient représentés, le sceptre en main les princes de la maison de Lancastre avec la rose rouge, et ceux de la maison d'York avec la rose blanche. A la partie supérieure du monument était la statue de la reine. Un enfant récita une pièce de vers, pendant que la foule observait le plus grand silence. Ces vers, avec la traduction en vers latins, étaient inscrits sur un tableau disposé dans l'architecture du monument triomphal.

La reine s'avança ensuite vers Cornhill, où les rues étaient pavoisées de riches bannières et où se trouvait un second édifice couvert de musiciens. On y voyait un enfant représentant la personne de la reine, sur un trône, appuyée sur des Vertus qui foulaient aux pieds les Vices. Ces Vertus, figurées par des personnes vivantes, qui étaient au nombre de quatre : la Religion, la Sagesse, l'Amour des sujets, la Justice. Les Vices étaient la Superstition et l'Ignorance, la Rebellion et l'Insolence, la Folie et la Vaine gloire, l'Adulation et la Vénalité. La reine, après avoir entendu un compliment en vers, remercia la Cité et promit de protéger les Vertus et de punir les Vices.

Elle rencontra encore sur son passage d'autres arcs triomphaux, tous ornés avec magnificence et portant des personnages allégoriques. A l'enseigne de l'Étendard, dans Cheapside, la Vérité, représentée par un enfant, lui offrit une Bible en anglais. Elle remercia la Cité de ce présent, et dit qu'elle lirait souvent ce livre.

Plus loin, les aldermen attendaient la reine, à l'extrémité supérieure de Cheapside. Là se trouvaient rassemblés les représentants de la cité, avec leur suite, tous chamarrés d'or, vêtus des plus riches étoffes et entourés de tentures admirables, tapisseries, drap d'or et d'argent, velours, damas, satin, etc., suspendus dans tout le parcours de la Tour à la Cité, ainsi que des bannières de toutes sortes aux fenêtres. Là, le recorder de la Cité, maître Ranulph Cholmeby, présenta à Sa Majesté une bourse de satin cramoisi, richement brodée en or, et contenant mille marcs d'or que le lord maire et les magistrats offraient, dit-il, à la reine en témoignage de leur contentement et de leur bon vouloir envers Sa Majesté. La reine prit la bourse à deux mains et remercia le lord maire et la Cité par quelques mots gracieux et fermes à la fois.

Plus loin était une construction carrée, représentant deux collines ou montagnes assez hautes; un côté du paysage était tout de rochers abrupts et désolés, l'autre fleuri et charmant; c'était, ainsi que l'indiquaient deux inscriptions, l'image de l'État ruiné par un mauvais gouvernement et florissant sous un bon. Au milieu on voyait une caverne, d'où sortirent le Temps et la Vérité, sa fille, celle-ci portant un livre sur lequel on lisait : *Parole de Vérité;* enfin un enfant récita une pièce de vers expliquant le sujet. Le livre de la Vérité était l'Évangile offert peu auparavant à la reine; elle le prit des deux mains et le plaça sur son cœur, aux applaudissements de la foule. Le cortège se dirigea ensuite vers le cinquième et dernier monument triomphal, dont le personnage principal représentait « Débora juge et soutien de la maison d'Israël ». C'était une nouvelle allusion à la reine; mais un conseil était joint à la flatterie. Débora, en costume du Parlement, sceptre en main et couronne en tête, était entourée de la noblesse, du clergé et des deux assemblées, avec cette inscription : « Débora consulte ses États sur le bon gouvernement d'Israël. »

Avant que la reine arrivât à Temple Bar, les enfants de l'hôpital et leurs maîtres lui furent présentés, et l'un d'eux lui exprima les vœux qu'ils faisaient tous pour que son règne fût long et heureux; puis, comme tous ceux qui avaient, ainsi que lui, représenté un personnage, l'enfant déposa un baiser sur la feuille où était écrit son compliment, et l'offrit à la reine, qui avait fait arrêter son char pour l'écouter. Enfin elle atteignit Temple Bar, où les deux figures gigantesques d'Albion et de Corineus le Breton soutenaient une inscription en son honneur, puis se dirigea vers Westminster au milieu des acclamations de la foule et des salves de l'artillerie. (Nichols., *Progresses of Queen Elizabeth.*)

LE DERBY D'EPSOM

Le jour des courses d'Epsom, le *Derby*, est la grande fête nationale de l'Angleterre. C'est un jour de délire joyeux pour Londres et ses environs. Le Parlement ne siège pas; chacun n'a qu'une pensée: se rendre aux courses, n'importe à quel prix. Les quinze trains réglementaires du chemin de fer sont doublés ou triplés; on s'associe pour louer une voiture, un omnibus; des véhicules de toutes sortes, depuis le riche équipage jusqu'à la carriole attelée d'une haridelle, sillonnent la route et offrent l'aspect le plus curieux, souvent le plus grotesque.

« Le derby, dit M. Taine, est une grande plaine verte, un peu onduleuse; sur un flanc montent plusieurs échafauds publics ou particuliers, petits ou grands. En face, des tentes, des centaines de boutiques, des écuries improvisées sous la toile, et un pêle-mêle incroyable de voitures, de chevaux, de cavaliers, d'omnibus particuliers; il y a peut-être ici deux cent mille têtes humaines. Rien de beau, ni même d'élégant : les voitures sont des véhicules, et les toilettes sont rares; on ne vient pas ici pour se montrer, mais pour regarder. Du haut du *stand*, l'énorme fourmilière grouille, et sa rumeur monte. Mais au delà, sur la droite, une ligne de grands arbres; derrière eux, les ondulations bleuâtres, indistinctes, de la campagne verdoyante, font un cadre magnifique au tableau médiocre. Une brume légère, pleine de soleil, plane dans les lointains, et l'air illuminé enveloppe comme une gloire la plaine, les collines, l'immense espace et toute l'agitation de la kermesse humaine.

« C'est une kermesse, en effet; ils sont venus pour s'amuser avec fracas. Partout des bohémiens, des chanteurs et danseurs grotesque déguisés en nègres, des tirs

Courses du Derby d'Epsom, d'après une estampe de la Bibliothèque.

à l'arc et à la carabine ; des charlatans qui, à coups d'éloquence, débitent leurs chaînes de montre ; des jeux de quilles et de bâton, des musiciens de toute espèce, et la plus étonnante file de cabs, calèches, droshkis, four-tin-hands, avec pâtés, viandes froides, melons, fruits, vins, surtout du champagne. On déballe ; on va boire et manger, cela refait l'animal et l'exalte ; la grosse joie et le franc rire sont l'effet de l'estomac rempli. Devant cette ripaille toute prête, l'aspect des pauvres est pénible à voir ; ils tâchent de vous vendre des poupées d'un sou, des mémoriaux du derby, de vous faire jouer au jeu du bâton (*aunt sally*), d'obtenir le cirage de vos bottes. Ils sont venus à pied pendant la nuit, et comptent pour dîner sur les miettes de la grande ripaille. Beaucoup sont couchés par terre, entre les pieds des promeneurs, et dorment béants, la face en l'air. Les figures ont une expression d'hébétement ou d'âpreté douloureuse.

« Cependant une cloche sonne, et la course se prépare. Les trois ou quatre cents policemen font vider la piste ; les échafauds sont comblés, et en face d'eux la prairie n'est plus qu'une grosse tache noire. Nous montons à nos places ; rien de grandiose. A cette distance, les foules sont des fourmilières ; les cavaliers et les voitures qui avancent et se croisent ressemblent à des scarabées, à des hannetons, à de gros bourdons sombres, éparpillés sur un tapis vert. Les jockeys, en rouge, en bleu, en jaune, en couleur mauve, font un petit tas à part, comme un vol de papillons posés. Probablement je manque d'enthousiasme, mais il me semble assister à un jeu d'insectes. Trente-quatre coureurs ; après trois faux départs, ils partent ; quinze ou vingt font masse, les autres sont par petits paquets, et on les voit avancer le long de la piste. Pour l'œil, la vitesse n'est pas très grande ; c'est celle d'un chemin de fer vu à une demi-lieue ; en ce cas, les wagons ont l'air de chariots d'enfant qu'un enfant traîne au bout d'un fil ; certainement, ici l'impression physique n'est pas plus forte et il ne faut parler ni d'ouragan ni de tourbillon. Pendant plusieurs minutes, la tache brune, semée de points rouges et clairs, chemine régulièrement sur le vert lointain. Elle tourne; on sent venir le premier groupe. « Chapeaux bas! » Et toutes les têtes se découvrent, et tout le monde se lève ; un hourrah étranglé court sur les échafauds. Les figures roides ont pris feu; des gestes courts, saccadés, remuent subitement les corps flegmatiques ; en bas, dans l'enceinte des paris, la secousse est extraordinaire, comme d'une danse de Saint-Guy universelle ; imaginez un tas d'automates qui reçoivent une décharge électrique et gesticulent de toutes leurs pièces comme des télégraphes fous. Mais le spectacle le plus curieux est celui de la marée humaine qui, tout de suite et tout d'un coup, s'épand et roule sur la piste derrière les coureurs, pareille à un flot d'encre; la masse noire immobile a fondu subitement et coule ; en un instant, elle s'étend énorme à perte de vue, et la voici devant les échafauds. Sur deux ou trois rangs, les policemen font digue, et boxent au besoin pour protéger le carré où ils reçoivent chevaux et jockeys. On va peser et vérifier.

« Il y a un moment grandiose, celui où les chevaux ne sont plus qu'à deux cents pas ; en un instant la vitesse devient tout d'un coup visible, et le peleton de cavaliers et de chevaux fond en avant cette fois, comme une tempête.

« Un cheval peu connu, Caractacus, a gagné, et de très peu ; on ne pariait pour lui que 1 contre 40 ; au contraire, on pariait 1 contre 3 et 2 contre 9 pour deux autres très renommés; partant, mécomptes et débâcle. Le prix, avec les accessoires, est de 5775 livres sterling; avec les paris, le propriétaire gagnera près de 1 million de francs. On nous parle de pertes énormes : 20 000 livres, 50 000 livres sterling; l'an dernier, un colonel s'est tué après la grande course, parce qu'il se voyait insolvable ; s'il eût attendu l'issue des suivantes, il gagnait assez pour s'acquitter. Le propriétaire d'un des échafauds particuliers a crié, au moment du départ : Tout ce que je viens « de faire d'argent pour Buckstone ! » Plusieurs cabs ont perdu leurs chevaux et leurs voitures, qu'ils avaient pariés.

« Nous descendons ; on s'encombre et on s'étouffe dans les escaliers, dans les buffets ; mais la plupart des voitures ont apporté leurs provisions, et les gens festinent en plein air, par petits groupes. Bonne humeur et joie expansive : les classes se mêlent. P..., un des nôtres, a rencontré son cocher ordinaire attablé avec un gentleman, deux dames et un enfant. Le gentleman avait employé, puis invité son cocher; le cocher présente P..., qu'on oblige à boire du porto, du sherry, du stout et de l'ale. Bref, aujourd'hui on est tout à tous ; mais ce n'est qu'un jour, à la façon des saturnales antiques. Demain, les distinctions du rang seront aussi fortes que jamais, et le cocher sera respectueux, *distant*, comme d'habitude. Cependant, sur toute la plaine, les mâchoires travaillent, les bouteilles se vident et, vers le soir, la kermesse est dans sa fleur. Vingt-quatre gentlemen rangent triomphalement sur leur omnibus soixante-quinze bouteilles qu'ils ont bues. Les groupes se bombardent avec des os de poulet, des pelures de homard, des mottes de gazon. Deux compagnies de gentlemen sont descendues de leur omnibus et boxent dix contre dix ; l'un a deux dents cassées. Il y a des incidents grotesques : trois hommes et une dame sont debout sur leur voiture ; les chevaux font un mouvement, tout le monde tombe.... Éclats de rire. Peu à peu les fumées du vin montent dans les têtes ; eux si corrects, si délicats, ils se permettent des actions étranges. Un des nôtres, qui est resté jusqu'à minuit, a vu plusieurs énormités que je ne puis écrire ; l'animal est lâché. Il n'y a rien d'exagéré dans la Kermesse de Rubens au Louvre : ce sont les mêmes instincts débridés de même.

« Au retour, la route disparaît sous la poussière; des morceaux de champ ont été rongés par les pieds; chacun revient horriblement sale et blanc de poudre. Il y a des ivrognes sur tout le chemin, et les figures des spectateurs n'expriment pas le dégoût. Aujourd'hui tout est permis ; c'est un débouché pour une année de contrainte. » (Taine, *Notes sur l'Angleterre.*)

FRANCE

FÊTE-DIEU A AIX. — PROCESSION DU ROI RENÉ

Baillet, auteur du *Livre des Saints* et de plusieurs autres ouvrages d'hagiographie, raconte qu'en 1208 une religieuse hospitalière de Liège, nommée Julienne et âgée de seize ans, vit en songe la lune dans son plein, mais ayant une brèche. On interpréta ce songe comme une indication de ce que la fête du Saint-Sacrement manquait à l'Église (la lune était l'Église). En 1246, la fête fut établie par Robert, évêque de Liège, dans son diocèse; en 1264, Urbain IV la rendit obligatoire dans toute l'Église. Elle a toujours, depuis lors, été célébrée en France sous le nom de Fête-Dieu ou du Saint-Sacrement.

Vers 1462, le roi René institua à Aix une procession annexe à celle de la Fête-Dieu; il emprunta, pour en faire un spectacle magnifique, tout ce que la verve poétique de ce temps savait mêler de sacré et de profane, d'histoire ancienne et d'histoire moderne.

Le lundi de la Pentecôte avait lieu la nomination des principaux chefs de la fête : le roi de la Basoche, le prince d'Amour, l'abbé de la Jeunesse et autres grands dignitaires. Le jour de la Trinité, on élisait les officiers subalternes, et tous ceux qui voulaient prendre part à la cérémonie se faisaient inscrire.

La veille de la procession, avait lieu le *passado*. Vers midi, après avoir entendu la messe à la cathédrale, les quatre bâtonniers du roi de la Basoche, de l'abbé de la Jeunesse, etc., parcouraient la ville au pas de course, musique en tête, puis se rendaient au cours où avait lieu *lou Gué*, c'est-à-dire la distribution des costumes pour le lendemain. Le prévôt, accompagné des échevins, proclamait le nom des dieux de l'Olympe, qui se rangeaient près de lui.

Enfin, le jour de la Fête-Dieu la procession se mettait en marche, au son des cloches à grande volée. D'abord se présentaient les quatre bâtonniers, chargés de rubans aux couleurs de leurs chefs. Venaient ensuite les archers du comte de Provence, portant chacun une torche. Ils précédaient la Renommée, montée sur un cheval que conduisaient quatre porteurs de torches ou *lampadophores*. La déesse était vêtue d'une robe jaune, sur laquelle étaient peintes les armes des principaux seigneurs provençaux; deux ailes jaunes sortaient de sa robe, et elle était coiffée d'un bonnet jaune et empanaché. Derrière la Renommée s'avançaient les chevaliers du Croissant, ordre militaire institué par le roi René. Une musique militaire les séparait du duc et de la duchesse d'Urbin, montés sur des ânes, souvenir triomphal de la défaite d'Urbin par René en 1460.

Momus suivait; son vêtement était chamarré de mille couleurs et couvert de grelots; il agitait d'une main sa marotte et tenait son masque de l'autre. Mercure l'accompagnait, et la Nuit couvrait le dieu des voleurs de son manteau noir parsemé d'étoiles et de pavots.

Un charivari, destiné à reproduire les pleurs et les grincements de l'enfer, annonçait le noir Pluton et son cortège, composé de cinq groupes différents. C'étaient d'abord les *Razcassetos;* c'étaient les lépreux de l'Écriture, munis de peignes, brosses, ciseaux, éponges, dont ils s'efforçaient de nettoyer un d'entre eux malgré sa résistance. Moïse, le front orné des deux rayons traditionnels, portait les tables de la loi; près de lui, Aaron s'efforçait d'expliquer la loi aux Israélites, qui dansaient autour du veau d'or, et dont un jonglait avec un jeune chat qu'il lançait en l'air; c'était le jeu du chat, *lou jouèc dou cat.* Pluton et Proserpine, aux robes noires parsemées de flammes, tenaient leurs sceptres d'ébène et les clefs du sombre empire; les démons les entouraient et figuraient des chœurs de danses infernales.

Le quatrième groupe était le *pichoum jouec deïs diables,* le petit jeu des diables. Un enfant vêtu de blanc figurait une âme conduite vers la croix par un ange sur lequel tombaient les coups adressés par les diables à la pauvre âme. Le grand jeu des diables terminait le cortège de Pluton; c'était Hérode couvert des insignes royaux, et que harcelait à coups de fourches une bande de démons parmi lesquels on remarquait la diablesse ou la Coquetterie, que représentait une femme habillée suivant la mode la plus récente. Les dieux de la mer venaient ensuite, vêtus en bleu d'azur. Autour de Neptune, armé du trident, les Vents formaient une danse animée.

Une musique champêtre annonçait les dieux de la Terre; les nymphes, aux robes vertes, dansaient avec les satyres habillés de peaux bigarrées, d'un justaucorps couleur de chair avec des cornes et une longue queue. Pan les suivait, jouant de la flûte, puis venait Bacchus sur un char couvert de pampres. Assis sur un tonneau, il se versait à boire et sa coupe à peine effleurée passait aux faunes de sa suite. Cette partie du cortège était toujours

Procession du roi René à Aix, d'après une estampe de la Bibliothèque nationale.

fort gaie. Mars et Minerve suivaient Bacchus; le premier en chevalier du temps de Louis XI, la seconde en dame de la cour avec la lance et l'égide.

Venaient ensuite les *chevaoux frux* (chevaux fringants). Des chevaliers de la cour, debout sur leurs chevaux, exécutaient des exercices de voltige. Mais dans une de ces processions, plusieurs d'entre eux firent des chutes mortelles. On remplaça donc les chevaux fringants par des chevaux de carton, ce qui rendit la voltige moins élégante, mais moins dangereuse.

Diane, avec son arc et ses flèches, Apollon, avec sa lyre et le coq matinal, précédaient les Heures qui se tenaient par la main. Puis venait la reine de Saba, qui saluait Salomon avec des rameaux verts en se balançant de droite et de gauche. Salomon lui répondait par une danse vive et animée, abaissant devant elle son épée à la pointe de laquelle était attaché un *castlet* à cinq girouettes figurant le Temple. Les femmes de la reine tenaient chacune une coupe, présent du roi, qui ne paraissait pas témoigner en faveur de leur tempérance et pouvait justifier la réforme de leur compatriote Mahomet.

Les *pichnoux dansaires* et *leis grands dansaires* précédaient le char des dieux, magnifiquement orné, couvert des tapis les plus précieux, et attelé de six beaux chevaux blancs richement caparaçonnés. Jupiter y siégeait sur le trône le plus élevé, les foudres en main; à ses pieds on voyait Junon et son paon, Vénus avec l'Amour. Les Jeux et les Ris entouraient le char; puis venaient les Parques, Clotho, Lachésis et Atropos, filant et tranchant les jours des mortels.

Hérode les suivait; il présidait au massacre des Innocents. Ses gardes, armés de mousquets, tiraient en l'air, et une douzaine d'enfants se jetaient à terre en poussant de grands cris. Les Mages, les Apôtres, les Évangélistes, figuraient aussi dans cette procession; elle était terminée par le prince d'Amour, l'abbé de la Jeunesse et le roi de la Basoche. René avait personnifié dans ces trois chefs la noblesse, le clergé et le peuple; tous trois marchaient de front, tous trois avaient un cheval de même couleur et de même taille, tous trois avaient une même suite. En cette circonstance, mais en celle-là seulement, se retrouvait l'égalité. Telle était la procession d'Aix en 1490, et déjà quelques personnages, Adam, Ève, Caïn, Abel, les patriarches, etc., étaient supprimés.

La procession liturgique du Saint-Sacrement suivait ce cortège.

En 1645 et surtout en 1680, les archevêques de la ville voulurent supprimer les scènes profanes de cette cérémonie; mais le peuple menaça de brûler l'archevêché et, les prélats se résignèrent. La fête continua de se célébrer ainsi jusqu'en 1789. Abolie à cette époque, elle fut reprise en 1802 pour fêter la République.

L'an X de la République française et le second jour du mois de vendémiaire, le maire et l'adjoint d'Aix, département des Bouches-du-Rhône, déclarent « qu'en exécution des lois de l'État, la fête de l'anniversaire de la fondation de la République a été célébrée avec pompe et solennité.

« Le 5 complémentaire, à l'heure de midi, les *danseurs* et *les chevaoux frux*, suivis des tambours et tambourins, sont sortis de la maison commune et ont parcouru la ville en dansant devant les maisons des autorités constituées et des principaux citoyens. Le soir ils ont fait leur *passade* en courant les rues avec des flambeaux, aux sons des fifres et des tambourins. »

Le 6 eut lieu la procession instituée par René, mais où figuraient seulement les personnages mythologiques, avec le duc et la duchesse d'Urbin; quant aux personnages de la Bible, leurs rôles étaient supprimés. La fête se termina par le lancement d'un aérostat, qui aurait beaucoup surpris le bon roi René et ses contemporains, plus un feu de joie, représentant la destruction du despotisme, et un grand concert gratuit.

On célébra encore cette fête lors du Concordat, mais elle était alors bien déchue de sa bizarre magnificence.

LE CAMP DU DRAP D'OR A ARDRES (1520)

« Les ambassadeurs d'Angleterre, estant retournés vers leur maistre, fisrent tant avec le bon rapport qu'ils fisrent du roy de France, que le roy d'Angleterre et le roy de France prindrent jour d'eux veoir ensemble, entre Ghines et Ardres; et délibérèrent d'y faire la plus grande chère qu'il seroit possible. Et fist le roy de France faire à Ardres trois maisons, l'une dedans la dicte ville, qu'il fist tout bastir de neuf; et estoit assez belle pour une maison de ville, et avoit assez grand logis; et en cette maison fust festoyé le roy d'Angleterre.

« Et en fist faire le dict seigneur roy une autre, hors de la ville, couverte de toile, comme le festin de la Bastille avoit été fait; et estoit de la façon comme du temps passé les Romains faisoient leur théâtre, tout en rond, à ouvrage de bois, chambres, salles, galeries; trois estages l'ung sur l'autre, et tous les fondements de pierres; toutesfois elle ne servit de rien. Or, pensoit le roy de France que le roy d'Angleterre et luy se dussent veoir aux champs, en tentes et pavillons, comme il avait esté une fois conclud, et avoit faict le dit sieur les plus belles tentes qui feurent jamais veues, et le plus grand nombre. Et les principales estoient de drap d'or, frisé dedans et dehors, tant chambres, salles que galleries et tout plein d'aultres, de drap d'or ras et toiles d'or et d'argent (la richesse des costumes et la profusion du drap d'or employé dans cette entrevue des deux souverains lui fit donner, d'après Martin du Bellay, le nom de Camp du Drap d'Or). Et avoit dessus les dictes tentes, force devises et pommes d'or; et quand elles estoient tendues au soleil, il les faisoit beau veoir. Et y avoit sur celle du roy un saint Michel, tout d'or, afin qu'elle fust congnuë entre les aultres; mais il estoit tout creux. Or, quand je vous ai devisé de l'esquipage du roi de France, il faut que je vous devise de celui du roi d'Angleterre, lequel ne fist qu'une maison; mais estoit trop plus belle que celle des François et de peu de coustance. Et estoit assise la dicte maison aux portes de Ghines, assez proche du chasteau, et estoit de merveilleuse grandeur de carrure, et estoit la dicte maison toute de bois, de toille et de verre; et estoit la plus belle verrine que jamais l'on vist; car la moitié de la maison estoit toute de verrine; et vous asseure qu'il y faisoit bien clair. Et y avoit quatre corps de maisons, dont au moindre vous vous y eussiez logé un prince. Et estoit la cour de bonne grandeur; et au milieu de la dicte cour et devant la porte, y avoit deux belles fontaines qui jectoient par trois tuyaux, l'un ypocras, l'autre vin et l'autre eauë; et faisoit dedans la dicte maison le plus clair logis qu'on sçauroit veoir... Et vous asseure que si cela estoit bien fourni, aussi estoient les caves; car les maisons des deux princes, durant le voyage, ne furent fermées à personne. Eulx venus, à sçavoir le roy de France à Ardres, et le roy d'Angleterre à Ghines, furent là huict jours, pour regarder de leurs affaires.... La veue des dicts princes fust entreprise à grosse difficulté..., et feurent trois ou quatre jours sur tous ces débats; et encore y avoit-il à redire, deux heures avant qu'il se visrent.

« La chose entreprise et conclue, feust arrestée la veue des deux princes à ung jour nommé, qui feust ung dimanche; et pour ce que la comté d'Ardres n'a pas grande

Le Camp du Drap d'Or à Ardres, d'après une estampe de la Bibliothèque nationale.

étendue du costé de Ghines, et qu'il falloit que les deus princes fissent autant de chemin l'ung que l'autre, pour se veoir ensemble, et pource que c'estoit sur le pays du roy d'Angleterre, fust ordonné de tendre une belle grande tente au lieu où la dicte veue se feroit. Ce faict, regardèrent les dicts princes quels gens ils meneroient avecques eulx et s'accordèrent de mener chascun deux hommes ; et estoit le légat d'Angleterre attendant à la tente où se debvoient veoir, et Robertet (Du Bellay dit que ce fut le chancelier Duprat), du costé du roy de France, qui avoient les papiers de leurs maistres. Et mena le roy de France avecques lui monsieur de Bourbon et monsieur l'admiral ; et le roy d'Angleterre avoit le duc de Suffolck, qui avoit espousé sa sœur, et le duc de Norfolck. Et estoit ledict camp tout environné de barrières, bien ung jet de boule éloigné de la tente, et avoit chacun quatre cents hommes de leur garde, et les princes des deux costés, et chacun prince ung gentilhomme avecques lui, et y étoient trois cents archers du roy de France, et les cent Suisses que l'Adventureux menoit (le *jeune Aventureux* était le nom de guerre de Fleurange, l'auteur de ce récit) ; et le roy d'Angleterre avoit quatre cents archers. Et allèrent en cette bonne ordonnance jusques aux barrières ; et, quand ce vint à l'approche, les dictes gardes demeurèrent aux barrières, et les deux princes passèrent outre, avecques les deux personnages, ainsi que dict est devant, et se vindrent embrasser tout à cheval, et se fisrent merveilleusement bon visage, et broncha le cheval du roy d'Angleterre en embrassant le roy de France ; et chascun avoit son laquais, qui prindrent les chevaulx. Et entrèrent dedans le pavillon tout à pied, et se recommencèrent derechef à embrasser, et faire plus grande chère que jamais ; et quand le roy d'Angleterre feust assis, print lui-même les articles et commença à les lire. Et quand il eust leu ceulx du roy de France, qui doit aller le premier, il commença à parler de lui, et y avoit : *Je, Henry roy....* il voulloit dire de France et d'Angleterre, mais il laissa le titre de France, et dict au roy : *Je ne le mettrai point, puisque vous êtes ici, car je mentirois.* Et dict : *Je, Henry, roy d'Angleterre.* Et estoient les dicts articles fort bien faicts et bien escripts, s'ils eussent esté bien tenus. Ce faict, les dicts princes se partirent merveilleusement bien contents l'ung de l'aultre, et en bon ordre, comme ils estoient venus, s'en retournèrent, le roy de France à Ardres, et le roy d'Angleterre à Ghines, là où il couchoit de nuict, et de jour se tenoit dans la belle maison qu'il avoit fait faire. Le soir, vindrent devers le roy, de par le roy d'Angleterre, le légat et quelqu'un du conseil pour regarder la façon, et comme ils se pourroient veoir souvent, et pour avoir seureté l'ung de l'aultre ; et feust dict que les roynes festoyeroient les Roys, et les roys les roynes ; et quand le roy d'Angleterre, viendroit à Ardres veoir la royne de France, le roy de France partiroit quant et quant pour aller à Ghines veoir la royne d'Angleterre ; et par ainsi ils estoient chascun en ostage l'ung pour l'aultre. Le roy de France, qui n'estoit pas homme soupçonneux, estoit fort marri de quoi on se fioit si peu en la foi l'ung de l'aultre. Il se leva un jour bien matin, qui n'est pas sa coutume, et print deux gentilshommes et ung page, les premiers qu'il trouva, et monta à cheval sans estre houzé, avecques une cappe à l'espaignolle ; et vint devers le roy d'Angleterre, au chasteau de Ghines. Et quand le roy fust sur le pont du chasteau, tous les Anglois s'émerveillèrent fort, et ne sçavoient qu'il leur estoit advenu ; et avoit bien deux cents archers sur le dict pont, et estoit le gouverneur de Ghines avecques les dicts archers, lequel feust bien étonné. Et, en passant parmi eulx, le roy leur demanda la foy, et qu'ils se rendissent à lui, et leur demanda la chambre du roy son frère, laquelle lui feust enseignée par ledict gouverneur de Ghines, qui lui dict : *Sire, il n'est pas éveillé.* Il passe tout outre, et va jusques à la dicte chambre, heurte à la porte, l'éveille et entre dedans. Et ne feust jamais homme plus esbahi que le roy d'Angleterre, et lui dict : « Mon frère, vous « m'avez faict meilleur tour que jamais homme ne fist à « aultre, et me montrez la grande fiance que je dois avoir « en vous ; et de moi, je me rends votre prisonnier dès « cette heure, et vous baille ma foy. » Et deffist de son col ung collier qui valloit quinze mille angelots, et pria au roy de France qu'il le voullust prendre et porter ce jour-là pour l'amour de son prisonnier. Et soudain le roy, qui lui voulloist faire même tour, avoit apporté avecques lui un bracelet qui valloit plus de trente mille angelots, et le pria qu'il le portast pour l'amour de lui, laquelle chose il fist, et le lui mist au bras ; et le roy de France print le sien à son col. Et adonc le roy d'Angleterre voullust se lever, et le roy de France lui dict qu'il n'auroit point d'autre valet de chambre que lui, et lui chauffa sa chemise, et lui bailla quand il feust levé. Le roy de France s'en voullust retourner, nonobstant que le roy d'Angleterre le voullust retenir à dîner avecques lui ; mais pource qu'il falloit jouxter après disner, s'en voullust aller, et monta à cheval, et s'en revint à Ardres. Il rencontra beaucoup de gens de bien qui venoient au devant de lui, et entr'autres l'Adventüreux, qui lui dict : « Mon « maistre, vous estes un fol d'avoir faict ce que vous avez « faict ; et suis bien aise de vous reveoir ici, et donne au « diable celui qui vous l'a conseillé. » Sur quoi le roy lui fist response et lui dict que jamais homme ne lui avoit conseillé, et qu'il sçavoit bien qu'il n'y avoit personne en son royaume qui lui eust voullu conseiller ; et alors commença à compter ce qu'il avoist faict audict Ghines, et s'en retourna ainsi en parlant jusqu'à Ardres, car il n'y avoit pas loing. Si le roy d'Angleterre estoit bien aise du bon tour que le roy de France lui fist, encore en estoient plus aises tous les Anglais, car il n'eussent jamais pensé qu'il se voullust mettre entre leurs mains, le plus foible, et pource qu'il y avoit eu grosse difficulté pour leur veue, afin qu'ils ne feussent point plus forts l'ung que l'aultre. Le roy d'Angleterre, voyant le bon tour que le roy de France lui avoit faict, le lendemain matin, en vint faire autant au roy de France que le roy lui en avoit faict le jour de devant; et se refirent présents et bonne chère, autant ou plus qu'auparavant.

« Et, cela faict de l'ung à l'aultre, les jouxtes se commencèrent à faire, qui durèrent huict jours et feurent merveilleusement belles, tant à pied comme à cheval; et estoient six François et six Anglois tenans, et les roys estoient venans. Et menoient les princes et capitaines chascun dix ou douze hommes d'armes avecques eulx, habillés de leurs couleurs, et l'Adventureux en avoit quinze; et pouvoient estre en tout, tant François qu'Anglois, trois cents hommes d'armes; et vous asseure que c'estoit belle chose à veoir. Le lieu où se faisoient les jouxtes étoit bien fortifié, et y avoit une barrière du costé du roy de France, et une aultre du costé du roy d'Angleterre, et quand les rois estoient dedans et toute leur seigneurie, il estoit dict par nombre combien il y en devoit entrer de chascun costé; et les archers du roi d'Angleterre et les capitaines de ses gardes gardoient du costé du roi de France; et les capitaines de la garde du roi de France, archers et Suisses, gardoient le costé du roi d'Angleterre : et n'y entroit à chascun coup que ceulx qui debvoient jouxter; et, quand cette troupe estoit lasse, il y en entroit une autre, et y eut merveilleusement bon ordre de tous costés et sans débat, qui est une grande chose en telle assemblée. Après les jouxtes, les luiteurs de France et d'Angleterre venoient avant, et luitoient devant les rois et devant les dames, qui fust beau passetemps; et y avoit de puissants luiteurs; et, parce que le roi de France n'avoit fait venir de luiteurs de Bretaigne, en gaignèrent les Anglois le prix. Après allèrent tirer à l'arc, et le roi d'Angleterre lui-même, qui est un merveilleusement bon archer et fort, et le faisoit bon veoir. Après tous ces passe-temps faicts, se retirèrent dans un pavillon le roi de France et le roi d'Angleterre, où ils beurent ensemble. Cela faict, le roi d'Angleterre prit le roi de France par le collet et lui dit : *Mon frère je veux luiter avec vous*, et lui donna une attrape ou deux, et le roi de France, qui est un fort bon luiteur, lui donna un tour et le jetta par terre, qui est ung merveilleux sault. Et vouloit encore le roi d'Angleterre reluiter, mais tout cela feust rompu, et fallust aller soùper. Et ainsi tous les jours se venoient veoir l'ung l'aultre, osté ung jour pour eulx reposer; et quand les François estoient à Ghines, les Anglois venoient à Ardres. Et venoient souvent les seigneurs et dames d'Angleterre, coucher au logis des François, et les François faisoient le cas pareil; et tous les jours se faisoient force banquets et festins. Après cela se fist le grand festin, où tous les estats des deux princes vindrent loger dedans les lisses, où on avoit faict un beau maisonnage, tout de bois.

[A propos de ce festin, Martin du Bellay dit : « Je ne m'arresteray pas à dire les grands triomphes et festins qui se firent là, ny la despense superflue, car il ne se peust estimer; tellement que plusieurs y portèrent leurs mouins, leur forests et leurs prez sur leurs espaules. »]

« Et par ung matin feust chanté la grande-messe par le cardinal d'Angleterre, dessus ung eschaffaut qu'on fist expressément : et feut faicte la chapelle en une nuit, la plus belle que je veis oncques, pour l'avoir faicte en si peu de temps, et la mieux fournie; car tous les chantres du roi de France et du roi d'Angleterre y estoient, et feust fort somptueusement chanté; et, après la messe, donna ledict cardinal à recevoir Dieu aux deux rois. Et là feust la paix reconfirmée et criée par les héraults. Et feust là faict le mariage de monsieur le Dauphin de France à madame la princesse d'Angleterre, fille du dict roi. Après ce, fisrent encore trois ou quatre jouxtes et banquets, et après prindrent congé de l'ung et l'aultre, en la plus grande paix entre les princes et princesses, qu'il estoit possible. Et, cela faict, s'en retourna le roi d'Angleterre à Ghines et le roi de France en France; et ne feust pas sans se donner gros présents au partir les ungs aux autres. » — (*Mémoires de Fleurange.*)

FOIRE DE SAINT-GERMAIN A PARIS

« Cette foire, dit Sauval, est la première, la plus longue et la plus riche de celles qui, comme par excellence, prennent le nom de Foires de Paris. Elle fut érigée par Louis XI en 1482, et donnée à l'abbé et aux religieux de Saint-Germain. D'abord elle commença le 1er octobre et dura huit jours, puis elle eut lieu vers la fin de l'hiver et au commencement du printemps, lorsque la cour est à Paris, pour l'ordinaire, et que la mauvaise saison y attire et retient les gens riches et de qualité. De nos jours, elle a commencé à durer deux mois; plusieurs fois on l'a portée jusqu'à la semaine de la Passion... Depuis quelque temps le roi dispose seul de sa durée.... Cette foire est près de trois portes de Paris, dans un quartier fort peuplé du faubourg Saint-Germain, entre les rues Guisarde, du Four, des Boucheries, des Quatre-Vents, de Tournon et des Aveugles.

« Ce sont deux halles longues de cent trente pas, larges de cent, composées de vingt-deux travées et couvertes d'une charpente fort exhaussée, où les gens du métier admirent quantité de traits de leur art. Aussi est-elle célèbre autant pour sa grandeur que pour sa magnificence, car c'est peut-être le plus grand couvert qui soit au monde. Neuf rues, tirées à la ligne, la partagent en vingt-quatre isles, et sont bordées de tant de loges que le nombre en est surprenant.... Dans ses rues les plus éloignées, les marchands en gros de draps, de serge et autres choses vendent leurs marchandises les huit premiers jours de la foire. Dans celles qui y tiennent sont épars ceux qui vendent en détail des verres, de la faïence, de la porcelaine; mais les principales sont pleines d'orfévres, de merciers, de lingères et de peintres.

« Dans les loges et maisons des peintres, on voit une infinité de tableaux entassés et placés les uns sur les autres; dans les rues de la Lingerie et de la Mercerie, se trouvent non-seulement plus de toiles et de dentelles, plus de galanteries et d'afféteries qu'on ne sauroit imaginer, mais encore tous ces vains amusemens du luxe et de la volupté que les marchands, au péril de leur vie, vont chercher à l'extrémité des Indes, dans la Chine et dans le Nouveau-Monde.

« Toutes ces curiosités, cependant, ne sont rien en comparaison de ce qui se vend dans la rue de l'Orfévrerie.... Mais ce qui est particulier à cette foire-ci, et merveilleux tout ensemble, c'est qu'elle est aussi fréquentée la nuit que le jour, de sorte que chaque jour elle change de face deux fois.... De jour on diroit qu'elle n'est ouverte que pour le peuple qui y vient en foule, et la nuit pour les personnes de qualité, pour les grandes dames et pour le roi même. Les riches rues se font admirer à la clarté des lustres et des flambeaux, surtout celles des Orfévres, et tous viennent là pour jouer et se divertir; de sorte qu'alors ce lieu est moins une foire qu'un palais enchanté où tout le beau monde se trouve assemblé comme à un rendez-vous. »

ENTRÉE DE HENRI II A LYON

« Le roy, son pays beau de Piedmont ainsi visité, s'en retourna par Lyon, où luy fut faicte une très-triumphante entrée, qu'il faut par caprice que je mette icy.

« Cette entrée donc fut accompagnée de plusieurs très-belles singularitez, entre autres de quatre très-belles et rares. L'une du combat à outrance et à l'antique de douze gladiateurs, vestus de satin blanc les six, et les autres de satin cramoisy, faict à l'antique romaine; et parurent devant le roy en quatre rangs de trois à trois : lesquels commencèrent un combat tout à l'antique, non quant aux armes, mais quant à l'ordre de se sçavoir secourir et entrer les rangs les uns dans les autres sans se rompre. Ils combattirent premièrement à armes différentes, à sçavoir une consesque ou zagaye contre une espée à deux mains....; les autres, de deux espées contre une espée et une targue ou pavoys le long d'un bras....; les autres, de l'espée et poignard boulonnois, contre l'espée et le bouclier barcelonois.... Et ainsy ordonnez, le second rang se tourna vers le tiers, et après s'estre regardez l'un l'autre furieusement, ainsy que firent jadis les Horaces et Curiaces, commança d'une grand' furie et roideur à assaillir le troisiesme rang avec leurs susdites armes tranchantes et non faintes.... combattans en telle furie qu'il n'y eut si bonne zagaye qui ne fust couppée en deux ou trois tronsons; la pluspart de leurs espées, tant à deux mains que des autres, quelque vieilles lames qu'elles fussent, vollarent en pièces; qui estonna de prime face les arregardans, pensans que ce fussent ou quelques criminelz, ou qu'ilz le fissent à bon escient, s'estant mis en collère, que, ignorans leur adresse, plusieurs s'escrioient qu'on les secourût ou qu'on les despartit.... Puis, six contre six, se rencontrarent armes pareilles, zagaye contre zagaye, espée à deux mains contre espée à deux mains, et ainzy des autres; avec autant de bonne grâce et joye sur la fin, qu'ils avoient donné au commancement d'effroy et de crainte aux regardans....

« Le roy Henry y prist tel plaisir, comm' à une chose non jamais de nos temps veue ny accoustumée, pour chose si dangereuse, qu'il la voulut encore revoir six jours après son entrée.

« Le plaisir de combat dura en ceste sorte quelque plus de demi-heure.... Certes, il falloit bien que ces honnestes gens et bien créez eussent bien appris leur leçon de longtemps, et qu'ils fussent plus martiaux que bastelleurs ni joueurs de comédies ou tragédies. Ah! gente ville de Lion, que vous monstrastes bien là que vous estiez bien gentilz, adroits et ingénieux, comme de tout temps vous l'avez été en ce que vous avez voulu entreprendre, non-seulement en cet endroict d'entrée et de combat, mais en cette belle chasse de Diane qui fut aussi une très-rare et très-plaisante chose à voir....

« Ainsi qne le roy marchoit, venant à rencontrer un grand obélisque à l'anticque, à costé de la main droicte il rencontra de même un préau ceint, sur le grand chemin, d'une muraille de quelque peu plus de six pieds de hauteur, et ledit préau aussi haut de terre; lequel avoit esté distinctement rempli d'arbres de moyenne fustaye, entreplantés de taillis espais, et à force touffes d'autres petits arbrisseaux, avec aussi force arbres fruictiers. Et en cette petite forest s'esbattoyent force petits cerfs, tous en vie, biches, chevreuils, toutesfois privez. Et lors Sa Majesté entre' ouyt aucuns cornets et trompes sonner; et tout aussitôt apperceut venir à travers de ladite forest, Diane chassant avec ses compagnes et vierges forestières, elle tenant à la main un riche arc turquois, avec sa trousse pendante au costé, accoutrée en atour de nymphe, à la mode que l'antiquité nous le représente encor; son corps estoit vestu avec un demy bas à six grands lambeaux ronds de toille d'or noire, semée d'estoilles d'argent, les manches et le demeurant de satin cramoisy avec profilure (garniture) d'or, troussé jusqu'à demy-jambe, descouvrant sa belle jambe et grève, et ses bottines à l'antique de satin cramoisy, couvertes de perles en broderie; ses cheveux estoyent entrelassez de gros cordons de riches perles, avec quantité de pierreries et joyaux de grand' valeur; et au-dessus du front un petit croissant d'argent, brillant de menus petits diamants; car d'or ne fust esté si beau ni si bien représentant le croissant naturel, qui est clair et argentin.

« Ses compagnes estoyent accoustrées de diverses façons d'habits et de taffetas rayez d'or, tant plein que vuide, le tout à l'antique, et de plusieurs autres couleurs à l'antique, entremeslées tant pour la bizarreté que pour la gayeté; les chausses et bottines de satin; leur tête adornée de mesmes à la nimphale, avec force perles et pierreries.

« Aucunes conduisayent des limiers, petits levriers, espaigneuls et autres chiens en laisse, avec des cordons de soie blanche et noire (c'étaient les couleurs de Diane de Poitiers); les autres accompagnoyent et faisoient courre les chiens courans qui faisoyent grand bruit. Les autres portoyent de petits dards de brésil (bois rouge appelé ainsi dès le moyen âge), le fer doré avec de petites et gentilles houppes pendantes de soye blanche et noire, les cornets et trompes mornées (entourées) d'or et d'argent pendantes en escharpes, à cordons de fil d'argent et soye noire.

« Et ainsi qu'elles aperçeurent le roy, un lion sortit du bois qui estoit privé et fait de longue main à cela, qui se vint jetter aux pieds de ladite déesse, lui faisant feste; laquelle le voyant ainsi doux et privé, le prit avec un gros cordon d'argent et de soye noire, et sur l'heure le présenta au roy; et s'approchant avec le lion jusques sur le bord du mur du préau joignant le chemin, et à un pas de Sa Majesté, lui offrit ce lion par un dixain en rime, telle qui se faisoit de ce temps, mais non pourtant trop mal limée et sonnante; et par icelle rime qu'elle prononça de fort bonne grâce, sous ce lion doux et gracieux lui offroit sa ville de Lion, toute douce, gracieuse et humiliée à ses commandements.

« Cela dit et fait de fort bonne grâce, Diane et toutes ses compagnes lui firent une humble révérence, qui, les ayant toutes regardées et saluées de fort bon œil, monstrant qu'il avoit très-agréables leurs chasses et les en remerciant de bon cœur, se partit d'elles et suivit son chemin de son entrée. Or, notez que cette Diane et toutes ces belles compagnes estoyent les plus apparentes et belles femmes mariées, veufves et filles de Lion, où il n'y en a point faute, qui jouèrent leur mystère si bien et de si bonne sorte, que la pluspart des princes, seigneurs, gentilshommes et courtisans en demeurèrent fort ravis. Je vous laisse à penser s'ils en avoient raison.

« La troisième belle chose aussi fut cette belle nemmachie (naumachie) ou combat des gallères tout à l'anticque.... entre lesquelles dictes gallères y en avoit deux grandes capitainesses : l'une de blanc et noir et rouge, et l'autre verte, et un bucentaure où le roy entra pour en voir le passe-temps des deux gallères capitainesses; et leurs fustes, esquifs, frégates et barques, estoient de mesme couleur, selon qu'elles accompagnoient leurs gallères... La capitainesse noire avec ses fustes et barques, parut la première; la verte après, accompagnée de mesme renfort.... Le signal du combat faict par trois volées de canon, la capitainesse verte tourne proue suivie des fustes et barques, tout en forme de croissant, et soudain vint à investir l'autre blanche, noire et rouge; grande contre grande, moyennes contre moyennes, petites contre petites; là où s'accommança un grand combat et si furieux, qu'on eust dit que ce fût esté à bon escient....

« Au troisiesme abord et combat commençarent à s'entretirer toutes sortes d'artiffices à feu, grenades, pots, lances à feu, bruslans et courans à travers l'eau sans s'esteindre; les canonades, harquebusades et fusées ne manquoient à quantité de toutes parts. Enfin deux des noires mirent à fonds l'une des vertes; et puis, au grand cry de *Victoire!* le tout se retira au grand contentement du roy et de la reyne...

« La quatriesme belle singularité, ce fut ceste belle tragi-comédie, que ce grand et magnifique cardinal de Ferrare, primat de la Gaule et archevesque de Lyon (Hippolyte d'Este), fit représenter... Car, on dict qu'il despendit en la représentation de cette tragi-comédie plus de dix mill' écus, aiant faict venir à grands cousts et despens des plus excellents comédiens et comédientes d'Italie, choses que l'on n'avoit encore veu et rare en France; car paradvant on ne parloit que des farceurs, des conardz de Rouan, des joueurs de la basoche et autres sortes de badins et joueurs de badinages, farces, mommeries et sotteries...

« Voilà les quatre belles singularitez par dessus force autres de ceste entrée de Lion, et surtout aussi de voir entrer ce roy triumphant, beau, très-agréable et très-bening prince; et ceste reyne aussi très-belle et très-agréable aussi accompagnée de la reyne de Navarre Margueritte, tante du roy, et de plusieurs princesses, grandes dames et filles.

« Et d'autant que le jour faillist et la nuict surprit ceste entrée de la reyne; tout à coup, en un moment, on voit toute la ville de Lyon en feu, en flambeaux, torches, luminaires aux fenestres, aux boutiques, aux rues, si bien que l'on y voyoit aussi clair comm' au jour; ce qui vint très-bien à propos, car ces clairs flambeaux accompagnoient ceux des yeux de ces belles dames, et contendoient quasy ensemble pour faire feu et clarté de toutes parts. » (Brantôme, *Grands capitaines français*, et *des Dames*; édit. L. Lalanne.)

MARIAGE DE MARIE STUART A PARIS

Marie Stuart, née en 1542, reine dès le berceau, couronnée à l'âge de neuf mois, demandée vainement par Henri VIII pour son fils le prince de Galles, accordée au fils aîné de Henri II, remise dans le château de Dumbarton entre les mains du comte de Brezé, admirée de la cour de France pour ses grâces et ses talents, épousa, le 24 avril 1558, le dauphin François. Le mariage fut célébré avec la plus grande pompe, dans l'église de Notre-Dame, et donna lieu aux fêtes brillantes dont on va lire la description.

« Le mardi dix-neuvième jour d'avril passé, furent faites les fiançailles de très-noble et excellent prince François de Valois, roi-Dauphin, avec très-haute et vertueuse princesse Marie d'Estreuart, reine d'Écosse, en la grande salle du bâtiment neuf du château du Louvre. Et après qu'ils ont promis s'épouser l'un l'autre, ès mains de monseigneur le cardinal de Lorraine, a été dressé le bal royal, où le roi a ballé la reine d'Écosse, le roi de Navarre la reine, monseigneur le dauphin madame Marguerite, sœur unique du roi, monseigneur le duc de Lorraine madame Claude, fille du roi, accompagnés d'un grand nombre de princes et princesses. Durant ce temps, et déjà par auparavant, se faisoient les apprêts, comme vêtements par les brodeurs, tailleurs et autres, et les théâtres dedans la grand'salle du palais, de telle grandeur, beauté et excellence, que ceux qui l'ont vu s'émerveilloient de tel artifice. Aussi a été fait un autre théâtre ou échafaud au parvis Notre-Dame (qui est la grande place devant la dite église), avec une gallerie allant de l'évêché jusqu'à la grand'porte de la dite église, et de là jusqu'au chœur d'icelle ; lequel théâtre et gallerie étoit de douze pieds de hauteur, fait par-dessus en façon d'arche, revêtu de pampres de tous côtés, à l'antique, et de telle magnificence et forme qu'il n'y a eu ouvrier qui n'ait eu quelques bons deniers pour sa part.

« Cela fait, le dimanche ensuivant, vingt-quatrième jour dudit mois, dès le point du jour, on commença la magnificence du triomphe des noces des dits roi-dauphin et reine-dauphine. Premièrement au-devant de la grand'-porte de la dite église, étoit dressé un ciel royal, semé de fleurs de lis avec tapisserie de même aux deux côtés de la dite porte, pour l'honneur de Dieu premièrement et du saint sacrement de mariage et conjonction des dits seigneurs dauphin et reine, et pour l'honneur des légats de France, cardinaux, archevêques, évêques et abbés y assistants, honorablement vêtus chacun selon son degré. Et de dix à onze heures du matin vindrent premièrement les Suisses, vêtus de livrées, portant leurs hallebardes, avec leurs tabourins et fifres sonnant, selon leur coutume, environ demi-heure.

« Et après, vint monsieur de Guise, lequel étant arrivé sur l'échafaud, salua honorablement monseigneur le révérend père en Dieu, Eustache du Bellay, évêque de Paris (lequel étoit là avec plusieurs seigneurs nobles et gentilshommes, attendant la venue des princes et seigneurs), puis se retourna vers le peuple. Et voy nt que les dits seigneurs et gentilshommes qui étoient sur le dit théâtre, empêchoient que le peup le qui étoit en bas n'eût pu voir le triomphe dudit mariage, en peu de paroles, faisant signe de la main, fit retirer les dits nobles et gentilshommes. Et marchant le premier (comme dit est), le suivoientgrand nombre de joueurs d'instruments musicaux, comme trompettes, clairons, hautbois, flageols, violes, violons, cistres, guiternes et autres infinis, sonnantet jouant si mélodieusement, que c'étoit chose fort délectable; et étoient les dits joueurs habillés de livrée rouge et jaune. Après, suivoient les abbés, les évêques, trois spécialement portant mitres et crosses très-riches; puis après, les archevêques en grand nombre, puis, messieurs les révérendissimes cardinaux de Bourbon, de Lorraine, de Guise, de Sens, de Meudon et Lenoncourt, lesquels suivoient le révérendissime cardinal Trivulse, légat en France, devant lequel on portoit la croix et masse d'or. Finalement vindrent les dits roi dauphin et reine-dauphine, conduits, le roi-dauphin par le roi de Navarre, accompagné de monsieur d'Orléans et monsieur d'Angoulême; et la dite reine-dauphine par le très-chrétien roi de France accompagné de monseigneur le duc de Lorraine; laquelle étoit vêtue d'un habillement blanc comme lis, fait si somptueusement et richement qu'il seroit impossible de l'écrire; duquel deux jeunes damoiselles portoient la queue longue à merveille. A son col pendoit une bague de valeur inestimable, avec carcans, pierreries et autres richessses de grand prix, et sur son chef portoit une couronne d'or garnie de perles, diamants rubis, saphirs, émeraudes et autres pierreries de valeur inestimable; et par espécial, au milieu de la dite couronne, pendoit une escarboucle estimée valoir cinq cent mille écus ou plus.

« Après vint la très-noble reine de France, conduite de monsieur le prince de Condé, et la suivoit la reine de Navarre, madame Marguerite, sœur unique du roi, duchesse de Berry et autres princesses, dames et damoiselles en grand nombre, acoutrées tant noblement qu'à peine le pourroit-on écrire sans trop longue prolixité.

« Eux arrivés devant la grand'porte de la dite église, le roi tira de son doigt un anneau, lequel il bailla à monsieur le cardinal de Bourbon, archevêque de Rouen, lequel les épousa d'icelui au dit lieu, en la présence de révérend père en Dieu monseigneur l'évêque de Paris, lequel fit une scientifique et élégante oraison aux assistants. Cependant monsieur de Guise, accompagné de deux hérauts d'armes vêtus de leurs cottes, vint à l'entour des appuis dudit théâtre faire derechef retirer les nobles et gentilshommes, afin que le peuple qui étoit en très-grand et infini nombre en la rue Neuve-Notre-Dame et aux fenêtres de tous côtés, en la dite grande place du parvis, vissent plus aisément le dit triomphe. Lors les dits hérauts crièrent par trois fois à haute voix : « Largesse! » et jetèrent au peuple grand nombre d'or et d'argent de toutes espèces, comme henris, ducats, écus, sols, pistolets, demi-écus, testons et douzins. Lors eussiez vu tel tumulte et cri entre le peuple qu'on n'eût su ouy tonner, tant grande étoit la clameur des assistants audit lieu, eux précipitant les uns sur les autres, pour la cupidité d'en avoir. Les uns y demeurèrent évanouis, les autres perdirent leurs manteaux, les autres leurs bonnets et autres habits, tellement que le peuple, contraint d'une telle presse, cria aux dits hérauts qu'ils n'en jetassent plus, à cause du dit tumulte. Cependant les dits seigneurs entrèrent en l'église en tel ordre que dessus, toujours marchant dessus les dits échafauds jusques au chœur, auquel lieu étoit tendu le ciel royal, et en bas des tapis de drap d'or et oreillers de même; le roi du côté dextre, derrière lui étoit la reine et, de l'autre côté, le roi-dauphin et la reine-dauphine sur pareils tapis.

« Là le dit évêque dit et célébra la messe avec si grande dignité et révérence qu'il est impossible de le dire. Et durant l'offertoire fut jetée parmi l'église, de côté et d'autre, très-grande somme de deniers d'or et d'argent, en signe de libéralité et largesse. Et la messe parachevée, sont retournés par-dessus le dit théâtre ou échafaud. Et étant sortis de l'église, le roi Henri (comme prince et roi débonnaire) ayant connu que la plupart du peuple qui étoit en bas n'avoit vu le dit triomphe, fit marcher toute la dite comgagnie par le bord du théâtre, se montrant au peuple joyeux et humain, s'en retourna à l'évêché en la grande salle duquel (laquelle étoit très-richement parée) ont été servis à la réalle avec grands triomphes et magnificences. Monseigneur de Guise a donné ordre à tout, monseigneur le prince de Condé le secondoit, après monseigneur d'Aiz, comme premier gentilhomme de la chambre du roi. Et durant le dîner, le roi commanda au chevalier de la chambre (nommé monsieur de Saint-Sever et Saint-Crepin) qu'il soutînt la couronne royale de la reine-dauphine, sa fille.

« Le dîner achevé, le bal royal a été dressé, auquel le roi très-chrétien a ballé la reine-dauphine, sa fille, le roi-dauphin la reine sa mère, le roi de Navarre madame Élisabeth, fille aînée du roi, le duc de Lorraine madame Claude, aussi fille du roi, le prince de Condé madame Marguerite, sœur du roi, monsieur de Nevers la reine de Navarre, monsieur de Nemours madame de Guise et plusieurs autres princes et princesses vêtus de drap d'or, avec joyaux et pierreries sans nombre, en plus grande magnificence que jamais l'on ait vu. Le bal parachevé (environ quatre ou cinq heures du soir), le roi et toute l'assemblée vindrent au palais par la rue Saint-Christophe, dont plusieurs qui étoient dans la rue Neuve-Notre-Dame et de la Calande (Calandre), tant ès rues que dedans les maisons, attendant la venue des dits seigneurs et dames, avertis qu'ils passoient par autre part, coururent vers le marché Palu en si grand nombre qu'à peine pouvoient-ils marcher. Et passant le long du pont Notre-Dame, et retournant droit au dit palais par-dessus le Pont-au-Change, les princes et gentilshommes et autres, montés sur grands chevaux, parés de drap d'or et toile d'argent, les princesses dans les litières et coches découverts par-dessus, parées de même, la reine dans sa litière et la reine-dauphine sa fille avec elle ; messeigneurs les cardinaux de Lorraine et de Bourbon étoient à côté ; le roi-dauphin suivit la dite litière, accompagné du duc de Lorraine et autres princes et princesses, les dames et damoiselles montées sur des haquenées bragardes, acoutrées de velours cramoisi, avec parures d'or et richesses si grandes que l'on ne sauroit estimer. Le peuple étoit en si grand nombre parmi les rues qu'à peine pouvoient marcher les dits seigneurs, ores qu'ils fussent à cheval bien montés. Eux arrivés au palais, lequel étoit si magnifiquement ouvré et paré qu'on eût pu dire le Champ-Élysée n'être plus beau ne plus délectable, le roi et toute la cour (j'entends les plus proches du sang royal) s'assirent à la table de marbre. Auquel lieu furent pareillement servis à la réalle, comme s'ensuit : premièrement les joueurs d'instruments musicaux, comme trompettes, clairons, hautbois, flageols et autres en grand nombre; après les gentilshommes portant leurs masses d'armes, puis les maîtres d'hôtel de la reine-dauphine, du roi-dauphin, de la reine et du roi, après le grand maître d'hôtel du roi. Et le suivoit monsieur de Guise, servant de grand maître en l'absence de monsieur le connétable, lequel donna si bon ordre à tout qu'il en remporta grand louange. Auquel souper assistèrent messieurs les présidents, conseillers généraux et autres officiers de la cour de Parlement, vêtus de leurs robes rouges en grand'magnificence. Je vous laisse à penser le plaisir et délectation qu'eurent lors les princes et seigneurs, princesses, dames et damoiselles, pour la réjouissance d'une telle assemblée.

« Le souper fait et grâces rendues, on eût vu les dames et demoiselles, eux réjouissant, sauter de joie. Et le bal dressé, ont été faites masques, momeries, ballades et autres jeux et passetemps, en si grand triomphe qu'il est quasi impossible de l'écrire. Et entre autres, de douze chevaux artificiels, tous parés de drap d'or et toile d'argent, conduits et menés artificiellement, cheminant et allant de telle sorte qu'on eût dit iceux être vivants ; sur lesquels étoient montés monsieur d'Orléans, monsieur d'Angoulême, les enfants petits de monsieur de Guise et d'Aumale, accompagnés d'autres petits et jeunes princes, menant dans des coches un grand nombre de pèlerins, tous vêtus de toile d'argent et de drap d'or, avec pierreries et joyaux en grande abondance, chantant mélodieusement, avec instruments en toute perfection de musique, hymnes et cantiques à la louange des mariés et du mariage. Et après que le dict triomphe fut parachevé, sortirent six navires couverts de drap d'or et velours cramoisi, et les voiles de toile d'argent, si ingénieusement faites et conduites de si grand'dextérité, que l'on eût dit iceux flotter en l'eau et être menés par les vagues et ondes de mer, car en entrant en la salle comme dedans la mer, aucunes fois marchoient et aucunes fois se retiroient comme au port; aucunes fois alloient çà et là, comme s'ils eussent été tourmentés et agités de vents contraires; et aucunes fois alloient de telle force et roideur, et les voiles hautes de deux à trois toises, étoient si bien tendues qu'on eût dit icelles être conduites du vent, combien que cela se faisoit artificiellement. Au-dessus de chacune d'icelles y avoit deux sièges pour seoir deux personnes; et ayant faits quelques tours parmi le bal, chacun de ceux qui étoient dedans prenoit en passant telle dame que bon lui sembloit; et l'ayant mise en son navire, tous deux par ensemble (sans qu'il y apparût autres conducteurs) marchoient par la dicte salle. Les princes qui conduisoient les navires étoient, le premier, le duc de Lorraine qui print et chargea sur son vaisseau madame Claude, fille du roi; après, le roi de Navarre, la reine sa femme; monsieur de Nemours, madame Marguerite, sœur du roi; le prince de Condé, madame de Guise; le roi, la reine-dauphine, le roi-dauphin, la reine sa mère, et tous ensemble conduirent les navires, avec les dames par eux conquises, à bon port. Il est impossible écrire les triomphes et magnificences, la grandeur et dextérité de la conduite des dits navires, ni la moitié de leurs richesses.

« Je laisse plusieurs autres délectations, momeries, feintises, mélodies et récréations diverses ; et brief je dirai que la plupart de ceux qui étoient en la dite salle ne savoient bonnement dire si les flambeaux et falots éclairoient mieux que tant de sortes de bagues, pierreries, or et argent. Et après quand le ballet royal fut ouvert et dressé, il y eut bien plus grand'cause d'admiration ; car en icelui avoit huit ou dix degrés chargés de toutes sortes de vaisseaux d'or, faits à l'antique et autrement, de valeur et de façon inestimable ; entre lesquelles étoient au bas de grandes baignoires et petites tinettes d'or. Brief, il y avoit tant de richesses et sorte de vaisseaux si bien faits, qu'il est quasi impossible d'écrire la diversité des façons desquelles il est composé.

« Les dits triomphes et bal parachevés, chacun se retira jusques au lendemain que le roi et tous les princes, seigneurs et dames dînèrent au dit palais, et après dîner (environ deux ou trois heures du soir) s'en allèrent au Louvre, auquel lieu les dits triomphes continuèrent plusieurs jours, durant lesquels furent faits quelques autres mariages. » (*Archives curieuses de l'Histoire de France*, tome III.)

FÊTE DONNÉE PAR CATHERINE DE MÉDICIS
AUX AMBASSADEURS POLONAIS

Le 19 août 1573, les ambassadeurs polonais, envoyés au duc d'Anjou pour lui offrir la couronne, firent leur entrée à Paris. Voici ce que rapporte Brantôme de la fête que leur donna Catherine de Médicis :

« Cette reine fit une fort belle dépense à l'arrivée des Poulonnais à Paris, qu'elle festina superbement en ses Tuileries : et après souper, dans une grand'salle faict à poste (exprès) et toute entournée d'une infinité de flambeaux, elle leur représenta le plus beau ballet qui fut jamais faict au monde (je puis parler ainsy), lequel fust composé de seize dames et damoiselles des plus belles et des mieux apprises des siennes, qui comparurent dans un grand roch tout argenté, où elles estoient assises dans des niches en forme de nuées de tous costez. Ces seize dames représentoient les seize provinces de la France, avec une musique la plus mélodieuse qu'on eust sceu voir; et après avoir faict dans ce roch le tour de la salle par parade comme dans un camp, et après s'estre bien fait voir ainsi, elles vindrent toutes à descendre de ce roch, et s'estant mises en forme d'un petit bataillon bizarrement invanté, les violons montans jusques à une trentaine, sonnans quasy un air de guerre fort plaisant, elles vindrent marcher soubs l'air de ces violons, et par une belle cadance sans en sortir jamais, s'approcher et s'arrester un peu devant Leur Majestez, et puis après danser leur ballet si bizarrement inventé, et par tant de tours, contours et destours, d'entrelasseures et meslanges, affrontements et arrests, qu'aucune dame jamais ne faillit se trouver à son poinct ny à son rang, si bien que tout le monde s'esbahit que, parmi une telle confusion et un tel désordre, jamais ne faillirent leurs ordres, tant ces dames avoient le jugement solide et la retentive bonne, et s'estoient si bien apprises. Et dura ce ballet bizarre pour le moins une heure, lequel estant achevé, toutes ces dames, représentans lesdictes seize provinces que j'ay dictes, vindrent à présenter au roy, à la reyne, au roy de Polongne, à Monsieur, son frère, et au roy et reyne de Navarre, et autres grands et de France et de Polongne, chascun à chascun une placque toute d'or, grande comme la paulme de la main, bien esmaillée et gentiment en œuvre, où estoient gravez les fruicts et les singularitez de chasque province, en quoy elle estoit plus fertille, comme : la Provence des citerons et oranges, en la Champaigne des bledz, en la Bourgogne des vins, en la Guyenne des gens de guerre ; grand honneur certe celui-là pour la Guyenne, et ainsy consécutivement de toutes autres provinces. » (Brantôme, *des Dames ;* édit. L. Lalanne.)

POMP S ET CÉRÉMONIES A PARIS

A L'OCCASION DE LA PAIX CONCLUE PAR HENRI IV AVEC L'ESPAGNE

La conversion d'Henri IV au catholicisme avait ôté à Philippe II tout prétexte d'intervenir dans les affaires de la France comme défenseur de la religion. La paix avec l'Espagne fut conclue à Vervins, et le duc de Savoie finit par y acquiescer. On trouve, au sujet de la proclamation de cette paix, les détails qui suivent dans une lettre du temps insérée dans les *Archives curieuses de l'histoire de France*, t. XIII :

«.... Nous avons vu publier la paix dans Paris avec douze trompettes, instruments autrefois qui ont servi pour nous animer aux combats, et maintenant ne sont que signes de liesse pour unir les cœurs qu'ils semblaient paravant diviser. Nous avons vu de pacifiques feux par toutes les rues....

« Ce fut le jeudi, dix-huitième jour de juin, que de la part du roi Catholique, arrivèrent dans Paris M. le duc d'Arschot, M. le comte d'Aremberg, M. l'amiral d'Aragon, et don Louis de Velasco, lesquels, assistés d'environ quatre cents gentilshommes, tant espagnols, italiens que flamands, vinrent ici pour voir jurer solennellement la paix à notre roi très-chrétien, en présence de Mgr le cardinal de Florence (Alexandre de Médicis), légat de notre Saint-Père. M. le maréchal de Biron, assisté d'une belle troupe de gentilshommes français superbement vêtus, les fut recevoir un quart de lieue au delà la porte Saint-Denis, bien que depuis la première journée qu'ils étaient entrés en France, ils eussent toujours eu avec eux Mgr le comte de Saint-Pol, député par Sa Majesté pour les conduire en leur voyage. Pour ce jour-là, ils ne sortirent pas de leurs logis qui leur avaient été marqués tous ès environs de la rue Saint-Antoine; mais le lendemain, ils vinrent en très-riche équipage au Louvre faire la révérence au roi, qui les reçut avec les mêmes honneurs que son brave courage a accoutumé de rendre à un chacun, selon leur mérite.

« Cependant les apprêts se faisaient dans l'église de Notre-Dame pour la solennité du dimanche auquel le roi devait jurer la paix. Toute l'église se tapisse, tant la nef que le chœur; trois dais se font proche du grand autel, et, tout autour du chœur, des échafauds pour faire voir aux dames et autres spectateurs un acte si solennel.

« Le dimanche venu, qui fut le vingt et unième du mois, dès les trois heures du matin, les gardes françaises se saisirent de toutes les portes du cloître, où déjà autant de peuple abordait comme s'il eût été dix heures. Par toutes les rues où le roi devait passer, les échafauds se dressèrent, qui furent si chargés de peuple et les rues si remplies qu'il n'est pas de mémoire, et ne se vit jamais une telle foule qu'on vit tout le matin en ces endroits-là.

« Sur les dix heures, M. le légat, étant suivi de plusieurs prélats, tant français qu'italiens, se rendit dans Notre-Dame, et un peu après MM. les députés d'Espagne, assistés de M. le comte de Saint-Pol, qui, comme nous avons dit ci-devant, avait, par le commandement du roi, toujours été avec eux. Ces messieurs n'avaient rien oublié pour faire paraître les richesses du monarque à qui ils appartenaient; sur eux et sur tous ceux de leur suite n'apparaissait que clinquant d'or et d'argent, pour témoignage de grande magnificence et majesté; mais aussi la noblesse française fit voir que la France, en braverie, ne voulait point céder à l'Espagne, pour la grâce et la galanterie la surmontant de beaucoup.

« Des sept ou huit cents gentilshommes français qui vinrent sur les onze heures avec le roi, la plupart comtes, marquis, vicomtes ou barons, aussi superbement que proprements vêtus, représentaient autant de princes, puis les princes après, autant de demi-dieux. Aux rangs les plus proches du roi, étaient le duc de Montpensier, le duc de Nevers, le comte d'Auvergne, le duc de Nemours, le prince de Joinville, le comte de Sommerive, fils puîné de M. le duc de Mayenne, le duc d'Épernon et le maréchal de Biron, tous avec la toque de velours et la cape à l'antique, mais enrichis de tant de pierreries que rien ne se peu voir de plus éclatant qu'étaient leurs habits. M. le connétable (Henri de Montmorency, maréchal de France) était après marchant seul devant le roi; puis Sa Majesté en même habit de toque et de capot que M. de Bellegarde, grand écuyer, suivait seule, et après lui quelques rangs encore de seigneurs. Le roi étant arrivé dans le chœur de Notre-Dame, prit sa place sous un dais qui lui avait été préparé à main dextre, qui est du côté de l'évêché. M. le légat était à la senestre sur un siège assez élevé, ayant autour du lui, outre les prélats italiens de sa suite, Mgr le cardinal de Gondy, Mgr l'évêque de Beauvais, Mgr l'évêque de Nantes, Mgr l'évêque de Paris et Mgr l'évêque d'Avranches, n'y ayant de prélat du côté du roi que Mgr l'archevêque de Bourges, lequel, comme grand aumônier, fut toujours près de Sa Majesté, l'assistant aux prières qu'il faisait. Un peu au-dessous de l'échafaud, sur lequel était le siège du légat, y avait un banc long où furent placés les députés d'Espagne, et, après eux, les ambassadeurs des princes étrangers.

« Ainsi la messe, à deux chœurs de musique, fut solennellement célébrée par M. le légat, à la même façon que notre saint-Père a accoutumé de la célébrer, savoir ne venant à l'autel que pour l'élévation du *Corpus Domini*. Après la messe, le roi s'avança le premier sous un dais dressé au milieu, entre les deux susdits, et s'assit sur un siège qui traversait et lui faisait voir droit à l'autel. M. le légat, venant sous le même dais, prit un siège qui était tout à l'opposite et lui faisait tourner le dos à l'autre. Aussitôt M. le chancelier s'avança à côté avec M. de Villeroy, premier secrétaire d'État, qui lut tout haut les articles de la paix. La lecture faite, le roi, touchant les saints Évangiles, jura de les observer et faire observer inviolablement par tout son royaume, et de tenir comme rebelles et ennemis du repos de la chrétienté ceux qui oseraient y contrevenir; puis les signa de sa main propre, et embrassa les ambassadeurs du roi Catholique qui, tout à l'heure, lui vinrent faire la révérence. Il ne se peut dire combien de voix retentirent après, criant *Vive le roi!* Toute l'église pleine, et en haut et en bas, toutes les arcades des voûtes remplies de peuple, semblaient de muettes être devenues parlantes, tant de cris entassés sortaient de là dedans.

« De là, le roi s'en alla dîner à l'évêché, où il traita M. le légat et MM. les députés d'Espagne.... Sa Majesté but deux fois à la santé du roi d'Espagne, et deux fois les Espagnols le pleigèrent, avec toute la réjouissance qu'il est posssible, *Vive le roi!* Le soir se passa au Louvre, où les Espagnols, dans le bal qui s'y fit, admirèrent les beautés, l'artifice et la parure des dames de France.

« Le mardi ensuivant, veille de Saint-Jean-Baptiste, M. le prévôt des marchands, MM. les échevins de la ville de Paris firent dresser en la place de Grève un feu qui avait pour ceinture tout autour une chaîne d'olives mystiques, et au-dessous plusieurs lances, piques, épieux, hallebardes, épées, tambours, trompettes et autres instruments de guerre très-bien représentés autour d'un homme armé qui fut consumé par le feu sortant de ces olives pleines de poudre. Sur la porte de l'hôtel de ville fut mis alors le portrait du roi, non point à cheval, endossé d'une cuirasse, comme on l'a vu presque toujours jusqu'ici, mais revêtu de ses habits royaux avec le sceptre en main, assis dans une chaire, ayant trois déesses devant lui, la Victoire, la Clémence et la Paix, avec des vers interprètes du tableau.

« Ce fut le roi, ce grand Hercule, ce Mars français, qui alluma le feu lui-même pour brûler ces cruels instruments dont la rebellion l'avait contraint de se servir pour dompter la fureur des âmes trop perfides. Voilà les superbes obsèques qu'on a faites à cette meurtrière Bellone, mais obsèques sans plaintes, sinon de ceux qui s'y trouvèrent trop foulés. »

FEU DE LA SAINT-JEAN A PARIS

On célébrait autrefois en France, dans les moindres villages comme dans les grandes villes, la fête populaire du Feu de la Saint-Jean. Un mai, pris dans le bois voisin, et quelques fagots suffisaient aux habitants d'un hameau; dans les communes importantes, on faisait plus de frais, et dans les grandes villes, à Paris, par exemple, la municipalité n'épargnait rien pour que la fête fût brillante. Cette fête du feu, célébrée au solstice d'été, avait évidemment une origine antique. Dans les temps modernes, et presque jusqu'à nos jours, elle comprenait encore des cérémonies religieuses, qui, sans doute, avaient eu pour but autrefois d'attacher une idée chrétienne à cette fête du paganisme. Le clergé bénissait le feu, puis, avant que le bûcher fût éteint, les tisons et les charbons incandescents étaient recueillis par la foule, soit comme des amulettes préservant de la foudre ou des maladies, soit pour être jetés dans les puits dont on voulait purifier les eaux. Aujourd'hui, dans les contrées où le feu de la Saint-Jean s'allume encore, il a lieu sans cérémonies religieuses; mais combien de gens, dans les campagnes, croient toujours à ses vertus merveilleuses, faute de connaître la propriété désinfectante du charbon!

Un soir de juin 1844, traversant la vallée de l'Orge, dans ce beau pays du Hurepoix, si voisin de Paris, et alors si peu connu, nous arrivions, avec un autre promeneur, au hameau de Miregaudon, sur l'ancienne voie romaine qui longe à mi-côte la vallée. Le jour tombait. Tout à coup, à quelques pas de nous et au milieu du chemin, nous apercevons un groupe étrange; c'étaient quelques enfants, quelques femmes et une dizaine d'hommes. Deux ou trois des hommes étaient revêtus d'aubes et de chapes comme les chantres au lutrin. Trois enfants de chœur en costume portaient des cierges et le bénitier; ils entouraient un petit tas de fagots. Au moment où nous arrivions, un des chantres, tenant un livre d'église, fit semblant d'asperger les fagots d'eau bénite, y mit le feu avec un cierge, puis entonna un chant liturgique dont les autres psalmodiaient les répons, tandis que les fagots pétillaient dans la flamme. C'étaient les habitants de Miregaudon qui s'étaient procuré des ornements d'église et faisaient le feu de la Saint-Jean, pour le compte de leur hameau. La chose n'avait rien de solennel, ces gens avaient bien l'air de paysans déguisés plutôt que de ministres du culte; mais leur chant grave au milieu du silence de la campagne, la flamme du bûcher, l'aspect sombre des bois sur lesquels descendait la nuit, tout cela nous impressionna, malgré le côté ridicule de la scène. Nous étions au carrefour d'une voie romaine, et il nous semblait voir, dans ces descendants des *Carnutes*, leurs ancêtres célébrant à l'écart un de leurs mystères, comme ils le faisaient, peut-être à cette même place, il y a deux mille ans.

Quant à la manière dont se faisait, à Paris, le Feu de la Saint-Jean, voici ce qu'on lit dans le *Cérémonial françois*, de Godefroy :

« Le jour de la Feste-Dieu (en 1549), le prévost des marchands supplia très-humblement Sa Majesté, que son bon plaisir fust de se trouver le dimanche prochain, jour de la Vigile de saint Jean-Baptiste (suivant l'ancienne coutume de ses prédécessseurs), en la place de Grève, devant l'hostel de ville, pour mettre le feu à une pyramide ou chantier de bois excessif en hauteur, qui se dresse annuellement à tel jour; ce que sadite Majesté Très-Chrestienne libéralement octroya, et y vint à l'heure dite accompagnée de la reyne, ensemble des princes et princesses du sang, cardinaux et autre multitude des plus grands seigneurs, dames et damoiselles de son royaume. Adonc le prévost des marchands, avec les eschevins et officiers de la ville, suivis de leurs archers, hacquebutiers, arbaletriers, trompettes, clairons, haut-bois, fifres et tambourins, lui allèrent au-devant en fort bel ordre; et fut présentée audit seigneur roy par iceluy prévost des marchands, en grande humilité et révérence, une torche de cire blanche allumé pour l'effet que dessus, laquelle Sa Majestée prit, et en alluma tost après la pyramide, dont sortit incontinent une tempête d'artillerie entremeslée de fuzées, grenades et autres artifices de feu, en telle sorte que le peuple circonstant en demeura estonné avec une admirable délectation. Cependant que le bois ardoit, le roy, les princes, princesses, seigneurs et dames de leur suite montèrent en la salle haute de l'hostel de ville, où la collation estoit somptueusement apprestée de toutes sortes de confitures, dragées, pièces de four, fruits et autres nouveautez qu'on sceut trouver pour le temps ; de quoy Leurs Majestés goustèrent un peu, puis le reste des assistans de la cour, et des bonnes maisons de la ville, en prit ce que bon lui sembla. »

En 1513, le mai de Saint-Jean avait soixante pieds (20 mèt.) de hauteur. Au pied s'entassaient dix voies de bois et beaucoup de paille. Aux branches ou traverses étaient accrochés cinq cents bourrées et deux cents cotrets, le tout orné de bouquets et de guirlandes de roses du prix de quarante-quatre livres, et au milieu desquelles était attaché un panier contenant deux douzaines de chats et un renard destinés à être brûlés vifs « pour donner plaisir à Sa Majesté », dit un compte de cette époque rapporté par Dulaure.

C'était en effet l'usage, dès le temps de Louis XI, que le roi allumât le feu de la Saint-Jean. En 1595, à l'occasion de la paix de Vervins, le feu de la Saint-Jean reçut une forme allégorique, et ce fut Henri IV qui l'alluma (*V.* page 176). Louis XIV fut le dernier roi qui prit cette part à la cérémonie, en 1648.

ENTRÉE SOLENNELLE D'UN ÉVÊQUE A ÉVREUX

« L'évêque qui doit faire son entrée solennelle, vient, montée sur une haquenée, de son château de Condé, qui est à cinq lieues d'Évreux, à la paroisse de Saint-Germain des Prés, qui est à un quart de lieue de cette ville. C'est là qu'il reçoit les compliments des corps de la ville et du clergé, qui l'accompagnent jusqu'à la première porte de l'abbaye de Saint-Taurin, où il est reçu par le prieur et les religieux, auxquels appartiennent la haquenée sur laquelle le prélat est monté, et l'anneau d'or qu'il porte ce jour-là. Après que le prieur lui a présenté de l'eau bénite, qu'il lui a fait baiser la croix et qu'il l'a encensé, il est conduit en procession par les religieux au maître-autel, où étant monté, il dit l'oraison de saint Taurin; puis le prieur prend la mitre d'argent, qui est sur le chef de ce saint, et la met sur la tête du nouveau prélat, qui, ainsi mitré mais n'ayant pas encore de crosse, donne la première bénédiction au peuple. Le prieur ayant pris la mitre sur la tête de l'évêque, la remet sur le chef de saint Taurin, et le prélat se retire dans l'appartement qu'on lui a préparé dans l'abbaye.

« Le lendemain, tous les corps et le clergé en chapes s'étant rendus à l'église de Saint-Taurin, l'évêque vient à la sacristie, et après avoir été revêtu de ses habits pontificaux, il est conduit par les religieux au pied de l'autel, où il entonne le *Veni Creator*. Ensuite il est conduit en procession à la maison de la *Crosse*, située dans le faubourg de Saint-Denis, assez proche de la cathédrale; et à cette procession les religieux de Saint-Taurin marchent les derniers, et un d'eux porte la crosse de l'évêque. L'hôte de la dite maison de la Crosse fait au prélat une profonde révérence et lui dict : *Monseigneur, soyez le bienvenu en votre petite maison de la Crosse;* le même hôte présente alors la main au prélat, le conduit à un fauteuil qui est auprès du feu, et lui dit : *Monseigneur, vous me devez aujourd'hui à dîner et un mets séparé*. Aussitôt les trésoriers de la paroisse de Saint-Léger de la ville d'Évreux se présentent devant lui et un d'eux lui dit : *Monseigneur, nous sommes obligés de vous déchausser, et vos bas et vos souliers appartiennent à nôtre trésor de Saint-Léger, ainsi que les titres que nous portons en font foi.* Ces titres sont une donation faite par une certain prêtre au trésor de Saint-Léger, par laquelle il paraît que l'emplacement où autrefois on déchaussait les seigneurs évêques, le jour de leur entrée solennelle, lui appartenait, aussi bien que les bas et les souliers des prélats. Il paraît aussi par la même donation que ce prêtre avait vendu le dit emplacement pour y bâtir une maison, à condition que les bas et les souliers que l'évêque porte le jour de son entrée, et cinq sols de rente appartiendraient à l'avenir à perpétuité au dit trésor. Les trésoriers se mettent en devoir de déchausser le prélat; mais ordinairement le prélat se contente de leur laisser toucher ses bas et ses souliers, et leur fait donner une paire de bas et de souliers neufs, pendant qu'il se fait déchausser par ses domestiques.

« Le seigneur de *Feuquerolles* et de *Gauville*, qui auparavant a eu soin de faire étendre quantité de paille et plusieurs pièces de natte le long du chemin par où doit passer l'évêque pour se rendre à sa cathédrale, attend ce prélat à la porte de la maison de la Crosse, et, lorsqu'il sort, lui fait une profonde révérence et lui dict : *Monseigneur, je suis votre homme de foi;* puis se baissant et étendant une poignée de paille coupée, d'environ la largeur d'un pied et demi, il ajoute : *Ceci vous dois et autre chose ne vous dois, ni moi ni mes sujets;* et accompagnant le dit sieur évêque à son côté droit, environ un pas devant lui, à diverses fois et à certaine distance, il répète les mêmes paroles, et étend de la paille jusqu'à la porte de la ville, au delà du pont, où le chapitre l'attend.

« L'évêque étant arrivé en ce lieu, le prieur de Saint-Taurin le présente au chapitre de l'église cathédrale, et s'adressant au doyen, lui dit : *Messieurs, voici Monseigneur notre illustrissime évêque que nous vous amenons; vif nous vous le baillons, et mort vous nous le rendrez.* Le doyen présente l'aspersoir à l'évêque, lui faict baiser la croix, et lui fait une harangue à laquelle le prélat répond. Aussitôt se présente le seigneur de *Convenant*, ayant son manteau sur ses épaules, l'épée au côté, et étant botté et éperonné. Il quitte son manteau, son épée et ses éperons, et étant à genoux, il joint ses mains entre celles de l'évêque, et lui promet fidélité *contre tous autres, fors le roi.* Les religieux de Saint-Taurin s'en retournent et le prélat est conduit à la cathédrale par son chapitre. La messe du Saint-Esprit étant dite, et les autres cérémonies étant finies, l'évêque donne un grand dîner, où il s'est trouvé quelquefois jusqu'à trois cent soixante personnes. La première fois que l'évêque demande à boire pendant ce repas, le dit sieur de Gauville lui présente une coupe d'argent doré avec son couvercle, laquelle doit être du poids de quatre marcs, et appartient au dit sieur. L'évêque ayant bu cette première fois, il fait asseoir le même sieur de Gauville à sa table.

« Jacques le Noël du Perron, neveu par sa mère du cardinal du Perron, abbé de Saint-Taurin et évêque d'Évreux, est le dernier que nous sachions qui ait fait son entrée solennelle à Évreux, le 14 et le 15 de novembre 1646. Il observa toutes les cérémonies que nous venons de décrire, excepté qu'il ne partit pas de son château de Condé, parce que la rivière d'Iton était tellement débordée qu'elle avait rompu les chemins et même inondé toute la vallée. » — (Expilly, *Dictionnaire des Gaules*. Extrait d'un livre manuscrit des choses mémorables arrivées depuis que la réforme a été introduite dans l'abbaye de Saint-Taurin.)

FUNÉRAILLES DE HENRI IV

On lit dans le *Mercure françois*, tome Ier :

« Voyons les funérailles du roi Henri IV, et ce qui se passa depuis qu'il fut enseveli par les gentilshommes de sa chambre et posé dans un cercueil de plomb couvert d'un autre cercueil de bois mastiqué aux jointures, et le dit cercueil de bois derechef couvert d'une couverture de veloux noir à une grande croix de satin blanc, collée et clouée de mêmes clous noirs, avec huit anneaux de fer, pour aider à porter plus aisément le dit corps et cercueil.

« Le dit cercueil posé en son lit mortuaire, il y fut dix-huit jours, dans la chambre du Louvre richement tapissée. Il étoit couvert d'un grand drap d'or croisé d'une grande croix de toile d'argent, sous un dais de drap d'or. Aux deux côtés étoient deux autels, auxquels, et à ceux qui étoient dans la galerie, se disoient tous les jours cent messes basses et six grandes. D'un côté il y avoit deux chaires, et un banc couvert de drap d'or pour messieurs les cardinaux, les prélats et maîtres des requêtes ; derrière un autre banc pour les aumôniers et deux bancs pour les quatre ordres des mendiants, les Capucins et les Feuillants qui psalmodioient. De l'autre côté étoient aussi deux chaires et un banc pour asseoir messieurs les princes du sang, les officiers de la couronne, les chevaliers de l'ordre et gentilshommes de la chambre, derrière eux un banc pour les gentilshommes servants et un autre derrière pour les valets de chambre. Aux pieds étoit un petit banc couvert de drap d'or sur lequel étoit apposée la croix d'or et le benoistier pour les princes, prélats et seigneurs. Aux deux bouts étoient deux cierges et auprès deux escabeaux où étoient assis deux rois d'armes, et devant eux le benoistier commun.

« Après les dits dix-huit jours, le dit corps et cercueil fut descendu et porté en la grand'salle, au transport duquel étoient plusieurs prélats en leurs habits pontificaux, officiers de la couronne, chevaliers du Saint-Esprit.... et ainsi fut porté dedans la salle d'honneur et mis dedans un châlit sous son effigie.

« La dite salle d'honneur étoit tapissée des plus riches tapisseries du roi ; au haut bout de laquelle étoit un tribunal de quatre marches, sur lequel étoit un grand châlit de neuf pieds en carré, ayant un riche dais au-dessus d'un veloux violet tout semé de fleurs de lis d'or, outrepassant de demi-pied chacun côté du dit châlit sur lequel étoit une paillasse et un chevet sur quoi étoit étendu un grand drap de fine toile de Hollande et par dessus un grand drap d'or frisé et diapré, ayant un bord de pied et demi de largeur d'un veloux violet azuré, semé de fleurs. de lis d'or à parements d'hermines et traînants de tous côtés jusques au bas du drap de Hollande dont il demeuroit seulement demi-pied outrepassant le dit drap d'or.

« Dessus la dicte couverture de drap d'or fut apposée l'effigie de Sa Majesté, représentée au naturel; vêtue premièrement d'une chemise de toile de Hollande, par-dessus d'une camisole de satin cramoisi rouge, doublée de taffetas de même couleur, bordée d'un petit passement. Par-dessus étoit la tunique de satin azurin semée de fleurs de lis d'or. Dessus la tunique étoit le manteau royal de velours violet cramoisi, semé de fleurs de lys d'or, de longueur de cinq à six aunes compris la queue. Au col de la dite effigie étoit l'ordre du Saint-Esprit, et sur la tête un petit bonnet de velours cramoisi brun, et dessus la couronne royale garnie de pierres précieuses. Ses jambes étoient chaussées de bottines de velours rouge, semées de fleurs de lys d'or, semelées de satin de même couleur. Cette effigie avoit les mains jointes. A l'entour d'elle sur le chevet étoient deux oreillers de velours rouge cramoisi, semés de fleurs de lys d'or; sur celui de droite étoit le sceptre, sur celui de senestre étoit la main de justice, et aux côtés deux chapelles ou autels richement parés avec dais: comme aussi aux deux côtés de la salle il y avoit quantité d'autels où l'on célébroit tous les jours autant de messes et avec mêmes cérémonies qu'en la chambre du trépas.

« De même aussi qu'en la chambre mortuaire, des sièges, la croix et les bénitiers étoient disposés près du lit d'honneur.

« En ce lit d'honneur, les officiers servoient journellement l'effigie de Sa Majesté comme on faisoit de son vivant, et cela se continua jusqu'au vingt-unième jour de juin, que toute cette salle fut détendue et retendue de drap noir.

« La salle d'honneur fut alors transformée en chapelle ardente.

« Les 21 et 23 juin, par toutes les paroisses et couvents de Paris on fit services et prières pour l'âme de ce grand roi. L'émulation entre les paroisses fut grande, tant à avoir les plus renommés prédicateurs (pour l'oraison funèbre), que pour la tenture des églises en deuil... Plusieurs fermèrent leurs boutiques durant ces services. Le son continuel des cloches rendoit cette grande ville toute triste....

« En toutes les églises cathédrales de France, les unes quinze jours et d'autres trois semaines après la mort du roi, les évêques firent faire le service pour son âme, ainsi que l'on a accoutumé faire après la mort des rois.

« Le vingt-cinquième du dit mois, le roi Louis XIII fut dîner à l'hôtel de Longueville (dont l'emplacement correspondait à une partie de la place du Louvre), afin d'y prendre son manteau de deuil de couleur de violet pour aller donner de l'eau bénite au corps du feu roi son père.

« Cette cérémonie se fit en grande pompe, les princes du sang et toute la cour marchant en grand deuil, les chevaliers du Saint-Esprit portant leur ordre par-dessus le manteau de deuil; les gardes françoises et suisses bordant la haie sur tout le trajet du cortége.

« Le lendemain, sur les huit heures du matin, le sieur de Rhodes, grand-maître des cérémonies, suivi des vingt-quatre crieurs jurés de Paris, fut à la cour de Parlement, à la chambre des comptes et à la cour des aides, les avertir du jour de l'enterrement du roi, puis s'en retourna au Louvre et les vingt-quatre crieurs allèrent à la table de marbre où un d'entre eux, le son de leurs clochettes cessé, cria à haute voix :

« Nobles et dévotes personnes, priez Dieu pour l'âme « de très-haut, très-puissant et très-excellent prince « Henri le Grand, par la grâce de Dieu roi de France et « de Navarre, très-chrétien, très-auguste, très-victo- « rieux, incomparable en magnanimité et clémence, « lequel est trépassé en son palais du Louvre. Priez « Dieu qu'il en ait son âme. Mardi à deux heures après « midi sera levé le corps de Sa Majesté pour être porté « en l'église de Paris, auquel lieu ce même jour se di- « ront vêpres et vigiles des morts et le lendemain matin « les services et les prières accoutumées, pour, à la fin « d'icelle journée, être porté en l'église de Saint-Denis, « sépulture des rois de France et y être inhumé. Dieu en « ait l'âme. »

« Le mardi 29, l'effigie du roi ayant été exposée sur litière portative, à la vue du public sous le portique de la salle d'honneur, à deux heures après midi le convoi se rendit du Louvre, par le pont Notre-Dame, à la cathédrale. Le chariot d'armes du roi, contenant le cercueil, étoit traîné par six chevaux. Le cortége se composoit des différents officiers de la municipalité et du Chastelet, de tous les ordres religieux, du clergé de toutes les paroisses, de toute l'Université, des chapitres de Notre-Dame et de la Sainte-Chapelle, des docteurs en droit et en médecine, des musiciens de la chapelle du roi, d'une partie de sa maison, de la cour des aides, de la chambre des comptes, etc., précédant le char funèbre. Derrière le char marchoient les gardes, le reste de la maison du roi, les grands dignitaires de la cour, les ambassadeurs de Savoie, de Venise et d'Espagne, les nonces ordinaire et extraordinaire du pape, le cheval d'honneur conduit par les écuyers, les évêques de Paris et d'Angers, la cour du Parlement en robes rouges. Au milieu de ses rangs, la litière avec l'effigie du roi étoit portée par les hannouarts ou porteurs de sel. Au coin de l'effigie étoient les présidents Potier, Forjet, de Thou, Séguier, Molé et Camus. A droite, le comte de Saint-Pol, représentant le grand-maître de la maison du roi, portoit le bâton royal couvert de velours noir, à gauche le chevalier de Guise, représentant le grand chambellan, portoit la bannière de France.

« A distance suivoient les cinq princes du sang, neuf chevaliers du Saint-Esprit, des pages et des archers, des gardes fermant la marche, en casaque de deuil et les armes renversées.

« L'église de Notre-Dame étoit étendue de noir avec les armoiries de France et de Navarre. Le cercueil et l'effigie furent mis dans la chapelle ardente, et le cortége placé dans l'ordre hiérarchique, entendit l'office.

« Le lendemain les cérémonies continuèrent, l'oraison funèbre fut prononcée par l'évêque d'Aix; enfin à trois heures le cortége se mit en marche dans le même ordre que la veille pour se rendre à Saint-Denis. Arrivés à la paroisse de Saint-Ladre (Saint-Lazare), les paroisses et les religieux rentrèrent dans Paris.

« Tous ceux qui devoient accompagner le corps à Saint-Denis montèrent à cheval ou en carrosse jusqu'à la *Croix-qui-Penche*. Le grand-prieur et les religieux de Saint-Denis y vinrent recevoir l'effigie et le corps, et les présidents reprirent les coins du drap mortuaire et les tinrent jusqu'à l'église de Saint-Denis, tendue comme Notre-Dame et où le cercueil et l'effigie furent placés dans la chapelle ardente. Le lendemain 1er juillet, après quatre messes chantées par des évêques, le cardinal de Joyeuse célébra solennellement la messe de l'enterrement; puis les maîtres des cérémonies enlevèrent de dessus le cercueil la couronne, le sceptre et la main de justice, qu'ils mirent aux mains des princes et seigneurs destinés à les porter; le cercueil, dépouillé des draps mortuaires d'or et de velours, fut levé par les gentilshommes de la chambre et les archers du corps qui le portèrent dans la fosse, sur le bord de laquelle le cardinal de Joyeuse dit les prières usitées aux enterrements des rois. Il s'assit ensuite à l'un des bouts de la fosse, vers l'autel, le comte de Saint-Pol s'assit à l'autre bout, les maîtres des cérémonies près de lui et un roi d'armes au milieu de la fosse, au premier pas de laquelle étoit un autre roi d'armes qui appela tous ceux qui portoient les pièces d'honneur pour les venir déposer dans la fosse, lesquelles apportées, il les bailloit à d'autres rois d'armes, qui étoient dans la fosse, pour les disposer.

« Toutes les pièces d'honneur déposées, chacun s'en étant retourné à sa place, Mgr le comte de Saint-Pol se leva et dit en moyenne voix : « Le roi est mort. » Puis le roi d'armes, faisant trois pas au milieu du chœur, reprit la même parole et dit à haute voix par trois fois : « Le roi est mort, priez tous Dieu pour son âme. » Lors chacun se mit à genoux la larme à l'œil.

« Environ le temps de dire trois patenôtres, le dit sieur comte retira le bâton de grand-maître hors de la fosse et dit : « Vive le roi ! » Puis le même roi d'armes reprit la parole et à haute voix dit par trois fois : « Vive le « roi Loys XIII° » de ce nom, par la grâce de Dieu roi de « France et de Navarre, très-chrétien, notre très souve- « rain seigneur et bon maître, auquel Dieu doint très « heureuse et très longue vie. » Ces paroles dites, les trompettes, tambours, hautbois et fifres du roi commencèrent à sonner.

« Après cela chacun reprit les pièces d'honneur qu'il avait mises dans la fosse, et les princes du grand deuil furent conduits en la salle du festin funèbre, et le comte de Saint-Pol en une autre salle avec ceux qui avoient porté les pièces d'honneur.

« Chacun ayant dîné, messieurs de la cour de Parlement, de la chambre des comptes, des aides, généraux des monnaies, de l'hôtel de la ville de Paris, et autres officiers se trouvèrent dans la grande salle, où Mgr de Saint-Pol, tenant un bâton en la main, fit une petite harangue touchant la mort du roi aux officiers de la maison et leur offrit son service et promit les recommander au roi à présent régnant, pour les maintenir en leurs offices et états; et pour montrer qu'ils n'avoient plus d'état en la maison, il rompit le dit bâton en leur présence. »

SACRE DE LOUIS XIII A REIMS

« La reine régente voulut (sans attendre l'âge de majorité du roi) qu'il fût oint, sacré et couronné à Rheims.

« Le jeudi 14 octobre, le roi y fit son entrée.... Devant la maison de ville marchoient mille bourgeois en armes, en très bonne couche (ajustement), et entre autres cent jeunes hommes, tous presque de même âge et hauteur, portant la pique, vêtus très richement; suivis de cinquante enfants de la ville ayant le pourpoint gris doublé d'incarnadin, le haut-de-chausses et le jupon d'une serge grise couverts de passements d'or, montés sur de très beaux chevaux.

« Le régiment des gardes de Sa Majesté étant entré, et s'étant mis en haie depuis la porte de la ville jusqu'à l'église Notre-Dame, entrèrent environ mille hommes d'armes armés de toutes pièces, avec l'écharpe blanche, puis une grande multitude de noblesse : le grand prévôt avec ses archers; les Suisses, vêtus de velours tané, incarnat, blanc et bleu; les grands seigneurs, le roi, les princes et les archers des gardes derrière.

« A la première porte hors la ville, étoit une nymphe montée sur un chariot tiré par deux chevaux blancs, qui lui présenta les clefs et lui récita quelques vers (c'étoit la fille d'un enquesteur de Rheims, à laquelle le roi donna une chaîne d'or de deux cent cinquante écus). Sa Majesté fut ensuite reçue sous un riche ciel porté par quatre des principaux habitants de la ville de Rheims, et ainsi fut conduite jusques à l'église.

« L'église étoit tapissée de riches tapis; le trône royal étoit au pupitre (lutrin), au milieu duquel on avoit fait une plate-forme de huit pieds de long et de cinq de large en laquelle on montoit par quatre marches et sur laquelle étoit posée la chaire du roi; en telle manière que lui étant assis, il pouvoit être vu depuis l'estomac en haut par ceux qui seroient au chœur, et depuis la ceinture par le peuple qui seroit dans la nef. Au-dessus y avoit un dais de velours violet semé de fleurs de lis d'or.

« Autour du roi étoient disposés, par ordre de préséance, des siéges pour le connétable, le grand chambellan, le premier gentilhomme de la chambre, le chancelier à droite, le grand-maître à gauche, les pairs ecclésiastiques à droite, les pairs laïques à gauche.

« Pour monter au dit trône étoient dans le chœur deux grands escaliers de bois à dextre et à senestre, ornés et couverts de tapis parsemés de fleurs de lis.

« Le chœur étoit tendu de tapisseries; près de l'autel étoit le siége de l'archevêque officiant; celui du roi, plus élevé, sous un dais; des carreaux dont le plus bas pour l'archevêque, l'autre pour le roi; tout cela couvert de drap d'or. Il y avoit aussi dans le chœur des siéges destinés, dans l'ordre hiérarchique, aux dignitaires qui devoient, pendant la cérémonie, passer de la nef dans le chœur en même temps que le roi qu'ils entouroient.

« Le samedi veille du sacre, sur les quatre heures, le roi se rendit à Notre-Dame pour assister à vêpres et entendre le sermon que fit le P. Coton sur la divine institution du sacre et onction des rois de France et sur le sacrement de confirmation que Sa Majesté reçut par les mains du cardinal de Joyeuse, auquel il fut présenté par la reine Marguerite et par le prince de Condé.

« Le dimanche 17 octobre, le roi dépêcha, pour faire apporter la sainte Ampoule, quatre seigneurs qui partirent sur les sept heures du matin de l'archevêché, avec leurs écuyers et gentilshommes, pour aller à l'abbaye de Saint-Remy.

« M. le cardinal de Joyeuse, qui devoit représenter l'archevêque de Rheims et faire l'office du sacre, se rendit peu après en l'église avec tous les prélats et ecclésiastiques qui le devoient assister. Quelque temps après arrivèrent en leurs habits pontificaux les pairs ecclésiastiques, évêques ducs de Laon et de Langres, évêques comtes de Beauvais, de Châlons et de Noyon. En même temps les pairs laïques vinrent prendre place. Ils étoient vêtus de tuniques de toile d'argent, longues jusqu'à mi-jambe, et par-dessus des manteaux et épitoges de serge de Florence, teinte en écarlate violette, avec collets ronds et renversés fourrés d'hermine mouchetée, la tête nue et excellemment enrichie : savoir les ducs de chapeaux d'or, les comtes de cercles aussi d'or.

« Après avoir fait leurs prières et s'être mutuellement entresalués, ils déléguèrent les dits sieurs évêques de Laon et de Beauvais pour aller quérir le roi en son logis, lesquels à l'instant partirent pour y aller avec leurs habits pontificaux, ayant reliques de saints pendues à leurs cols, tous les chanoines et habitués de Notre-Dame marchant processionnellement devant eux.

« Arrivés à la chambre du roi et l'ayant trouvée fermée, le dit sieur évêque de Laon frappa à la porte par trois diverses fois; à toutes lesquelles M. le duc d'Esguillon, grand chambellan de France, demanda : « *Que voulez-* « *vous?* » L'évêque répondit : « *Louis XIII, fils d'Henri le* « *Grand.* » A quoi repartit le dit sieur grand chambellan : « *Il dort....* » et à la troisième fois, demandant encore ce qu'ils vouloient, le dit sieur évêque dit : « *Louis XIII que* « *Dieu nous a donné pour roi.* » Alors la porte fut ouverte et y entra seulement le dit sieur évêque, accompagné de celui de Beauvais et du grand chancelier de Rheims, lesquels trouvèrent le roi couché sur un lit richement paré, vêtu d'une chemise de toile de Hollande fendue devant et derrière pour recevoir la sainte onction et par-dessus la camisole de satin cramoisi, fendue aussi pour la même cause, et pareillement d'une robe longue de toile d'argent à manches.

« Les dits sieurs évêques ayant aperçu le roi, celui de Laon dit une oraison, laquelle finie, baisant leurs mains, ils soulevèrent le roi de dessus son lit, l'un à dextre l'autre à senestre, avec toutes exhibitions d'honneur comme à leur prince souverain, puis le menèrent en chantant processionnellement jusqu'à la porte de l'église.

« En tête du cortége marchoit le grand prévôt de France avec ses archers, puis le clergé et les deux prélats; les cent-suisses de la garde; les tambours; les hautbois; les hérauts; la noblesse; le grand-maître des cérémonies; les chevaliers du Saint-Esprit, avec leur grand ordre au col, au milieu des deux cents gentilshommes de la maison du roi, tenant leur bec de corbin; la garde écossaise. Devant le roi s'avançoit le maréchal de la Châtre, représentant le connétable, l'épée nue au poing; à ses côtés les huissiers de la chambre portant leurs masses. Après le roi, venoit seul le chancelier de France couvert de son riche costume d'écarlate et d'hermine, le mortier de drap d'or en tête; puis le maréchal de Laverdin tenant lieu de grand-maître et ayant le bâton droit en la main; à sa droite le grand chambellan, à sa gauche le grand écuyer et premier gentilhomme de la chambre.

« Le roi, reçu à la porte de l'église suivant le cérémonial et arrivé à l'autel, fut présenté par les évêques de Laon et de Beauvais au cardinal de Joyeuse, puis conduit à son trône; les dignitaires et la garde écossaise prirent autour de lui les places assignées. Pendant ce temps les quatre barons envoyés à l'abbaye de Saint-Remy revenoient processionnellement avec les religieux de l'abbaye et leur grand prieur monté sur une haquenée blanche et portant dans une boite suspendue à son col la sainte Ampoule. Les rues étoient tendues sur son passage, les principaux de la justice et de la maison de ville à ce députés alloient devant, portant chacun une torche de cire blanche armoriée. Quelques six-vingts habitants de Chêne-Pouilleux bien armés, le tambour battant et la mèche allumée, avec une feuille de chêne au chapeau, servoient de garde pour la conduite. Quatre religieux, revêtus d'aubes blanches, soutenoient un poêle de toile d'argent qui couvroit le prieur.

« Avant que les religieux de Saint-Remy délivrassent la sainte Ampoule au cardinal, ils le firent, suivant la coutume, obliger en mains de notaires de la leur rendre le sacre parachevé. Ce qu'il leur accorda en parole de prélat. »

Il porta ensuite la sainte Ampoule à découvert dans le chœur, la montra au peuple et la posa sur le maître-autel.

« Après celà, le dit sieur cardinal, assisté des évêques de Laon et de Bauvais, fit la requeste suivante au roi : « *Nous vous prions et requérons que vous nous octroyiez* « *à chacun de nous, et aux églises desquelles nous avons* « *la charge, les privilèges canoniques et droites lois et* « *justice et que vous nous défendiez comme un roi en son* « *royaume doit à tous les évêques et leurs églises.* » A quoi le roi répondit : « *Je vous promets et octroye que je vous*

« *conserverai vos privilèges canoniques, comme aussi vos* « *églises*, etc. »

« Les évêques de Laon et de Châlons soulevèrent alors le roi de sa chaire et demandèrent alors aux assistants s'ils l'acceptoient pour roi; non que cette acceptation se prenne pour élection..., mais pour déclaration de la submission et fidélité à leur souverain seigneur. Le cardinal de Joyeuse présenta ensuite au roi le Serment du Royaume, lequel il prêta publiquement, ses mains mises sur l'Évangile.

« Sur l'autel étoient disposés les habits, armes et ornements que le roi devoit porter pendant le sacre : la couronne impériale close, la moyenne, le sceptre royal la main de justice, etc.

« Les évêques conduisirent à l'autel le roi, qui fut deshabillé par le premier gentilhomme de la chambre, de sa robe de toile d'argent et revêtu par le grand chambellan et d'autres dignitaires des vêtements du sacre, bottines, èperons, etc. Puis le cardinal officiant bénit l'épée royale, la ceignit au roi et incontinent la lui desceignit, la tira du fourreau. Le roi reçut l'épée, la baisa, l'offrit à l'autel, puis la reçut de nouveau à genoux et la donna à porter au maréchal de la Chastre qui tenait le lieu de connétable.

« Le cardinal s'occupa ensuite de préparer l'onction. Il tira de la sainte Ampoule, au moyen d'une aiguille d'or, un peu de liqueur de la grosseur d'un pois et la mêla du doigt dans la patène avec le saint chrême, puis les vêtements du roi ayant été ouverts aux endroits où les onctions devoient être faites, le roi se prosterna, ainsi que le cardinal à côté de lui, mais celui-ci se releva bientôt et, après quelques autres formalités, s'assit comme pour la consécration d'un évêque, le roi restant prosterné; il pria encore sur lui et procéda ensuite aux onctions. Tenant la patène en main gauche, du pouce de la main droite il fit au roi sept onctions : au sommet de la tête, sur l'estomac; entre les épaules, aux deux épaules, au pli du bras droit et du bras gauche. Cela fait, l'officiant et les évêques fermèrent les vêtements du roi et le grand chambellan lui mit la tunique représentant le sous-diacre, la dalmatique représentant le diacre et le manteau royal figurant la chasuble du prêtre. Le cardinal fit encore au roi une onction à la paume des mains, lui passa des gants très-minces, puis, au quatrième doigt, l'anneau royal, en signe d'épousailles du royaume. Il lui mit ensuite le sceptre dans la main droite et la verge de justice dans la gauche, ensuite de quoi le chancelier de France appela les pairs laïques puis les pairs ecclésiastiques par leur nom, en leur disant de se présenter à l'acte. Cette convocation faite, le cardinal prit sur l'autel la grande couronne fermée et la tenant à deux mains l'éleva sur la tête du roi sans le toucher : les pairs y mirent tous les mains, puis, prenant le roi par sa manche droite et les pairs ayant toujours les mains à la couronne, il le conduisit du maître-autel, par le chœur, au trône royal préparé au jubé. Devant le roi marchoit le connétable l'épée nue à la main; les grands dignitaires l'entouroient ou le suivoient. Arrivé au trône, le cardinal, tenant toujours le roi par la manche, lui dit, comme pour lui confirmer l'investiture : *Sta, et retine amodò statum quem hucusque paternâ successione tenuisti, hereditario jure tibi delegatum per auctoritatem Dei omnipotentis*, etc. Conservez désormais l'État que vous avez possédé jusqu'ici par la succession paternelle et que vous a délégué le droit héréditaire par l'autorité du Dieu tout-puissant, etc.

« Le prenant ensuite par la main, il le fit asseoir en priant Dieu de le confirmer en son trône, etc., puis, après diverses oraisons, il se découvrit, « fit au roi une très-humble révérence et le baisa, disant à haute voix par trois diverses fois : *Vive le roi.* A la dernière il ajouta : Vive éternellement le roi. » Les pairs firent de même, puis s'assirent, les ecclésiastiques à droite, les laïques à gauche.

« Je noterai en passant, dit ici Godefroy, un trait de la gaieté de la vive image de Henri le Grand; quand se vint à monsieur le duc d'Elbeuf (qui était presque de la taille de Sa Majesté) à le baiser, par amour, elle lui donna en même temps un soufflet et le baisa : aussi, durant près de sept heures que cette cérémonie dura, on ne vit rien de si gai. »

C'est probablement parce que la cérémonie ne lui semblait pas amusante que Henri IV voulut l'égayer; mais revenons à Louis XIII.

« Le peuple qui remplissoit la nef répondit par des cris de : Vive le roi, aux cris des pairs, la musique se fit entendre et les hérauts jetèrent des médailles d'or et d'argent frappées pour cette circonstance.

« Le roi entendit ensuite la messe avec une foule de formalités trop longues à énumérer. On lui apporta l'Évangile à baiser et il alla à l'offrande, « précédé des hérauts et de grands seigneurs portant le vin dans un vase d'or ciselé, un pain d'argent et un pain d'or sur de riches coussins, la bourse contenant treize pièces d'or de treize écus chacune, à l'effigie du roi. Il remit de sa main les présents de l'offrande au cardinal après les avoir offerts à l'autel. La messe finie, le roi entra dans un pavillon disposé à cet effet pour se confesser, puis vint s'agenouiller devant l'autel; là, on lui ôta sa couronne, il récita son *Confiteor* à haute voix, reçut l'absolution du cardinal et communia sous les deux espèces. On lui remit alors sa grande couronne, qui peu après fut remplacée par une autre moins lourde et qu'il porta en retournant à l'hôtel archiépiscopal, vêtu de ses habits et ornements royaux dans le même ordre qu'en venant à l'église.

« Le sacre terminé, la sainte Ampoule fut reportée à l'abbaye de Saint-Remi. Le roi, de retour à l'archevêché, se lava les mains, changea de vêtements et donna sa chemise et ses gants à son premier aumônier pour les faire brûler et se servir des cendres le premier mercredi de Carême.

« Il dîna ensuite dans toute la pompe royale et suivant le cérémonial de rigueur, puis, toujours avec les formalités d'usage en pareil cas, gagna sa chambre, où il demeura le reste de la journée. » (Godefroy, *Cérémonial françois.*)

LE CARROUSEL DE 1662 A PARIS

Louis XIV donna cette fête sur la place qui en a gardé le nom, au mois de juin 1662.

« On avoit établi le camp devant le pavillon des Tuileries, place des plus riantes et des plus belles, ayant pour l'un de ses costez une partie de la haute gallerie du Louvre, et de l'autre, ce pavillon avec la salle des Balets, laquelle y a esté depuis peu ajoûtée.

« Cette carrière estoit environnée d'un amphithéâtre en carré, dont chaque face avoit soixante-dix toises de longueur, et de deux barrières. A la face du milieu qui estoit celle du pavillon, il y avoit un grand échafaut pour les reynes, d'architecture à deux ordres : l'un dorique, l'autre ionique, ornés de pilastres, colonnes, etc., le tout feint de marbre et doré.

« Le 5 eut lieu la course des têtes. Le roi, avec sa quadrille d'aventuriers, Monsieur, le prince de Condé, le duc d'Enghien et le duc de Guise, aussi avec leurs quadrilles, se mirent en ordre de marche et, s'avançant par la rue de Richelieu et les rues voisines, arrivèrent à la grande barrière du camp.

« A la tête du cortége étoit le duc de Grammont, maréchal de camp général, vêtu comme toute la quadrille royale, « à la romaine » et avec le plus grand luxe. Un timbalier le précédoit avec deux trompettes, un écuyer, six pages, etc., magnifiquement habillés. Venoient ensuite les capitaines des gardes du corps et des cent suisses, les maréchaux de camp des quadrilles, tous grands personnages.

« L'amphithéâtre, autour duquel les quadrilles vinrent se ranger à leurs postes, estoit orné d'un tapis semé de fleurs de lys et chargé de plus de dix mille personnes; au milieu les reines trônoient sous un dais de velours violet enrichi de fleurs de lys d'or, et près d'elle on voyoit la reine d'Angleterre, Madame et toutes les princesses et dames de qualité, ayant pour voisins les maréchaux juges du carrousel et les ambassadeurs étrangers.

« La première quadrille, celle du roi qui représentoit l'empereur des Romains, estoit, aussi bien que les autres, éblouissante par ses costumes où l'or, l'argent et les pierreries étinceloient sur des vêtements de satin. Les harnais des chevaux n'étaloient pas moins de luxe.

« La coiffure du roi estoit un casque d'or garni de diamants, avec une enseigne sur le devant, d'une prodigieuse grosseur, y ayant sur les costez deux grands diamants et douze roses : et le tour du cordon estoit de douze roses de diamant. Son cimeterre, dont quantité de diamants faisoient la chaîne, en estoit semé le long du fourreau, et il y en avoit tel nombre à la poignée et à la garde, qu'à peine apercevoit-on l'or dans lequel ils étoient enchassez. Le reste de son costume estoit à l'avenant, de manière qu'il ne se pouvoit rien voir de plus superbe et de plus digne de la magnificence d'un si grand monarque. »

La quadrille de Monsieur représentait les Perses; celle du prince de Condé, les Turcs; celle du duc d'Enghien, les Indiens, et celle du duc de Guise, les sauvages de l'Amé-

Le carrousel de Louis XIV, à Paris, d'après une estampe de la Bibliothèque nationale.

rique. Toutes étaient dignes de celle du roi pour la magnificence; mais la description de la *Gazette* ne permet pas de croire que la fidélité des costumes fût égale à leur splendeur. C'était le goût du temps. Les sauvages d'Amérique étaient habillés en bacchantes, en satyres, en ours; les chevaux étaient déguisés en licornes, etc.

« La course des têtes fut faite non par un seul cavalier, mais par quatre à la fois, ce qui la rendit plus difficile à cause de la complication des voltes et demi-voltes que chacun d'eux avoit à faire en courant la tête de Turc avec la lance, le javelot et l'épée. Le lendemain eut lieu la course de la Bague. Le roi se distingua dans ses courses par son adresse et renonça au prix de la course des têtes, parce que, bien qu'il les eût toutes atteintes, son javelot n'y estoit pas toujours resté fixé. Les deux journées se terminèrent par des collations magnifiques.

Louis XIV avoit hésité d'abord à donner cette fête. Il n'osoit se permettre la dépense considérable que devoient entraîner les projets présentés par des ministres rivaux de Colbert. Ce dernier sut amener le roi à lui demander son avis, et en homme d'État non moins qu'en adroit courtisan, il choisit, à la grande satisfaction de son maître, le plus éclatant et le plus dispendieux de ces plans.

La fête, annoncée à grand bruit, attira une affluence énorme d'étrangers, on retarda sous différents prétextes le jour du carrousel, on trouva aussi des raisons pour changer les costumes déjà faits; puis, le carrousel brillamment achevé, on en demanda au roi une seconde représentation. Enfin Colbert put démontrer au roi, par des chiffres authentiques, que la dépense, considérable il est vrai, que cette fête avoit occasionnée, étoit dépassée notablement par l'argent que la foule des étrangers laissoit à Paris et par l'essor que cet excès apparent du luxe avoit donné aux manufactures d'étoffes et d'objets précieux. » (*Gazette de France*, 16 juin 1662.)

PLAISIRS DE L'ILE ENCHANTÉE A VERSAILLES

En 1664, à cette époque où Louis XIV exerçait réellement le protectorat de l'Europe, et pendant l'année que marqua la paix d'Aix-la-Chapelle, la cour sembla ne s'occuper que de plaisirs. Les sept journées de divertissements célébrées en 1664, dans le nouveau palais de Versailles, offrirent tout ce que le bon goût, l'instinct du prince, et les talents de ceux qui le servaient, pouvaient enfanter de plus merveilleux, même après le fameux carrousel de 1662. Elles reçurent le nom de *Plaisirs de l'Ile enchantée.*

Molière, qui pour ces fêtes composa sa comédie-ballet de *la Princesse d'Élide,* et y fit un essai des trois premiers actes du *Tartufe,* nous a laissé une relation fort détaillée des prodiges enfantés à cette occasion.

La cour se rendit le 5 mai à Versailles. Le 7, la fête s'ouvrit par une course de bagues où figuraient les héros de l'Arioste retenus dans le palais d'Alcine. C'étaient : Roger, dont le roi faisait le personnage, armé à la grecque comme tous ceux de sa quadrille; MM. de Noailles, de Guise, d'Armagnac, de Foix, de Coislin, etc., représentant Oger le Danois, Aquilant, Griffon, Renaud, Dudon, Astolphe, Roland, etc.

Derrière eux s'avançait le char d'Apollon, portant ce dieu avec les quatre âges d'or, d'argent, d'airain et de fer, conduit par le Temps et accompagné des douze heures du jour et des douze signes du zodiaque.

Après que les comédiens chargés de ces rôles mythologiques eurent récité à la reine leurs compliments rimés, la course commença. La nuit venue, on vit entrer dans l'enceinte les quatre Saisons, précédées d'une troupe de concertants et suivies de quarante-huit jardiniers, moissonneurs, vendangeurs et *vieillards gelés,* qui portaient

Les Plaisirs de l'Ile enchantée, à Versailles, d'après une estampe de la Bibliothèque nationale.

sur leur tête, dans des corbeilles ou des bassins, les mets destinés à la collation.

Venaient ensuite Pan et Diane sur une petite montagne ombragée d'arbres et portée en l'air sans qu'on vît l'artifice qui la faisait mouvoir. Leur suite portait des viandes de la ménagerie du dieu et de la chasse de la déesse.

Le Printemps, monté sur un cheval d'Espagne, l'Été sur un éléphant, l'Automne sur un chameau, l'Hiver sur un ours, vinrent tour à tour adresser leurs hommages à la reine. Enfin l'Abondance, la Joie, la Propreté et la Bonne-Chère firent servir le souper par les Plaisirs, les Jeux, les Ris et les Délices.

Tandis que le roi, la reine et les dames étaient assis à table, tous les chevaliers étaient appuyés sur la barrière, « ce qui rendait ce rond une chose enchantée ».

Le soir de la seconde journée, Roger (le roi) et ses chevaliers donnèrent à la reine le plaisir de la comédie de Molière.

Dans la soirée du troisième jour, la cour prit place sur les bords du grand rond d'eau qui représentait le lac sur lequel était bâti le palais d'Alcine. Mlle du Parc, la magicienne et ses nymphes, Mlles de Brie et Molière, portées sur des monstres marins, parurent d'abord dialoguant fort agréablement en vers. Puis, au milieu du concert des violons aussi placés dans une île, on vit s'avancer des géants, des nains, des maures, des démons chargés de la défense du palais enchanté et de la garde des chevaliers prisonniers. Enfin, le brave Roger ayant reçu la bague qui détruit les enchantements, un coup de tonnerre se fit entendre, et un feu d'artifice, en réduisant en cendres le palais Alcine, mit fin au ballet et aux divertissements de cette journée.

La magnificence et la galanterie du roi avaient réservé pour les autres jours des plaisirs qui n'étaient pas moins agréables. Le samedi 10, le roi voulut courre les têtes....

Il se fit plusieurs belles courses, mais l'adresse du roi lui fit emporter hautement, ensuite du prix de la course des dames, encore celui que donnait la reine.

Cinquième journée : promenade à la ménagerie; collation; comédie des *Fâcheux* de Molière.

Sixième journée : loterie « où le sort s'accommoda avec le désir de Sa Majesté, quand il fit tomber le gros lot entre les mains de la reine. » Courses de têtes entre le duc de Saint-Aignan et le marquis de Soyecourt (à qui Molière, sur l'indication de Louis XIV, a donné le rôle du veneur dans les *Fâcheux*). Représentation des trois premiers actes du *Tartufe*.

Septième et dernière journée : courses de têtes. « Ce ne fut pas sans un étonnement duquel on ne se pouvoit défendre, qu'on vit encore Sa Majesté gagner tous les prix. » La journée se termina par la comédie du *Mariage forcé* de Molière.

FÊTE DONNÉE A PARIS PAR LES AMBASSADEURS D'ESPAGNE (1730)

« Le roi d'Espagne, dit le journal historique de l'avocat Barbier, a pris la naissance du dauphin au sérieux. Il a envoyé ordre à ses ambassadeurs de faire ici une fête au-dessus de ce qu'on a jamais vu en Espagne. » Quatre ans auparavant, une infa te que la cour d'Espagne voulait marier à Louis XV avait été reconduite à Madrid par ordre du duc de Bourbon, premier ministre, ce qui avait amené une rupture entre les deux cours, et le roi d'Espagne voulait donner par cette fête un témoignage de sa réconciliation avec son neveu le roi de France. »

Le duc de Bouillon mit à la disposition des ambassadeurs de Philippe V son hôtel, situé sur le quai des Théatins, aujourd'hui quai Malaquais. Mais cet hôtel ne fut que le centre de la fête, dont l'ensemble comprenait la rivière et les quais depuis le Pont-Neuf jusqu'au Pont-Royal.

« Au commencement de la nuit du 24 janvier, tout cet espace s'illumina comme par enchantement. La façade de l'hôtel de Bouillon présentait, dit le *Mercure de France*, sept portiques de lumière ; on lisait au-dessus de celui du milieu une inscription latine célébrant l'union et le bonheur de la France et de l'Espagne. Les cintres des portiques étaient décorés de dauphins en relief entrelacés et des chiffres du roi ; le tout rehaussé d'or. Le vide des portiques était occupé par des emblèmes peints en camaïeu dans des médaillons ornés de guirlandes. A droite, la France, sous la figure d'une femme, montrait à l'Espagne le dauphin entre les bras de la déesse Lucine ; à gauche, l'Espagne montrait le jeune prince armé d'un casque et d'une cuirasse. Deux des portiques présentaient des mufles de lions dorés, d'où jaillissaient des flots de vin.

« Un entablement illuminé régnait sur les portiques ; il était surmonté d'une galerie découverte dont la balustrade était formée par des girandoles d'une figure agréable ; l'architecture de toute la façade de l'hôtel était dessinée par des lampions et enrichie de lustres et de girandoles. L'intérieur de la cour était aussi illuminé et décoré de portiques. Au-dessus de celui du milieu, sur les combles, s'élevait une tour lumineuse, allusion aux tours de Castille, et décorée de chiffres et des armes de Philippe V. Tous les dessins de cette illumination avaient été exécutés par le sieur Beausire, architecte de la ville de Paris.

« La rivière présentait, de l'un à l'autre bord, le spectacle d'un vaste jardin encadré par le quai du collége des Quatre-Nations d'un côté, les galeries du Louvre, de l'autre et aux deux extrémités le Pont-Neuf et le Pont-Royal. Deux montagnes escarpées, symbole des Pyrénées, s'élevaient à quatre-vingt-deux pieds au-dessus des eaux. On voyait une agréable variété sur ces montagnes où la nature était imitée avec beaucoup d'art dans tout ce qu'elle a d'agreste et de sauvage. Ici l'on voyait des quartiers de rochers en saillie; là des plantes, des arbustes, des cascades, des nappes et chutes d'eau, des antres, des cavernes. Il y avait tout alentour, à fleur d'eau, des sirènes, des tritons, des néréides et autres monstres marins.

« A une certaine distance, au-dessus et au-dessous des rochers, on voyait sur l'eau deux parterres de lumière dont les bordures étaient ornées alternativement d'ifs et d'orangers, avec leurs fruits, chargés de lumières. Le dessin des parterres était tracé et figuré par des vases, du gazon et du sable de diverses couleurs.

« Du milieu de chacun de ces parterres s'élevaient des espèces de rochers jusqu'à la hauteur de quinze pieds; on avait placé au-dessus des figures colossales bronzées, en ronde bosse, de seize pieds de proportion. L'une de ces figures représentait le Guadalquivir avec un lion au bas. l'autre la Seine avec un coq. Aux deux côtés des parterres et des deux monts, régnaient six plates-bandes sur deux lignes, ornées dans le même goût.

« Deux terrasses de charpente à doubles rampes étaient adossées aux quais des deux côtés, et se terminaient en gradins jusque sur le rivage. Elles régnaient sur toute la longueur du jardin et occupaient un terrain de quatre cent huit pieds sur la même ligne, en y comprenant une suite de décorations rustiques qui semblaient servir d'appui à ces deux grands perrons; le tout était garni d'une si grande quantité de lumières que les yeux en étaient éblouis; on croyait voir des nappes et des cascades de feu.

« Entre ces terrasses et le jardin, on avait placé deux bateaux de soixante-dix pieds de long, d'une forme singulière et agréable, ornés de sculptures et dorés. Du milieu de chacun de ces bateaux s'élevait une espèce de temple octogone, couvert en manière de baldaquin, soutenu par huit palmiers avec des guirlandes, des festons de fleurs et des lustres de cristal. Les bateaux étaient remplis de musiciens. Les timbales, les trompettes, les cors de chasse, les hautbois frappaient agréablement l'oreille.

« Les quatre coins de ce vaste, lumineux et magnifique jardin étaient terminés par quatre tours brillantes, couvertes de lampions à plaques de fer-blanc qui augmentaient considérablement l'éclat des lumières, et qui, pendant le jour, faisaient paraître les tours comme argentées; elles semblaient s'élever sur quatre terrasses de lumière.

« C'est du haut de ces tours que commença une partie du feu d'artifice de ce grand spectacle, lorsque le signal en eut été donné par une décharge de boîtes et de canons placés sur le quai du côté des Tuileries, et quand les princes et princesses du sang, ambassadeurs et ministres étrangers, et les seigneurs et dames de la cour, invités à la fête, furent arrivés à l'hôtel de Bouillon.

« Après la première partie du feu d'artifice, on vit un combat sur la rivière, dans les intervalles et les allées du jardin, entre vingt monstres marins tous différents, figurés sur autant de bateaux de plus de vingt pieds de long, d'où sortirent une grande quantité de fusées, grenades, ballons d'eau et autres artifices qui plongeaient dans la rivière et qui en ressortaient avec une extrême vitesse, prenant différentes formes, comme serpents, oiseaux, poissons volants, etc. Ensuite, du bas des deux montagnes et, par gradation, des saillies, des crevasses, des cavités, et enfin, du sommet des deux monts, on fit partir une très-grande quantité d'artifices suivis et diversifiés qui figuraient des éruptions volcaniques.

« Après l'artifice, terminé par une seconde salve de canon, parurent un soleil levant et un arc-en-ciel.

« Toute l'ordonnance de ce spectacle avait été conduite et dessinée par Servandoni. Les illuminations avaient été exécutées par Berthelin et Gérard, chandeliers-illuminateurs ordinaires des plaisirs du roi.

« Une foule innombrable couvrait les quais, les ponts, les édifices, les maisons. Sur la galerie de l'hôtel de Bouillon et sur des terrasses en amphithéâtre qui les environnaient, étaient placés tous les princes, princesses, seigneurs et dames invités à la fête, tous en habits neufs magnifiques, ornés de dorures, broderies et de garnitures complètes de pierreries.

« Les nobles invités se rendirent ensuite dans la galerie du grand appartement de l'hôtel de Bouillon. Un théâtre y avait été dressé sur les dessins de Servandoni. On y représenta une pastorale de M. de la Serre et un ballet; la musique était de Rebel, le fils. La scène se passait dans un paysage au pied des Pyrénées. Ce divertissement fut exécuté par l'élite des acteurs de l'Opéra, auxquels on fit don de bijoux d'or d'un prix considérable, outre leurs habits qui étaient faits de très-riches étoffes.

« Après le spectacle, on passa dans une salle magnifique, construite exprès dans le jardin, et où l'on servit un repas. Il y avait six tables de cinquante couverts chacune, et de plus deux autres tables servies en ambigu dans deux appartements du vestibule. Au dessert, on but les santés royales au bruit de l'artillerie.

« Un concert suivit ce festin. On joua le cinquième acte de l'opéra de *Phaéton*; après quoi l'on retourna dans le grand salon préparé pour le bal. Vers les deux heures. après minuit, on laissa entrer les personnes invitées au bal par billets, et peu de temps après les portes furent ouvertes à tous les masques qui se présentèrent.

« Pendant tout le bal, des rafraîchissements de toute espèce, dans la plus grande abondance et la plus grande délicatesse, furent présentés de tous côtés, et, chose rare dans ces sortes de fêtes, malgré la foule prodigieuse, il n'arriva pas le moindre désordre. »

FÊTE DES LABOUREURS A MONTÉLIMAR

Cette fête, qui a lieu à la Pentecôte, durait autrefois trois jours, comme la Pentecôte elle-même. Le premier jour, le dimanche, les laboureurs et les bayles (bouviers), portant des bouquets d'épis et précédés de leurs syndics portant des houlettes ornées de rubans, assistaient à la messe. Le reste de la journée se passait à danser autour du mai, sur la *place des Bouviers.*

Le lendemain, les laboureurs et leurs syndics, montés sur des mules ornées de rubans et ayant en croupe une femme ou une fille de laboureurs, parcouraient avec des musiciens les fermes des environs, où les attendait une table bien servie. Ils distribuaient le pain bénit; les musiciens donnaient des sérénades et faisaient danser.

Le troisième jour, on *tirait la raie,* c'est-à-dire que des laboureurs inscrits d'avance concouraient à qui tracerait le sillon le plus profond, le plus long et le plus droit. Chacun amenait sa charrue, et, les sillons faits, des prud'-hommes adjugeaient le prix au plus digne. Cette fête ancienne a été rétablie en 1818, mais réduite à un jour. Une fête analogue se célèbre dans les campagnes des environs de Valence.

FÊTE DE LA ROSIÈRE A SALENCY

« Dans le cinquième siècle, saint Médard, évêque de Noyon, institua à Salency, dont il était seigneur, la *fête de la Rose.* Par cet établissement, celle des filles de Salency qui jouit de la plus grande réputation de vertu, reçoit solennellement une couronne de roses que le curé, en habit de cérémonie, lui met sur la tête. Il lui donne en même temps vingt-cinq livres, dot que saint Médard fonda pour la rosière, et qui dans son siècle était une somme considérable. Par le titre de sa fondation, il faut non seulement que la rosière ait une conduite irréprochable, mais que toute sa famille, en remontant jusqu'à la quatrième génération, soit irrépréhensible. Le moindre soupçon, le plus petit nuage serait un titre d'exclusion.

« Le seigneur a le droit de choisir la rosière sur trois filles du village qu'on lui présente un mois d'avance. Il la fait annoncer au prône de la paroisse, afin que les autres filles aient le temps d'examiner ce choix et de le contredire s'il n'est pas conforme à la justice la plus rigoureuse.

« Le 8 juin, jour de la cérémonie, la rosière, vêtue de blanc, les cheveux flottants en grosses boucles, accompagnée de sa famille et de douze filles aussi vêtues de blanc avec un large ruban bleu en baudrier, auxquelles douze garçons du village donnent la main, se rend au château, au son des tambours, des violons, etc. Le seigneur et son bailli lui donnent chacun la main et, précédés des instruments, suivis d'un nombreux cortège, ils l'emmènent à la paroisse, où elle entend les vêpres, après lesquelles le clergé sort processionnellement avec le peuple pour aller à la chapelle de Saint-Médard, où le curé bénit le chapeau de roses, qui est sur l'autel. Ce chapeau est entouré d'un ruban bleu, et orné sur le devant d'un anneau d'argent (Louis XIII envoya le marquis de Gordes faire la cérémonie et ajouta aux fleurs une bague d'argent et un cordon bleu). Quand la rosière est couronnée, le seigneur, ou son fiscal, la reconduit, et tout de suite, jusqu'à la paroisse, où l'on chante le *Te Deum* au bruit de la mousqueterie. Puis il la mène à une collation que doivent lui donner des censitaires de la seigneurie. On remet à la rosière, par forme d'hommage, une flèche, deux balles de paume, etc.

On se rend ensuite dans la cour du château, où le seigneur danse le premier branle avec la rosière. Le bal finit au coucher du soleil. Le lendemain, la rosière invite chez elle toutes les filles du village et leur donne une grande collation suivie de divertissements. » (Expilly, *Dictionnaire de la France.*)

On remarquait, au siècle dernier, que les mœurs de la commune de Salency avaient été influencées d'une manière très heureuse par cette fête. Elle a été adoptée depuis dans un grand nombre de villages en France ; on l'y célèbre avec moins de pompe, mais la rosière y reçoit généralement une somme qui peut lui servir de dot, et elle est nommée non plus par le seigneur, mais par le conseil municipal d'accord avec le curé.

FÊTE DU MARIAGE DE LOUIS XVI A PARIS

On lit dans la *Gazette de France* du 4 juin 1770 :

« Le 30 du mois dernier, jour de la seconde fête que la Ville a donnée à l'occasion du mariage de monseigneur le Dauphin, cette fête fut annoncée au peuple à six heures du matin par une salve d'artillerie de la ville, et à midi par une pareille salve. Vers les sept heures du soir, on commença à faire couler les fontaines de vin et à distribuer au peuple du pain et de la viande dans les différents endroits de cette ville et à différents carrefours donnant sur les remparts du nord. Vers les neuf heures du soir, il y eut une nouvelle salve de l'artillerie de la ville, pendant laquelle on tira un feu d'artifice, préparé dans la place de Louis XV, et après lequel on illumina les deux grands bâtiments et le pourtour de cette place, ainsi que les fontaines de vin et les orchestres qu'on y avait établis. Les remparts du nord furent illuminés, comme les jours précédents, par les deux cordons de lanternes en réverbères. On avait ajouté une illumination à chaque arbre d'un bout à l'autre de ces remparts. On illumina aussi les boutiques de la foire. Il y eut là, pendant toute la nuit, un grand concours de peuple.

« On avait construit des orchestres devant l'hôtel de ville, devant celui du gouverneur de la ville, celui du prévôt des marchands et les maisons des officiers du bureau de la ville, et l'on fit au peuple, dans ces différents endroits, une distribution de vin et de viandes. A l'entrée de la nuit, toutes les maisons de cette capitale furent illuminées.

« La décoration du feu d'artifice, dont la hauteur était de cent trente pieds, représentait le *Temple de l'Hymen*. Ce temple, dont l'architecture était d'ordre corinthien, était porté par un soubassement décoré de cascades, de fontaines et de groupes allégoriques. La façade principale se présentait du côté des colonnades (du garde-meuble) où l'on avait préparé des loges pour les personnes de la cour, invitées par la Ville, et d'autres personnages de distinction. Le tout était orné de guirlandes, de médaillons, de bas-reliefs allégoriques, et terminé par un obélisque avec médaillons et guirlandes de fleurs. On avait élevé derrière cet édifice un bastion, où des batteries accompagnaient de leurs salves l'exécution du feu d'artifice.

« Les plaisirs de cette fête ont été troublés par un malheur qu'on ne pouvait ni prévenir ni prévoir. La rue (Royale), par laquelle le peuple se porta avec le plus d'affluence après le feu d'artifice, s'étant trouvée embarrassée par différents obstacles et la foule étant prodigieuse, un grand nombre de personnes de tout sexe et de tout âge ont été étouffées; le nombre des morts monte à cent trente-deux, savoir : quarante-neuf hommes ou garçons et quatre-vingt-trois femmes ou filles; celui des blessés est de vingt-six. Ces derniers ont été portés à l'Hôtel-Dieu et à la Charité. »

Le Dauphin et la Dauphine envoyèrent au lieutenant général de police de Sartine un mois de leurs menus plaisirs pour être distribués à ceux qui avaient le plus pressant besoin d'être secourus.

FÊTE DE LA FÉDÉRATION A PARIS

Dans les premiers mois de 1790, les gardes nationales de plusieurs provinces de l'Est s'étaient confédérées pour la défense de la Révolution. Les villes de la Bretagne et de l'Anjou s'étaient fédérées entre elles, le 29 janvier 1790, dans une réunion générale à Quimper, sous la présidence de Moreau, qui était alors prévôt de la Faculté de droit de Rennes et simple capitaine dans la garde nationale.

Le 31 mai, deux fêtes de ce genre eurent le plus grand éclat. A Draguignan, huit mille gardes nationaux se réunirent en présence de plus de vingt mille spectateurs. A Lyon, cinquante mille hommes, en représentant plus de cinq cent mille, s'assemblèrent et vinrent se former en bataille autour d'une construciion qui représentait un rocher surmonté d'une statue colossale de la Liberté. Au pied de la statue était un autel. Tous les drapeaux furent apportés sur les gradins taillés dans le rocher. Une messe solennelle fut chantée et le serment civique prononcé. La fête fut terminée par un feu d'artifice, des bals et des repas.

On voulut donner à Paris une fête semblable, et le 5 juin une adresse des citoyens de Paris à tous les Français fut présentée à l'Assemblée nationale par Bailly et d'autres représentants de la municipalité. Cette adresse invitait les citoyens de toutes les provinces à s'unir entre eux non plus comme Angevins, Bretons ou Parisiens, mais comme Français, dans un serment de fidélité à la constitution de l'État. « Faisons, disait l'adresse, de ces fédérations une confédération générale.... C'est le 14 juillet que nous avons conquis la liberté, ce sera le 14 juillet que nous jurerons de la conserver; qu'au même jour, à la même heure, un cri général, un cri unanime retentisse dans toutes les parties de la France : *Vive la nation, la loi et le roi!...* » L'Assemblée nationale approuva le pacte fédératif proposé par la municipalité de Paris.

Dans la séance du 7 juin, l'évêque d'Autun (Talleyrand) présenta un projet de décret pour la fédération du 14 juillet. Le nombre des députés que devaient envoyer les communes était fixé à six hommes par deux cents au choix des directoires de districts. A une distance de plus de cent lieues, on pouvait n'envoyer qu'un homme sur quatre cents. La dépense était aux frais des districts. L'armée de terre et de mer devait envoyer aussi des députés. Le projet fut adopté.

Cette fête devint le sujet de l'occupation publique dans Paris. Un enthousiasme de générosité et de sacrifices, une émulation d'imiter les fêtes civiques de la Grèce et de Rome s'emparèrent de la population. La fête de la Fédération fut plus que l'anniversaire d'une victoire remportée par le peuple sur l'ancien régime; elle fut en quelque sorte le signe ou le symbole de la reconstitution de l'unité nationale.

Les commissaires de la commune de Paris, après avoir hésité sur le lieu de la solennité, c'est-à-dire entre les plaines de Grenelle, de Saint-Denis et des Sablons, avaient choisi le Champ de Mars. Préoccupés des funestes saccidents survenus lors du mariage de Louis XVI, ils ne voulurent pas élever d'échafaudages et décidèrent que le Champ de

Mars serait entouré d'épaulements en terre qui le convertiraient en une sorte de grand cirque. Aussitôt des ouvriers furent dirigés sur ce point et commencèrent les travaux; mais leur nombre, considérable cependant, était au-dessous de la tâche qu'il fallait improviser. Il était douteux que l'œuvre fût accomplie à temps. Le peuple s'en chargea. « Les habitants de la capitale, de tout âge, de tout sexe, de tout rang, dit Alexandre Lameth, accoururent au Champ de Mars. On vit arriver les gardes nationales de quarante-huit sections, les diverses corporations précédées de tambours et de drapeaux, les communautés religieuses, les élèves des collèges, les habitants des campagnes, ayant à leur tête le curé en soutane et le maire décoré de son écharpe, etc. Les femmes les plus distinguées de la société se livraient à ce travail patriotique avec une grâce qui redoublait l'enthousiasme. On évaluait le nombre des travailleurs à plus de deux cent cinquante mille (nombre évidemment exagéré, le Champ de Mars pouvait à peine en contenir le tiers comme travailleurs utiles).

« Parmi tant d'individus de classes, de mœurs, d'habitudes si différentes, il ne s'éleva ni le moindre trouble, ni même l'apparence d'une querelle; un même sentiment remplissait toutes les âmes, une même intention occupait les esprits, une même volonté dirigeait tous les bras. Il serait aussi impossible à ceux qui n'ont pas vu ces jours sans exemple de s'en faire une idée, qu'à ceux qui en ont été les témoins d'en retracer le tableau. C'était un ensemble qui n'avait jamais existé sur la terre avant cette grande époque de régénération politique, avant ces jours d'enthousiasme et de sublime espérance où trente millions d'hommes croyaient préluder par leur propre bonheur au bonheur du monde. Le Champ de Mars présentait alors le tableau d'une grande famille. Louis XVI sentit combien sa présence au milieu de ces joyeux travaux serait propre à lui concilier l'amour des citoyens : il vint en effet au Champ de Mars, et se montra profondément touché d'un spectacle si nouveau, qui restera à jamais sans exemple dans les fastes de l'histoire. »

Pendant que la population de Paris préparait le théâtre de la fête, les fédérés des départements arrivaient de tous côtés dans la capitale. Un nombre plus considérable encore de curieux accourait de partout, même de l'étranger, pour assister à une cérémonie que l'Europe allait voir pour la première fois. Tous les hôtels, toutes les maisons garnies furent bientôt remplis. On logea les fédérés dans les casernes et dans les couvents; mais les couvents et les casernes devenant insuffisants, la municipalité fit appel aux Parisiens. Ce fut alors à qui courrait s'inscrire pour avoir un fédéré à sa table et sous son toit. C'était un entraînement général. En un mot, partout et chez tous, riches ou pauvres, l'hospitalité fut donnée et reçue avec les sentiments d'une fraternité parfaite.

Le 14 juillet, la population afflua tout entière au Champ de Mars. Malgré une de ces pluies intermittentes et par rafales, ordinaires par les vents d'ouest, l'immense enceinte ne put pas contenir tous les spectateurs. La foule reflua jusque sur les hauteurs de Chaillot. Voici un extrait du compte rendu de la fête, donné par le *Moniteur* :

« Un pont de bateaux a été établi sur la rivière. Ce pont conduisait à un arc de triomphe qui marquait l'entrée du Champ de Mars. L'enceinte du cirque, du côté des bâtiments de l'École militaire, était fermée par une grande galerie couverte, au milieu de laquelle était un pavillon particulier destiné au roi. Sous ce pavillon était placé le trône, et à côté du trône, sur la même estrade, le fauteuil du président de l'Assemblée nationale. Derrière le trône, on avait pratiqué une tribune particulière pour la reine et les princes.

« Dans l'esplanade, on avait marqué par des poteaux les places que devaient occuper les membres de la fédé-

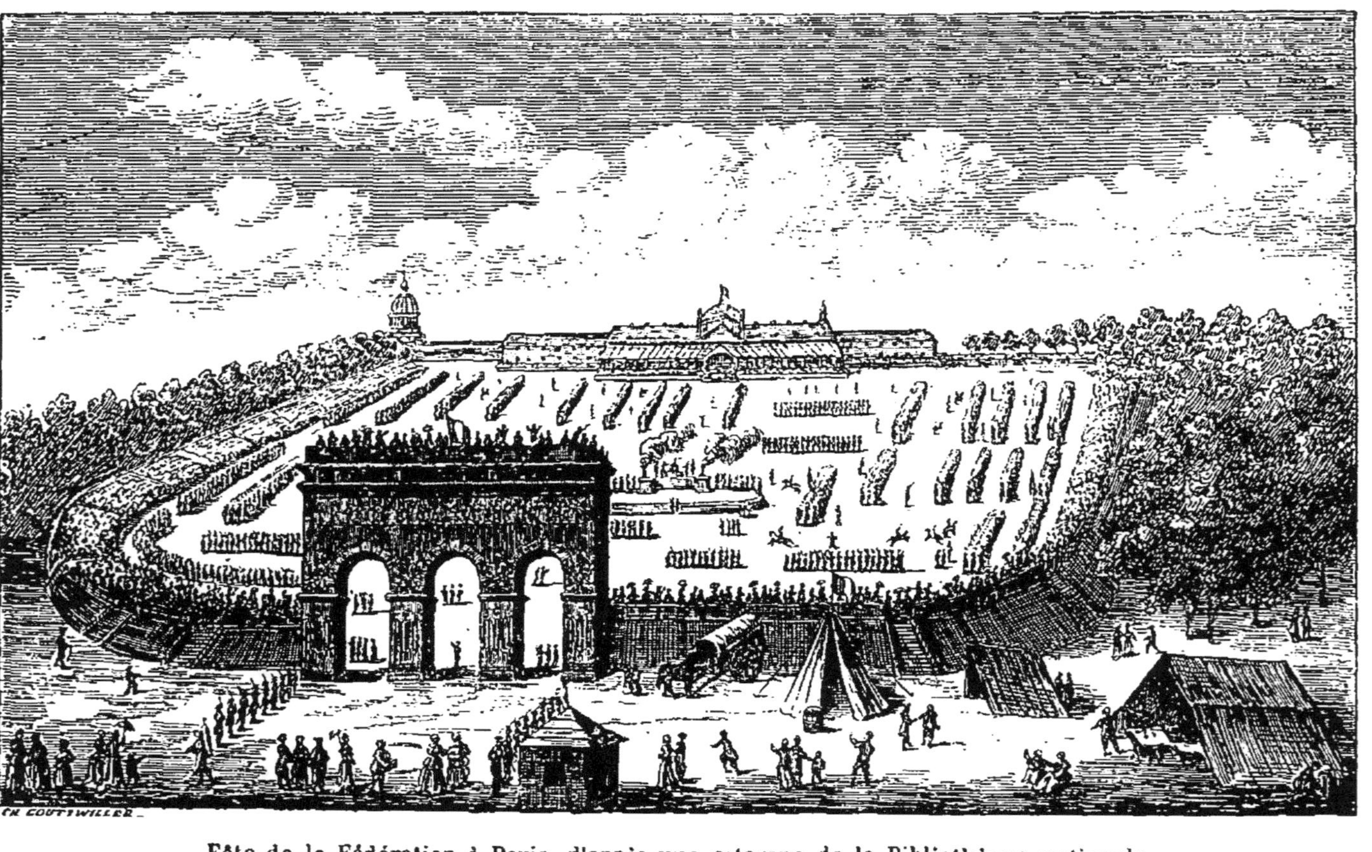

Fête de la Fédération à Paris, d'après une estampe de la Bibliothèque nationale.

ration. Toute cette vaste enceinte était dominée au milieu par l'autel de la Patrie, élevé de plus de vingt-cinq pieds. On y montait par quatre escaliers, terminés chacun par une plate-forme couronnée de cassolettes antiques où on a brûlé de l'encens.

« Dès six heures du matin, les fédérés se sont rassemblés sur le boulevard du Temple. Chaque députation a reçu sa bannière, et cet immense cortège, dont le défilé a duré plus de quatre heures, s'est mis en marche en passant par la rue Saint-Denis, la rue Saint-Honoré, la place Louis XV, le Cours-la-Reine jusqu'au pont de bateaux. La marche était formée dans l'ordre suivant :

« Divers corps de la garde nationale de Paris; les autorités municipales de Paris; l'Assemblée nationale, qui ne s'est mêlée au cortège qu'au pont tournant des Tuileries.

« La députation des quarante-deux premiers départements par ordre alphabétique, ayant chacun à leur tête leurs bannières et leurs tambours.

« Les députations de l'armée de terre et de mer, les officiers généraux, les états-majors, etc., précédés d'une oriflamme portée au milieu des deux maréchaux de France.

« Les députations des autres quarante et un départements. La marche était fermée par un détachement des grenadiers et un de la garde nationale parisienne. En arrivant au Champ de Mars, tous les fédérés se sont rangés aux places indiquées, et une salve d'artillerie s'est fait entendre. Les députations des départements ont fait bénir leurs drapeaux, et l'armée son oriflamme; elles ont été bénies par le prélat officiant; les marches de l'autel étaient couvertes de lévites en aube blanche.

« Le roi et la famille royale ayant pris leurs places, ainsi que l'Assemblée nationale et les députations, M. l'évêque d'Autun a dit la messe. Ensuite M. de Lafayette est monté à l'autel et a prononcé, au nom de tous les fédérés, le serment de la fédération, qui a été répété par tous les assistants au bruit du cliquetis de leurs armes. En même temps le canon se faisait entendre, et portait au loin le témoignage du vœu solennel de la nation.

« Ensuite le président de l'Assemblée s'est levé et a prononcé aussi le serment. Enfin Sa Majesté, s'étant levée, a prononcé son serment. Aussitôt le *Te Deum* a été entonné par l'officiant et exécuté par le corps de musique placé à côté de l'autel. »

Cette sèche narration donne le programme de la fête; mais elle ne donne aucune idée ni de l'enthousiasme, ni de la gaieté même de plus de 60 000 fédérés ou gardes nationaux, et des 300 000 spectateurs qui les regardaient.

Rien ne fatigua cette grande population, rien n'altéra les expressions de son expansion joyeuse et confiante, ni la longueur de la cérémonie ni le mauvais temps. Elle remarqua seulement qu'au moment du serment le soleil brilla de tout son éclat. Elle y vit un présage de stabilité que l'avenir ne devait pas réaliser. (Buchez et Roux, *Histoire parlementaire de la Révolution.*)

Les journaux reprochèrent à Louis XVI de n'avoir pas daigné venir prêter le serment à l'autel de la Patrie sous prétexte qu'il pleuvait, lui qui, dans ses chasses, supportait la pluie et les intempéries pendant de longues heures.

On trouva mauvais que le président de l'Assemblée nationale (Bonnay) eût permis qu'un courtisan se plaçât devant lui pendant la cérémonie, comme pour effacer sa présence et laisser au roi seul le rôle principal.

FÊTE DE L'ÊTRE SUPRÊME A PARIS

Le 18 floréal de l'an II (7 mai 1794), la Convention, sur la proposition de Robespierre, avait adopté par acclamation un décret dont l'article 1er était ainsi conçu : « Le peuple français reconnaît l'existence de l'Être Suprême et de l'immortalité de l'âme. » L'Assemblée avait ordonné en même temps qu'une fête solennelle à l'Être Suprême serait célébrée le 20 prairial (8 juin), et en avait confié le plan au peintre David. Robespierre, nommé président de la Convention le 16 prairial, était par cela même investi du premier rôle dans la fête.

Le 20 au matin, le soleil brillait de tout son éclat. Dès les premières heures du jour, les détonations de l'artillerie annoncèrent la solennité; des drapeaux tricolores, des guirlandes de fleurs ou de verdure ornaient les façades de toutes les maisons. La foule accourait, toujours prête à assister aux représentations que lui donne le pouvoir.

Des colonnes d'hommes, de femmes et d'enfants, parties de leurs sections respectives, se rendent au jardin des Tuileries, nommé alors *Jardin national.*

Robespierre se fit attendre longtemps; il parut enfin au milieu des membres de la Convention qui, précédés d'un corps de musique nombreux, sortirent du palais des séances par le pavillon de l'Horloge et prirent place sur un vaste amphithéâtre élevé dans le jardin. Robespierre était soigneusement paré; il portait un habit violet, un chapeau surmonté d'un panache; il était ceint d'une écharpe tricolore et tenait à la main, comme tous les représentants, un bouquet de fleurs, de fruits et d'épis de blé. Sur son visage, habituellement sombre, éclatait une joie qui ne lui était pas ordinaire.

A droite et à gauche de l'amphithéâtre occupé par la Convention se trouvaient plusieurs groupes d'enfants, d'hommes, de vieillards et de femmes. Les enfants étaient couronnés de violettes, les adolescents de myrte, les hommes de chêne, les vieillards de pampre et d'olivier. Les femmes tenaient leurs filles par la main et portaient des corbeilles de fleurs. Vis-à-vis de l'amphithéâtre, au centre du bassin circulaire situé dans le parterre, s'élevait un groupe de figures représentant l'Athéisme, l'Ambition, l'Égoïsme, la Discorde et la fausse Simplicité, qui à travers les haillons de la misère laissaient apercevoir les ornements et les décorations des esclaves de la royauté.

Dès que la Convention eut pris place, une symphonie se fit entendre. Le président, placé au point culminant de l'amphithéâtre, fit ensuite un premier discours sur l'objet de la fête, en exhortant son auditoire à rendre hommage à l'Auteur de la nature. Après avoir parlé quelques minutes, le président descend de l'amphithéâtre, saisit une torche allumée et s'avance vers le groupe de figures allégoriques, auxquelles il met le feu. Elles disparaissent dans les flammes, et au milieu de leurs cendres paraît la statue de la Sagesse; mais on remarque qu'elle a été noircie par la fumée d'où elle sort. Robespierre retourne à sa place et prononce un second discours sur l'extirpation des vices ligués contre la République.

Après cette première cérémonie, on se met en marche pour se rendre au Champ de Mars, alors nommé *Champ de la Réunion*. Le cortège était composé de corps de cavalerie, d'infanterie, de musique, de tambours et de différents groupes d'hommes et de femmes des sections. En tête de la Convention marchait Robespierre, dont l'orgueil semblait redoubler aux applaudissements de quelques spectateurs et aux cris de *Vive Robespierre!* que des enthousiastes poussaient autour de lui. Il affectait de marcher très en avant de ses collègues; mais quelques-uns, indignés, se rapprochent de sa personne et lui prodiguent les sarcasmes les plus amers. Les uns se moquent du nouveau pontife : *Voyez-vous*, disent-ils, *comme on l'applaudit? Ne veut-il pas faire le Dieu? n'est-il pas le grand prêtre de l'Être Suprême?* D'autres, faisant allusion à la statue de la Sagesse qui avait paru enfumée, lui disent que sa sagesse est obscurcie. D'autres font entendre le mot de tyran, et s'écrient *qu'il est encore des Brutus*. Bourdon de l'Oise lui dit ces mots : *La roche Tarpéienne est près du Capitole.*

Le cortège arrive enfin au Champ de Mars. Là se trouvait, au lieu de l'ancien autel de la Patrie, une montagne construite et peinte avec goût et d'un bel effet. Au sommet était un arbre. La Convention s'assied sous ses rameaux. De chaque côté de la montagne se placent les musiciens et les groupes de femmes, d'enfants, de vieillards, comprenant deux mille quatre cents individus choisis par les quarante-huit sections de Paris. Une symphonie commence; les groupes chantent ensuite des strophes dont Chénier avait composé quelques-unes; enfin, à un signal donné, les adolescents tirent leurs épées et jurent, dans les mains des vieillards, de défendre la patrie; les femmes élèvent leurs enfants dans leurs bras; tous les assistants lèvent les bras vers le ciel, et les serments de vaincre se mêlent aux hommages rendus à l'Être Suprême. Après cette scène, accompagnée du roulement des tambours et des salves de l'artillerie, le cortège retourna au jardin des Tuileries, et la fête se termina par des jeux publics.

Telle fut la fameuse fête célébrée en l'honneur de l'Être Suprême. Robespierre, en ce jour, était parvenu au comble des honneurs; mais il n'était arrivé au faîte que pour en être précipité. Son orgueil avait blessé tout le monde. Les sarcasmes étaient parvenus jusqu'à son oreille, et il avait vu chez quelques-uns de ses collègues une hardiesse qui ne leur était pas ordinaire. (Dulaure, *Esquisses historiques de la Révolution.* — Thiers, *Histoire de la Révolution.*)

FÊTE DU CARITACH A BÉZIERS

Comme la plupart des fêtes populaires, celle-ci remonte sans doute à l'antiquité. Son origine parait inconnue, mais elle a été célébrée à Béziers dans les temps les plus anciens. En 1838, le 13 octobre, la ville de Béziers inaugurait la statue de Riquet, le créateur du canal du Midi. L'idée première et, en grande partie, l'accomplissement de ce devoir envers un des plus illustres enfants de la ville, étaient dus à la Société archéologique de Béziers. Ce fut aussi par les soins et grâce à l'érudition de ses membres que fut organisée la célébration de l'antique fête du Caritach, qui devait donner à l'inauguration de la statue un caractère particulier de solennité. Voici la description qu'en donnait, dans le *Journal du Midi*, un des nombreux spectateurs :

« Plus de 30 000 personnes étaient rangées autour de la statue, les rues, les places étaient encombrées de curieux. C'était un magnifique spectacle! d'un côté, la mer avec ses reflets argentés; de l'autre, nos montagnes découpées en festons d'azur; et au centre de ce riche horizon, la statue colossale de Riquet éclairée par un soleil resplendissant et se profilant sur un ciel sans nuage; au pied de la statue, toutes les corporations avec leurs bannières inclinées, la cavalerie défilant en portant les armes, et tout ce peuple la tête découverte, et exprimant avec toute l'énergie méridionale sa joie et son admiration.

« A une heure après midi commença la fête du Caritach. Rien n'avait été épargné pour lui conserver son originalité primitive. Les vieux parchemins de l'hôtel de ville ont été déchiffrés, les vieilles traditions interrogées, pour rechercher toutes les particularités de cette solennité locale. — Le cortège s'avance.

« Après un détachement de dragons précédés de leur musique qui ouvre la marche, paraît une grosse machine en bois, recouverte d'une toile peinte, qui excite sur son passage une hilarité générale : c'est le *Chameau*, le vieil hôte de Béziers, cet antique animal qui y porta au troisième siècle saint Aphrodise, notre apôtre de la foi.

« Voici maintenant les diverses corporations précédées de leurs bannières et de leurs musiques, et groupées autour de grands chariots parés de fleurs et de feuillages, sur lesquels sont placés leurs divers ateliers. Pendant la marche du cortége, des ouvriers ne cessent de travailler à ces ateliers; — les tisserands tissent un mouchoir au chiffre du duc de Caraman (descendant de Riquet et assistant à la fête); — les typographes impriment, en l'honneur de Riquet et de David (l'auteur de la statue), des poésies qu'ils jettent au peuple encore toutes mouillées; — les fourniers répandent sur leur passage des gâteaux qui sortent fumants de leurs fours; les agriculteurs mènent une charrue attelée d'un grand nombre de mules magnifiquement harnachées; — les maréchaux font retentir l'enclume des coups de leurs marteaux; — les jardiniers, au moyen d'une pompe perfide cachée sous des feuillages, arrosent les dames placées aux fenêtres, et qui ne peuvent se plaindre d'être assimilées à une bordure de fleurs; — les distillateurs enfin, avec leur petit alambic, transforment en eau-de-vie le vin fait de la veille, etc., etc. — Et après les corporations, cinquante couples de jeunes filles et de jeunes gens, dans le costume des bergers de Florian, tenant chacun dans leur main le bout d'un demi-cerceau blanc paré de fleurs, exécutent, sous ce dôme mobile et fleuri, la jolie danse des *treilles*, si variée, si gracieuse, si pittoresque.

« Ce cortége est terminé par de nombreuses cavalcades de jeunes gens et d'officiers, et par les membres du corps municipal et de la Société archéologique, jetant de leurs calèches découvertes des dragées et des bonbons que la foule ramasse avec empressement. Bientôt les dames qui sont aux fenêtres font pleuvoir sur les calèches une grêle de dragées; les calèches répondent et l'air est obscurci par des projectiles sucrés, qui se croisent avec rapidité des fenêtres aux voitures et des voitures aux fenêtres; le pavé en est couvert, les chevaux les écrasent sous leurs pieds, les voitures sous leurs roues. Jamais la fête du Caritach n'avait été célébrée avec autant d'éclat, on pourrait presqne dire avec autant de rage. Les confiseurs avaient préparé une immense quantité de dragées; le soir il n'en restait pas une dans leurs boutiques; tout avait été jeté. » (*Magasin pittoresque.*)

FÊTE DES OMELETTES AUX ANDRIEUX (HAUTES-ALPES)

Dans le département des Hautes-Alpes se trouve un hameau, dépendant du canton de Saint-Firmin, situé près du torrent de la Severaise et qu'on nomme les Andrieux. Ses habitants sont privés chaque année pendant cent jours du soleil, dont les rayons, à partir des premiers jours de novembre, ne descendent plus jusqu'au fond de la vallée et n'y reviennent que le 10 février. Ce jour-là il y a fête dans le hameau. Dès que l'aube paraît au sommet des montagnes, quatre bergers l'annoncent au son d'instruments champêtres; ils se rendent chez le plus âgé des habitants, qui préside à la fête sous le titre de Vénérable. Chacun se rend sur la place, tenant à la main un plat où fume une omelette; le Vénérable, accompagné des musiciens, arrive et prend place au milieu de l'assemblée, qui l'acclame et danse autour de lui une ronde, chacun tenant son plat à la main; puis on se dirige avec ordre et musique en tête vers le pont du village, sur les parapets duquel les plats sont déposés, et l'on va danser dans le pré voisin jusqu'à ce que le soleil arrive au village. On reprend alors les plats; le Vénérable, tête nue, élève le sien vers l'horizon, et chacun, comme lui, offre son omelette à l'astre du jour. Quand ses rayons éclairent tout le village,

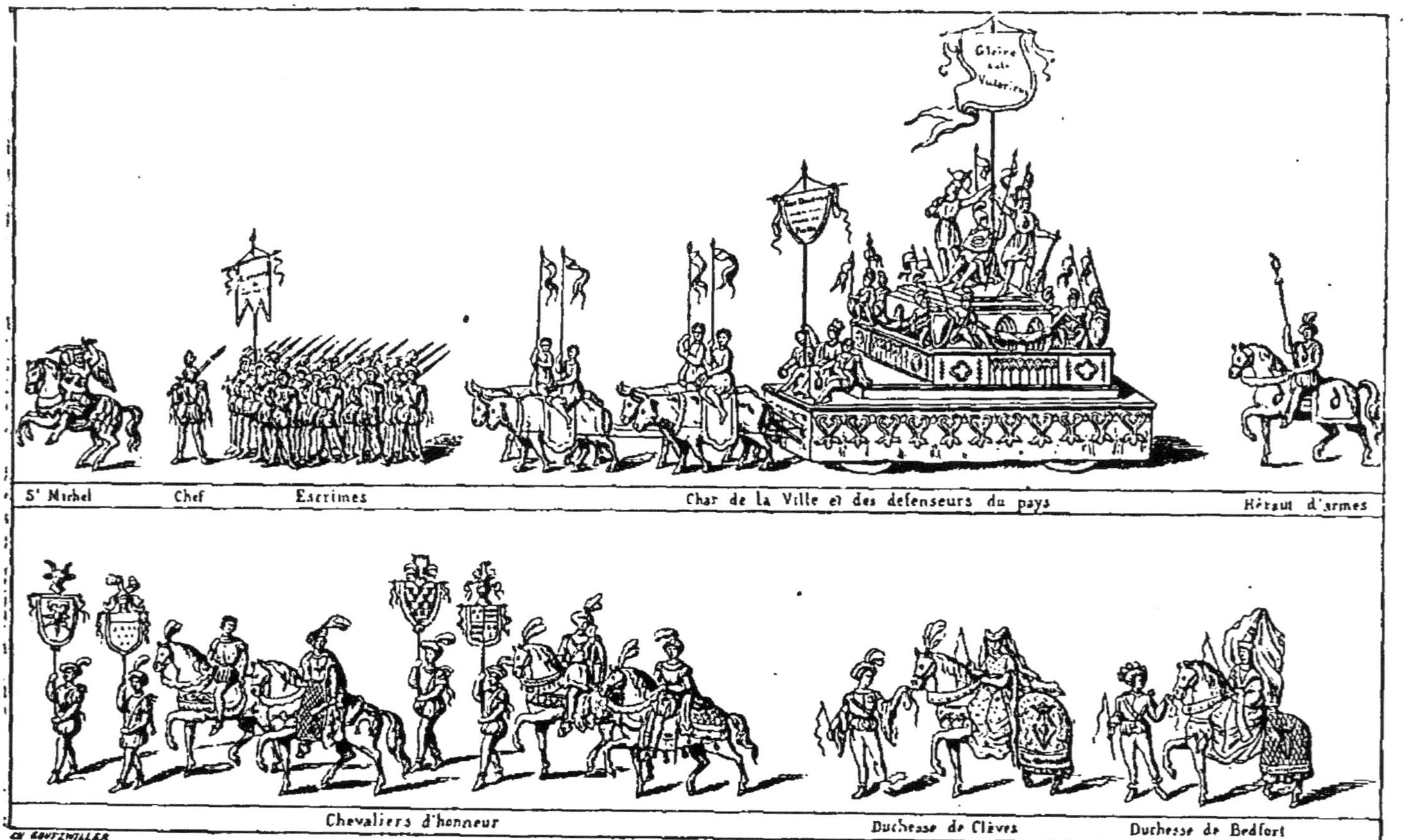

Procession historique à Douai, d'après une estampe de la Bibliothèque nationale.

on rentre chez soi, les omelettes sont mangées (après avoir été réchauffées sans doute), et comme c'est un assez triste déjeuner, on s'en dédommage en festinant le reste du jour et une partie de la nuit. C'est ainsi, dit un poème en patois du pays, qu'une piété naïve témoigne le bonheur de revoir l'astre qui fertilise les champs, verse de toutes parts la joie, l'espérance et embellit le monde.

PROCESSION DU GÉANT GAYANT A DOUAI

Vers la fin du quinzième siècle, en 1480, le clergé et les notables de la ville de Douai instituèrent une procession religieuse qui se faisait chaque année le 6 juin. Peu à peu on vit s'introduire dans le cortége des figures grotesques, telles que le géant Gayant, sa femme et ses enfants Jaco, Fillion et Tio-Tourni, saint Michel, le diable, etc. Le ridicule de ces figures mêlées à une cérémonie religieuse fut l'objet des censures ecclésiastiques, et un mandement abolit la procession. Mais Louis XIV ayant pris la ville le 6 juillet 1667, on institua une autre procession générale et, par lettres closes, le roi enjoignit aux autorités d'y assister. Cette fête eut lieu le 6 juillet de chaque année jusqu'à la Révolution. Rétablie en 1801, la procession de Gayant cessa d'être une fête religieuse.

Quant au principal personnage, le géant Gayant, son origine est inconnue : c'est probablement un de ces mythes populaires comme on en rencontre dans tous les pays et dont la signification est problématique. Dans plusieurs villes des Flandres, à Valenciennes, à Dunkerque, à Bruges, à Bruxelles, des fêtes analogues étaient célébrées et l'on pense que leur institution est due à Charles-Quint, qui voulait amener par là des rapports d'union et d'alliance entre les diverses provinces des Pays-Bas. Cette procession historique de Gayant, qui n'a plus lieu que de loin en loin, fut célébrée avec beaucoup de pompe en 1840.

ESPAGNE

COURSES DE TAUREAUX

Les courses de taureaux sont par excellence le *sport* espagnol; des héros, des souverains, le Cid, Pizarre, Charles-Quint, Philippe IV et beaucoup d'autres personnages historiques ont combattu les taureaux; aussi les Espagnols de tout rang attachent-ils à ces jeux sanglants une idée d'orgueil national, c'est la *fiesta española;* ils les aiment avec passion, et quand une course doit avoir lieu, la population y afflue de vingt lieues à la ronde. Tel pauvre *aguador* s'impose les plus dures privations pour économiser la somme qui lui ouvrira l'entrée de l'enceinte. Toute ville de quelque importance a sa place consacrée à la course, c'est la *plaza de Toros;* Valladolid se vantait d'avoir la plus belle. Maintenant la plupart des grandes villes ont construit des cirques pouvant contenir de 8000 à 10 000 spectateurs; celui de Valence en contient près de 17 000. Les places à l'ombre sont fort chères, la moindre place au soleil coûte un douro (5 francs).

La veille de la course, et généralement pendant la nuit, les taureaux destinés à l'arène sont amenés dans une dépendance de la place. C'est des pâturages écartés, où ces animaux vivent presque à l'état sauvage, que les chassent devant eux les hardis cavaliers (*vaqueros*), exercés à les dompter et à les conduire; et on les fait marcher de nuit, autant pour éviter les accidents qu'ils pourraient causer dans le jour que pour ménager leurs forces. La foule est déjà grande pour assister à l'entrée des taureaux dans leur étable, l'*encierro*, comme on l'appelle; mais le lendemain la place et les amphithéâtres qu'on y a construits sont toujours insuffisants au nombre des spectateurs. Autour de l'arène s'élèvent deux palissades en planches solides, d'environ deux mètres de hauteur, entre lesquelles se trouve un espace vide, de trois mètres à peu près de large, refuge des toreros trop vivement poursuivis. Dans la partie la mieux située de l'amphithéâtre, une loge, réservée pour les autorités, ne reste jamais inoccupée. Une autre loge grillée et quelquefois une petite chapelle sont disposées pour le chirurgien et le prêtre qui se tiennent prêts à donner les secours de leur ministère aux malheureuses victimes du taureau.

A l'heure fixée pour l'ouverture de la course, et sans qu'on attende jamais personne, fût-ce le roi, les *cuadrillas* (troupes) des toreros qui vont combattre s'avancent dans l'arène. En tête marchent leurs chefs, les *matadors;* derrière eux, les *chulos*, drapés dans des capes de soie rouge; les *banderilleros*, enfin les *picadors*, seuls acteurs du drame qui soient à cheval. Les cuadrillas marchent de front et viennent saluer les autorités, puis la cuadrilla qui doit combattre le premier taureau se prépare; les picadors reçoivent leurs lances, les chulos changent leurs capes de cérémonie pour d'autres moins neuves et moins belles, et chacun prend son poste.

Le *picador* porte un costume élégant et riche, veste et gilet collant, les cheveux enveloppés d'une résille de soie, un large *sombrero* blanc sur la tête, les jambes cuirassées de tôle rembourrée que recouvre un pantalon très large d'en bas et richement brodé; il tient en main la *garrocha*, lance de bois solide et dont le fer, enveloppé de corde, ne montre qu'une pointe de trois centimètres de longueur. Le cheval du picador n'est pas destiné à faire preuve de vitesse, mais seulement à porter son cavalier et souvent à être tué par le taureau; c'est donc un vieux cheval usé. Il a d'ailleurs les yeux bandés pour que la vue du taureau ne l'effraye pas. Les *toreros* portent tous le costume andalous, si gracieux, si riche, et que le personnage de Figaro a rendu populaire dans le monde entier.

Cependant les échafaudages plient sous le poids de la foule, les gais propos, les compliments galants s'échangent de toutes parts et s'entremêlent quelquefois d'interjections et d'expressions plus que vives de la part de spectateurs mécontents, jaloux, etc. Les oranges, les bouquets passent des mains des cavaliers dans celles des femmes du monde ou des *manolas* (grisettes), dont la grâce égale la coquetterie. Les éventails s'agitent d'un mouvement incessant; la foule enfin témoigne son impatience et les organisateurs de la fête se hâtent de commencer.

Quand tout est prêt, un alguazil à cheval s'avance le chapeau à la main vers le personnage qui, du haut de sa loge, préside à la fête, et celui-ci lui jette la clef du *toril*. L'alguazil, qui joue ici un rôle peu favorisé, reçoit ou ramasse la clef, va ouvrir la porte fatale et se sauve aussitôt au grand-galop de sa monture et aux rires, aux sifflets, aux applaudissements d'un public en bonne humeur.

Tout à coup un taureau paraît dans l'enceinte; ordinairement il sort du toril par des bonds furieux, quelquefois lentement et comme avec méfiance. Arrivé dans l'arène, il s'arrête, souffle bruyamment, promène ses regards autour de lui, puis, tout d'un coup, fond tête baissée sur un des picadors. Celui-ci l'attend la lance en arrêt; au moment où l'animal arrive sur lui, le picador lui oppose sa lance, qui l'atteint au défaut de l'épaule. Le taureau est arrêté par la douleur et par la résistance que présente le bourrelet de corde entourant le fer; il se détourne et va se précipiter sur un autre picador qui le reçoit de même. Presque toujours le taureau s'arrête au moment où il est atteint soit par la garrocha du picador, soit par le dard du banderillo; il en est cependant qui redoublent aussitôt leur attaque. Si le picador a manqué de coup d'œil, si la lance n'a pas atteint le point convenable, si le fer glisse, ou si le choc fait rompre la hampe, le taureau éventre le cheval ou le renverse avec son cavalier. Celui-ci court alors le plus grand danger, surtout s'il se trouve engagé sous son cheval et ne peut se relever assez vite; le taureau s'acharnerait sur ses victimes. Mais de toutes parts leur arrive du secours; les *chulos* entourent le taureau, agitant devant lui leurs capes rouges qu'ils laissent traîner à terre : l'animal furieux se jette sur cet objet d'horreur, le chulo saute légèrement de côté, un autre lui succède, et le taureau parcourt ainsi l'arène à la poursuite d'ennemis qui se jouent de lui. Pendant ce temps on a relevé le picador; s'il n'est pas blessé et si son cheval n'est pas hors d'état de se tenir sur ses jambes, il remonte en selle et le pauvre coursier, le flanc ouvert et les entrailles pendantes, supporte encore ainsi quelque assaut; il reçoit souvent plusieurs coups de cornes avant de succomber et on se contente de boucher ses blessures avec un tampon de foin.

Mais quelquefois rien ne peut détourner le taureau qui s'acharne sur le cheval et sur le cavalier : il les laboure de ses cornes, il secoue leurs lambeaux sanglants aux applaudissements forcenés des spectateurs qui crient de toutes parts *Bravo toro!* Plus le taureau renverse de chevaux, plus il est applaudi par la foule enthousiaste.

La trompette sonne et les chulos viennent détourner sur eux l'attention et les attaques de la bête furieuse; ils continuent leurs espiègleries à ses dépens, et leur souplesse, leur agilité prodigieuses feraient croire que rien n'est difficile dans les tours de force qu'ils exécutent. En voici un, par exemple, qui laisse le taureau s'approcher de lui et flairer sa cape rouge dont le bord traîne à terre, puis, au moment où l'animal baisse la tête pour fondre sur son ennemi, celui-ci lui pose un pied entre les cornes et profitant de l'impulsion reçue comme de celle d'un tremplin, fait un bond par-dessus le monstre qu'il revient narguer de nouveau. Un autre, à l'aide d'une lance de picador, saute par-dessus la bête; un autre la saisit par la queue, et pendant quelques instants la fait volter à droite et à gauche, puis lâche prise, et, immobile, les bras croisés, attend le choc qu'il évite avec souplesse. Quelquefois cependant le taureau charge à fond un de ses persécuteurs, le force à la fuite et le poursuit avec rage; le chulo, quand il est serré de trop près, met le pied sur le soubassement de la palissade, la franchit et vient reprendre haleine dans la partie de l'enceinte qu'elle préserve. Mais si le taureau est *sauteur*, il franchit aussi la palissade, *las tablas*, à la poursuite de son ennemi. Alors deux portes de l'arène s'ouvrent et leurs vantaux barrent le passage à l'animal, qui rentre dans le cirque attiré par les toreros.

La trompette sonne une seconde fois et les *banderilleros* se présentent, tenant de chaque main la *banderilla*, dard orné de rubans de papier qui leur fait donner ce nom. Un d'eux s'avance vers le taureau et, en évitant lestement son attaque, lui plante dans le cou ou dans les épaules le fer barbelé qui termine la banderilla; souvent même il est assez adroit pour en attacher deux à la fois. Bientôt le taureau est couvert de ces aiguillons qui l'irritent, de ces baguettes qui lui battent les flancs; il les secoue avec fureur, il se précipite sur ses ennemis, qu'il ne peut atteindre, et ses forces commencent à l'abandonner. S'il résiste plus longtemps ou s'il montre trop de patience, on emploie les *banderillas de fuego*, qui, au lieu de rubans, portent des pièces d'artifice.

Enfin le moment est venu où le pauvre animal doit mourir; la trompette sonne encore et le *matador* entre en scène. Chef de la cuadrilla, il excelle à tous les exercices de la tauromachie. Pendant la course, il veille à la sûreté de ses hommes et prend part à la lutte; il détourne le taureau acharné sur un picador ou montre son adresse à placer les banderillas. En même temps, il étudie le caractère timide ou hardi de l'animal, ses attaques franches ou insidieuses. Quand la trompette sonne la mort, il prend son rôle de *matador* (tueur); un des toreros lui présente *la espada*, l'épée, fabriquée à Tolède, dont la lame à deux tranchants est longue de quatre-vingts centimètres, bien affilée vers la pointe et d'une trempe très-douce, dont la garde en fer est enveloppée d'un ruban de soie pour qu'elle ne glisse pas dans la main. Cette arme donne au au chef de la cuadrilla le titre sous lequel on le désigne en général, car il est appelé *la espada* plus communément que *el matador*.

Après l'avoir tirée du fourreau, le matador donne à l'épée, en la pressant du pied sur le sol, une certaine courbure qui doit rendre son coup plus sûr, puis, l'enveloppant de la *muleta*, sorte de drapeau plus long que large et en soie rouge, qu'il tient de la main gauche, il ôte de la droite son chapeau, s'avance vers la loge du corrégidor ou du prince qui préside à la course et lui demande la permission de tuer le taureau. Il annonce qu'il le tuera en l'honneur et sous la loge de tel des spectateurs, exprime son respect pour l'assistance, et, par un geste singulier, jette son chapeau loin de lui. Il se rend alors sur le point de l'arène qu'il a désigné et attend que ses toreros lui amènent le taureau.

Quand il le voit approcher, il lève l'épée horizontalement à la hauteur de l'œil, le pommeau appuyé dans la paume de la main, l'index étendu sur la lame, le bras replié. De la main gauche il tient la muleta sur laquelle le taureau se jette; évitant le choc, le matador fait ainsi plusieurs voltes dont la souplesse et la grâce sont applaudies par la foule. Ces préliminaires sont obligatoires, et quand le matador ne les fait pas durer assez longtemps, il est sifflé. Enfin, lorsqu'il voit sa victime dans la position qu'il juge favorable, d'un coup rapide il plonge son épée entre les épaules du taureau. Quand l'animal tombe comme foudroyé, quand il ne coule pas de sang, la foule applaudit avec transport, les chapeaux des hommes volent des gradins dans l'arène, les bouquets des femmes pleuvent autour du matador; mais souvent le coup n'est pas mortel, le taureau secoue l'épée restée dans la blessure, et la lutte recommence pour s'achever à la deuxième ou troisième *estocada*.

Quelquefois aussi, dans cette lutte atroce, c'est l'homme qui succombe le premier; la bête furieuse le renverse, mortellement blessé, ou, l'enlevant sur ses cornes, l'emporte à travers l'arène, tandis que la foule crie à tue-tête *Bravo, toro!* et siffle le malheureux *espada*, qu'un autre remplace aussitôt. Parmi les toreros les plus célèbres, combien ont vu se terminer ainsi une longue suite de triomphes!

Quand le taureau est tombé, un torero, le *cachetero*, vient le frapper d'une sorte de poignard en fer de lance, *cachete*, qui, pénétrant entre le crâne et les vertèbres, tranche la moelle épinière et met fin à son agonie. C'est le seul coup qui soit porté au taureau par derrière, tous les autres doivent être donnés en lui faisant face.

Mais les taureaux ne sont pas tous d'humeur à combattre, et l'on en voit qui, dès leur entrée dans l'arène, refusent la lutte, ne répondent pas aux agaceries des toreros et supportent même, sans faire autre chose que de fuir, les *banderillas de fuego*. La foule accable alors le pauvre animal des injures les plus grossières, et de toutes parts retentit le cri de *Los perros! los perros!* (les chiens). Des dogues sont lancés; ils se jettent sur le taureau, qui les repousse de son mieux et en malmène quelques-uns, à la grande joie de la foule; mais bientôt ses ennemis l'entourent, se suspendent à ses oreilles, le coiffent; il se couche alors en mugissant de douleur, et reçoit la mort, tandis que la foule siffle avec rage.

Un attelage de mules entraîne le taureau et les chevaux morts; on jette du sable sur les traces sanglantes du combat, et une autre course commence. Il s'en faisait autrefois jusqu'à seize dans une journée; maintenant on se borne à six ou huit.

ITALIE

LA FACCHINATA A MILAN

Ce qui distingue surtout le carnaval de Milan de celui des autres villes italiennes, c'est sa prolongation pendant les quatre jours qui suivent le mardi gras; ces quatre jours sont ce qu'on appelle le *carnevalone*, le grand carnaval. Du reste, mêmes réjouissances, mêmes lazzi, mêmes assauts de bouquets et de dragées (*confetti*) que dans le reste de l'Italie. Un certain nombre de masques empruntent nécessairement au terroir un caractère particulier, et les voisins les plus proches, Génois, Piémontais, etc., figurent dans le répertoire, de même que le Trastévérin à Rome et le *naso di papagallo* (nez de perroquet) à Naples.

On trouve dans Ferrario (*Le costume chez tous les peuples*) la description suivante d'une mascarade milanaise :

« Presque tous les ans, autrefois à l'époque du carnaval et quelquefois à l'occasion de certaines fêtes publiques, on faisait à Milan une mascarade dite *la Facchinata*, parce que les personnages qui la composaient représentaient les habitants de quelques vallées voisines du lac Majeur, dont la plupart viennent exercer à Milan le métier de portefaix (*facchini*). Cette mascarade était organisée et exécutée par des personnes appartenant à une corporation appelée *la Magnifica Badia* (la magnifique abbaye), et dont l'origine est incertaine; on sait pourtant qu'elle remonte à plus de deux siècles. Elle avait ses statuts et ses dignités, telles que celles de curé, d'abbé, d'avocat, de chancelier, de poète, et autres semblables. » — Cette organisation, calquée sur celle des communautés religieuses, se rencontre dans plusieurs villes, où l'institution, utilitaire ou seulement joyeuse, persiste de fait ou de nom, comme l'Abbaye des Vignerons à Vevey, etc.

« Les acteurs de la mascarade affectaient de parler le dialecte de leur pays supposé. Chacun d'eux portait un nom bizarre et analogue au caractère qui lui était propre. Leur costume consistait en un habit, une veste, des bas de drap gris. Leur chapeau, de la même couleur, était orné de grands panaches qui leur donnaient un air singulier et pittoresque. Ils portaient un tablier décoré de figures emblématiques, brodées en or et en argent, et qui faisaient allusion au caractère de chacun d'eux. Ils avaient en outre un sac sur l'épaule, et leurs masques, qui étaient en cuivre et très bien faits, représentaient des figures d'un caractère tout à fait nouveau, mais en même temps naturelles et parfaitement analogues au costume.

« Parini a laissé un récit de cette mascarade, qui eut lieu à l'occasion du mariage de Ferdinand, archiduc d'Autriche, avec Marie-Béatrice d'Este. Les acteurs étaient à cheval ou sur des chars élégants, dans des cabriolets et des voitures de tout genre, mais avec des ornements appropriés à la circonstance. La marche s'ouvrait par le courrier de la *Magnifica Badia*, suivi d'un peloton de hussards, venait ensuite le portier de l'abbaye, puis une troupe nombreuse de musiciens, avec timbales et trompettes. Derrière eux marchaient les équipages, comprenant au moins trente mulets ornés de plumes et de flots de soie, avec des housses de différentes couleurs, et portant de grands paniers. On voyait dans quelques-uns tous les objets propres au métier de portefaix, comme jetés là avec une négligence affectée et pêle-mêle dans de la verdure et des fleurs, mais le tout arrangé avec beaucoup de goût. Dans d'autres étaient assis des enfants, avec leurs nourrices, tous habillés proprement à la mode de leur pays et rangés selon leur âge et le caractère de leur costume. Enfin quelques paniers avaient des couvercles de différentes sortes, peints aux armoiries des familles possédant des fiefs dans le territoire de la *Badia*. Après ce convoi venait le gonfalon de la commune, porté par le chancelier et accompagné d'un groupe nombreux de jeunes et beaux *facchini*. Il était suivi d'un char à quatre chevaux, orné de feuillage et de fleurs, sur lequel étaient placées les jeunes danseuses de la compagnie.

« Un char portant une troupe de musiciens ouvrait la marche du second convoi. Le premier char de cette autre partie du cortège était d'un beau dessin et portait un tribut de fruits et de produits du pays, disposés avec goût et que la Magnifica Badia voulait offrir aux augustes époux. Ces produits consistaient en fromages, châtaignes, agneaux, perdrix, faisans, chamois, chevreuils, jeunes sangliers et autres animaux. Venait ensuite une troupe de facchini, montés sur de beaux chevaux bien harnachés; puis une superbe litière découverte, portée par deux mulets, et dans laquelle était le Notaire de la Badia; devant lui se trouvait une table chargée de papiers relatifs aux affaires de la communauté. Le notaire, par-dessus son costume de facchino, avait une robe noire fourrée de zibeline. Au lieu d'un chapeau à plumes, il portait un masque couvrant non-seulement le visage, mais la tête, qui paraissait chauve avec quelques rares cheveux blancs tombant sur les épaules. Derrière lui, les facchini dits du *Scrutinio* précédaient l'assesseur royal de l'abbaye, placé sur un petit char à quatre chevaux, avec deux facchini à cheval aux portières. Un groupe nombreux de musiciens annonçait l'Abbé, qui s'avançait avec l'Abbesse sur un char superbe attelé de six chevaux; deux autres voitures semblables portaient de jeunes montagnardes vêtues à la mode de leur pays, avec élégance et simplicité; les chasseurs de la Badia, jouant de divers instruments, étaient suivis d'un char couvert d'engins de chasse et de cages élégantes remplies d'oiseaux de toutes sortes. Venaient ensuite la voiture du ministre plénipotentiaire et douze voitures semblables, suivies d'une foule de véhicules de toutes sortes où trônaient de charmantes paysannes escortées par des facchini à cheval. Toute cette file de voitures était entremêlée de mascarades; on y voyait, par exemple, un paysage où, sous un beau châtaignier, paissaient douze moutons gardés par un jeune berger, la houlette à la main. Sur d'autres chars étaient : l'école des garçons de la Badia, avec son vieux magister, et l'école des jeunes filles. Enfin des chars portaient un trophée d'ustensiles à faire le vin, une treille chargée de raisins, avec des vendangeurs, et le triomphe de Bacchus entouré de faunes et de satyres. Le cortège se développait sur la longueur du Corso, jusqu'à la porte Orientale, au milieu d'une foule joyeuse et sous les fenêtres du palais richement drapées d'étoffes et de tapisseries. »

FÊTE DE L'ASCENSION A VENISE

Suivant les traditions vénitiennes, le pape Alexandre III avait dit en 1177, au doge Sébastien Zani : « Recevez cet

Le *Bucentaure* allant au Lido, d'aprés une estampe de la Bibliothéque nationale.

anneau qui, par ma fondation, tous les ans, dans un jour déterminé par vous et vos successeurs, sera donné à la mer qui vous est acquise et qui vous a été rendue; et, comme la femme dépend de son époux, ainsi la mer sera sujette à la République de Venise ». Telle fut l'origine de la cérémonie des épousailles de la mer par le doge, cérémonie fixée au jour de l'Ascension.

C'était la fête nationale de Venise. Dès les premières heures de la matinée, le doge sortait en grande pompe de son palais. Derrière lui marchait un noble portant l'épée de la République dans le fourreau, les milices de la ville étaient rangées sur son passage, mais sans uniforme, les sénateurs vêtus de robes rouges le suivaient, et le cortège s'acheminait vers le Môle où l'attendait le *Bucentaure*.

On appelait ainsi une sorte de galère, construite pour naviguer seulement dans les canaux des lagunes, sur une eau tranquille et par le beau temps, mais incapable de tenir la mer. Le *Bucentaure* avait cent sept pieds (environ 37 mètres) de long sur vingt-deux et demi (environ 8 mètres) de large; il était armé sur chaque bord de vingt-six avirons, manœuvrés chacun par cinq rameurs placés sous le pont; des barques à rames venaient en aide à cet équipage, en remorquant la pesante machine. Sur le pont était une salle couverte d'une toiture en manière de baldaquin et ornée de sculptures dorées, présentant les attributs des Vertus et des Saisons, tapissée de velours et fermée par des glaces, merveilles alors de l'industrie vénitienne. Le siège du doge, en forme de trône, était très riche. — On voit encore à l'arsenal de Venise un petit modèle du *Bucentaure;* le navire officiel fut détruit, en 1797, par des hommes qui sacrifièrent à l'étranger la liberté de leur patrie.

En temps ordinaire, le *Bucentaure* était remisé dans un bassin de l'Arsenal avec les embarcations de gala; mais le jour de l'Ascension, il venait se ranger au quai du Môle, pour recevoir le doge et le transporter au Lido. Il fallait du reste, pour que cette partie de la fête eût lieu, que le temps fût beau et calme, car le commandant du *Bucentaure* répondait sur sa tête et par serment de la sûreté du navire et de ses nobles passagers. En cas de mauvais temps, on remettait la cérémonie de dimanche en dimanche jusqu'au beau temps. Quand le temps était favorable, comme c'est l'ordinaire dans cette saison, la lourde et somptueuse galère s'éloignait du Môle en longeant à distance le quai des Esclavons, puis se dirigeait vers la passe du Lido. Les gondoles et les *peote* de cérémonie lui faisaient cortège, les vaisseaux en rade et les forts saluaient le doge de leur artillerie. L'orgueil national, le site admirable et la présence d'un peuple nombreux donnaient à cette fête beaucoup d'éclat et de grandeur. Arrivé à la passe du Lido, en vue de la mer, le *Bucentaure* s'arrêtait, le légat bénissait la mer, et le doge jetait dans l'Adriatique un anneau d'or en disant : « *Mare ti sposiamo in segno del nostro vero e perpetuo dominio* (Mer! nous t'épousons en signe de notre empire légitime et perpétuel). » Le doge allait ensuite entendre la messe dans l'ancienne et modeste église de San Nicolò du Lido, puis, remontant sur le *Bucentaure*, il revenait au palais ducal et donnait un festin aux nobles qui l'avaient accompagné.

ENTRÉE DE HENRI III A VENISE

Rappelé en France par la mort de son frère Charles IX, Henri III abandonna le trône de Pologne et voulut, dans son voyage de retour, passer par Venise. Voici comment de Thou décrit la réception qui lui fut faite dans les États de la république :

« De Trévise, Sa Majesté fut conduite à Merghera (Mestre). Soixante sénateurs en robe de satin rouge l'y attendaient, avec autant de gondoles ornées de tapis de la même étoffe. A leur tête était le seigneur Jean Corraro, revenu depuis peu de l'ambassade de Vienne et connu du roi pour avoir été quelque temps chargé des affaires de la République en France. Outre le duc de Ferrare, Henri était encore accompagné de Louis de Gonzague, duc de Nevers. Suivi de ce cortége, Henri monta sur un vaisseau peint en or, couvert aussi de drap d'or, qui lui avait été préparé; il fut porté à Murano, ville célèbre par ses belles manufactures de glaces.

« Dans ce lieu, quarante gondoles, couvertes de taffetas noir à cause du deuil, étaient destinées à porter les Français qui se rendaient en foule auprès du roi. Ce prince y fut complimenté par le cardinal Philippe Buoncompagno, que le pape (Grégoire XIII) avait créé son légat à cet effet, et par Dorimberghe, ambassadeur de l'empereur à Venise. Après le dîner, le doge Louis Mocenigo, à la tête de tout le sénat, vint aussi lui faire la révérence. La mer était couverte de galères et d'autres vaisseaux de différente grandeur, tous armés magnifiquement. On se remit sur l'eau et on arriva aux deux châteaux que la République a fait élever sur cette langue de terre qui est entre la ville et la mer Adriatique.

« Ce lieu était orné d'arcs de triomphe de l'invention du fameux architecte Palladio. Le roi y entendit le *Te Deum* chanté en musique, et fut conduit ensuite sur le *Bucentaure*, précédé de six procurateurs de Saint-Marc, qui portaient le dais devant lui. Ce vaisseau, d'une grandeur prodigieuse et d'une magnificence extraordinaire, était tout couvert de brocart d'or. Dans cet équipage, Henri entra à Venise au bruit des trompettes et du canon, tandis que le peuple accourait en foule pour le voir, ne pouvant se lasser de faire des vœux pour sa prospérité. Au milieu de ces acclamations, le prince, après avoir passé à la vue de l'église de Saint-Marc et du palais de la Seigneurie, alla se rendre par le grand canal au palais Foscarini (Foscari?), qui avait été destiné à le recevoir; il y entra par un pont de bois qu'on avait élevé sur le canal pour faciliter sa descente.

« Le roi arriva à Venise le 17 de juillet, et pendant neuf jours qu'il y demeura, ce ne furent que fêtes et que réjouissances. Les jeux et les divertissements dont on le régala se succédaient les uns aux autres avec une variété admirable. La nuit même avait ses plaisirs; et pendant tout ce temps-là les maisons de la ville furent illuminées. Cent jeunes gens, tous tirés des premières familles d'entre les nobles, avaient été destinés à suivre le roi partout où il irait, et à faire auprès de lui l'office de pages. C'était la plus grande marque de distinction que Venise pût lui donner : il était surprenant de voir ces hommes, nourris dans une aversion naturelle pour la monarchie, et n'ayant en vue que l'utilité et l'avantage de leur République, faire leur cour à Henri avec autant d'empressement que s'ils eussent été élevés toute leur vie à ces manières; ils semblaient avoir oublié cet amour de la liberté qui naît avec eux, prêts à soumettre toutes leurs volontés à la volonté de ce prince. » (De Thou, *Histoire de France*.)

Dans la galerie où l'on arrive par l'escalier des Géants, une tablette de marbre, encastrée dans la muraille, porte une inscription commémorative du passage de Henri III à Venise, en 1574.

FÊTE DE SAINT JEAN A FLORENCE

Cette fête était une des plus anciennes et la plus brillante de toutes celles qu'on célébrait à Florence. Elle paraît avoir eu lieu pour la première fois en 1123. Dans la *Divine Comédie*, au seizième chant du Paradis, Cacciaguida, trisaïeul de Dante, parle de la course du *palio*, qui se faisait pendant la fête de saint Jean, et voici ce qu'on lit dans les *Istorie Fiorentine* de Villani :

« L'an 1283, au mois de juin, à l'occasion de la fête de saint Jean, la ville de Florence étant dans un état de repos, de bonheur et de paix favorable au commerce et surtout aux guelfes qui gouvernaient alors le pays, il se forma dans la rue de Santa Felicità, au delà de l'Arno, sous l'impulsion et le commandement des Rossi et de leurs voisins, une compagnie ou troupe de mille hommes et plus, tous vêtus de robes blanches, et dont le chef était appelé le *seigneur d'Amour*. Cette troupe ne s'occupait que de jeux, de plaisirs ; elle donnait des bals aux dames, aux cavaliers et aux autres citoyens, allant par la ville avec des trompettes et divers instruments de musique, se tenant en joie et en festins. Cette cour d'amour (*corte*) dura près de deux mois, et fut la plus noble et la plus célèbre qui se fit jamais à Florence ou en Toscane. Il y vint de beaucoup de pays des gentilshommes qui furent reçus et traités avec honneur. »

Goro Dati, qui écrivait vers 1400, donne la description suivante de la fête de saint Jean :

« On s'y préparait deux mois à l'avance ; les costumes des différents personnages qui devaient jouer un rôle dans la fête, le *palio*, grande pièce d'étoffe précieuse qui devait être le prix de la course des chevaux ; les bannières, les ornements et décors de toute espèce étaient l'objet d'un travail incessant dans la ville.

« La veille de la Saint-Jean, toutes les boutiques étaient parées de leurs plus belles marchandises, et une procession solennelle de tous les ordres monastiques et du clergé parcourait Florence, suivi par une foule de gens en costumes allégoriques portant des statues de saints, des reliques, et chantant des hymnes religieux. Dans l'après-midi, tous les citoyens, divisés en seize compagnies dont chacune était conduite par son gonfalonier, s'avançaient deux par deux, tenant à la main une torche de cire d'une livre qu'ils allaient offrir à l'église de Saint-Jean. Les chants, le son des instruments, les costumes les plus riches donnaient à ce cortège un caractère de splendeur.

« Qui va le matin de la Saint-Jean à la place des Seigneurs (place du Palais-Vieux) croira voir quelque chose de triomphal, de magnifique et de merveilleux. Autour de la place sont cent tours qui paraissent d'or, et sont portées les unes sur des chars, les autres à bras; ce sont les *ceri*. Elles sont faites de bois, de papier et de cire, avec de l'or, des couleurs, des figurines en relief, et dans l'intérieur sont placés des hommes qui font mouvoir toutes ces figures représentant des cavaliers qui combattent, des fantassins avec leurs lances, des coureurs avec leurs pavois, des jeunes filles qui dansent en tournant. Sur la tour sont sculptés des animaux, des oiseaux, différentes espèces d'arbres, de fruits, et tous autres objets qui récréent la vue.

« Près de la *ringhiera* (tribune) du palais, cent petits *palj* (drapeaux) et plus ont la hampe passée dans des anneaux de fer; les premiers sont ceux des principales villes tributaires de Florence, comme Pise, Arezzo, Pistoie, Volterre, Cortone, Lucignano, etc. Tous ces drapeaux, de couleurs variées, d'étoffes riches et bigarrées, font le plus bel effet.

« La première offrande est faite le matin par les capitaines du parti guelfe suivis des chevaliers, des ambassadeurs, des chevaliers étrangers, marchant tous sous l'enseigne du parti guelfe représenté par un page monté sur un cheval dont le caparaçon blanc descend jusqu'à terre; viennent ensuite tous les petits drapeaux portés par des

Fête de saint Jean, à Florence, d'après une estampe de la Bibliothèque nationale.

cavaliers dont les uns ont leur monture caparaçonnée de soie, les autres non. Ils s'avancent, dans l'ordre où les place un appel nominal, pour aller offrir leur drapeau à l'église de Saint-Jean. Ces drapeaux sont envoyés comme tributs des villes conquises par Florence depuis un certain temps. Les tours (*ceri*) sont le tribut des territoires plus anciennement acquis aux Florentins; elles sont offertes par ordre d'importance à saint Jean; le lendemain on les suspend autour de l'église, et elles restent là jusqu'à la fête suivante. On enlève alors celles de l'année précédente; les drapeaux servent à faire des tentures, des nappes d'autel, ou sont vendus à l'encan. Il se fait ensuite l'offrande de quantité de cierges allumés, pesant de dix à cent livres chacun et portés par les habitants des villages qui les offrent.

« Vient ensuite l'offrande des seigneurs de la Monnaie, un cierge magnifique porté sur un char richement orné et tiré par deux bœufs caparaçonnés. Les seigneurs de la Monnaie sont accompagnés d'environ quatre cents hommes respectables exerçant les professions en rapport avec l'art monétaire, chacun portant un cierge d'une livre.

« On voit après eux venir à l'offrande les prieurs, leurs collèges et leurs recteurs; le podestà, le capitaine de justice et l'exécuteur, avec force ornements, trompettes, cornemuses, etc.

« On conduit ensuite à l'offrande les chevaux qui doivent faire la course du palio; puis viennent les Flamands, les Brabançons, qui tissent la laine à Florence; enfin douze prisonniers graciés par les conseils en l'honneur de saint Jean. L'offrande terminée, chacun va dîner, et par toute la ville ce sont festins, réjouissances, danses, fêtes, chants et musique, de façon que ce pays semble un paradis.

« Dans l'après-midi, quand on a pris un peu de repos, les femmes et les jeunes filles se dirigent vers le lieu où doit se faire la course du palio. C'est une rue droite qui traverse le milieu de la ville; elle compte plus de belles et riches maisons qu'aucune autre; elle est ce jour-là jonchée de fleurs et on y voit toutes les femmes, tous les joyaux et les richesses de la cité, sans parler des seigneurs, des cavaliers, des gentilshommes étrangers que les magnificences de la fête attirent à Florence.

« Au signal donné par trois coups de la grosse cloche du palais des Seigneurs, les chevaux barbes, les meilleurs du monde, venus de tous les confins de l'Italie, s'élancent, et le palio est le prix du premier qui l'atteint. Ce palio, porté sur un char magnifiquement orné, est très grand, de velours cramoisi, en deux lés séparés par une bande d'or large d'un palme, doublée de ventre de petit-gris avec une bordure d'hermine et une frange de soie et d'or fin. Il coûte trois cents florins ou plus, et depuis quelque temps il est de brocart d'or et coûte six cents florins ou plus.

« Toute la grande place de Saint-Jean et une partie de la rue sont couvertes de tentes bleu d'azur avec des lys jaunes; l'église est une chose admirable. »

Les Médicis, dans un but de popularité, conservèrent l'usage de cette fête : « Côme Ier voulut même y ajouter encore, et, vers 1540, il ordonna que, chaque année, la veille de la Saint-Jean, aurait lieu, sur la place de Santa Maria Novella, une course de chars à l'imitation de celles des jeux olympiques. Il y avait quatre chars, aux couleurs des quatre factions : verte, rouge, bleue et blanche des Romains. A cette occasion, on plaça pour bornes de la course les deux obélisques, d'abord en bois, puis exécutés en marbre veiné de Serravezza, par ordre de Ferdinand Ier, en 1608, et posés sur quatre tortues de bronze, œuvre de Jean Bologne. » (*Firenze illustrata,* t. VI.)

Montaigne assista à une de ces courses exécutée en présence du grand-duc François II et de Bianca Capello. Il y prit un grand plaisir, parce qu'elle lui représentait celles de l'antiquité.

Il vit aussi, le lendemain, la fête de saint Jean, et voici la description qu'il en donne :

« La veille de saint Jean, on entoura le comble de l'église cathédrale de deux ou trois rangs de lampions ou pots-à-feu, et de là s'élançaient dans l'air des fusées volantes.

« Mais le samedi, jour où tombait cette fête, qui est la plus solennelle et la plus grande fête de Florence, puisque ce jour-là tout se montre en public, jusqu'aux jeunes filles (parmi lesquelles je ne vis point beaucoup de beautés), dès le matin, le grand-duc parut à la place du Palais sur un échafaud dressé le long du bâtiment, dont les murs étaient couverts de très riches tapis. Il était sous un dais avec le nonce du pape que l'on voyait à côté de lui, à sa gauche, et avec l'ambassadeur de Ferrare, beaucoup plus éloigné de lui. Là, passèrent devant lui toutes ses terres et tous ses châteaux dans l'ordre où les proclamait un héraut. Pour Sienne, par exemple, il se présenta un jeune homme vêtu de velours blanc et noir, portant à la main un grand vase d'argent et la figure de la louve de Sienne. Il en fit ainsi l'offrande au grand-duc avec un petit compliment. Lorsque celui-ci eut fini, il vint encore à la file, à mesure qu'on les appelait par leurs noms, plusieurs estafiers mal vêtus, montés sur de très mauvais chevaux ou sur des mules, et portant les uns une coupe d'argent, les autres un drapeau déchiré. Ceux-ci, qui étaient en grand nombre, passaient le long des rues, sans faire aucun mouvement, sans décence, sans la moindre gravité, et plutôt même avec un air de plaisanterie que de cérémonie sérieuse. C'étaient les représentants des châteaux et lieux particuliers de l'État de Sienne. On renouvelle tous les ans cet appareil qui est de pure forme.

« Il passa ensuite un char et une grande pyramide quarrée, faite de bois, qui portait des enfants rangés tout autour sur des gradins, et vêtus les uns d'une façon, les autres d'une autre, en anges et en saints. Au sommet de cette pyramide, qui égalait en hauteur les plus hautes maisons, était un saint Jean, c'est-à-dire un homme travesti en saint Jean, attaché à une barre de fer. Les officiers, et particulièrement ceux de la Monnaie, étaient à la suite de ce char.

« La marche était fermée par un autre char sur lequel étaient des jeunes gens qui portaient trois prix pour les diverses courses. A côté d'eux étaient les chevaux barbes qui devaient courir ce jour-là, et les valets qui devaient les monter, avec les enseignes de leurs maîtres, qui sont des premiers seigneurs du pays. Les chevaux étaient petits, mais beaux. »

Suivant Lalande, qui assista en 1765 à la fête de Saint-Jean, la carrière où couraient les chevaux, désignés à Florence comme à Rome sous le nom de *Barberi*, avait environ quinze cents toises (trois kilomètres) de longueur, et était parcourue en quatre minutes. Le palio, prix de la course, était long de soixante brasses, plus de trente aunes françaises, et valait deux mille deux cent quarante livres.

La fête de saint Jean continua d'avoir lieu, avec plus ou moins de magnificence, depuis la fin du dix-huitième siècle jusqu'à nos jours, suspendue ou modifiée par les événements politiques. En 1797, il s'était formé une société, qui existe encore sous le nom de Comité pour les fêtes de la Saint-Jean.

LE CARNAVAL DE FLORENCE EN 1818

« Le carnaval dure souvent une saison tout entière, c'est-à-dire les trois mois d'hiver, puisqu'il commence à l'Épiphanie et ne finit qu'à la Semaine-Sainte. Pendant la durée, outre les deux théâtres permanents de la *Per-*

gola et du *Cocomero*, on ouvre plusieurs autres salles où l'on joue une grande variété de pièces et même de parades. D'ailleurs les places, les carrefours sont remplis de baladins, de farceurs de toute espèce.... Le carnaval s'ouvre par la promenade de la *Befana*, au milieu des torches, du bruit des cornets et des tambours, et de la grosse gaieté du peuple. C'est un mannequin colossal qui offre la figure d'une femme ou plutôt d'une sorcière revêtue de longs habits. Elle se rapetisse ou s'agrandit à la volonté de celui qui la porte, sans qu'on l'aperçoive lui-même. Elle se promène et tourne en tous sens dans les rues, pour faire peur aux enfants qu'elle va chercher jusqu'au second étage des maisons. La *Befana* est pendant toute l'année, à Florence comme à Rome, où elle n'est pas moins connue, l'épouvantail des enfants qui sont menacés de sa visite quand ils méritent quelque reproche. Après avoir parcouru toute la ville, on l'arrête sur un pont d'où on la précipite dans la rivière aux cris et aux imprécations de la multitude. Quant à l'étymologie de son nom, c'est évidemment *Epiphania*, d'où est venu Befana, sans aucun rapport de sens entre les deux mots.

« Dès que la Befana annonce l'ouverture du carnaval, toute personne un peu aisée ne doit se laisser voir dehors que couverte du *bauto*, espèce de manteau de taffetas noir, recouvert d'un grand filet en dentelle brodée également noire. Ce manteau, que l'on tient croisé par devant, cache les autres habits. Il sert de passe-partout pour se montrer à la promenade, dans la société, aux *stanze* (casino de la bourgeoisie), à la comédie. Il est accompagné, chez le sexe, d'une espèce de casque noir fort élevé, ombragé de plumes de la même couleur. Cette coiffure sied également à toutes les femmes.

« Les hommes portent aussi un feutre retroussé et garni de plumes; et quoique pour l'ordinaire on n'ait pas de masques sur le visage, et que l'on se contente d'arborer à la ganse de son chapeau un petit masque en albâtre ou un nez de carton, on est censé déguisé et on garde l'incognito, de manière qu'on peut passer devant les personnes de sa connaissance sans les saluer, et même sans avoir l'air de les connaître; elles en usent de même.

« Vers midi, le beau monde se réunit aux Uffizj, dans le péristyle situé au-dessous de la célèbre galerie. On y échange des propos piquants, les plaisanteries se croisent, les bons mots circulent, le rire se communique de proche en proche; la joie devient générale.

« Les Florentins, comme tous les habitants des pays méridionaux, sont naturellement mimes; ils font de leur figure et de leur contenance tout ce qu'ils veulent.... Parfois, à ce masque naturel, on ajoute un nez postiche parfaitement adapté à la figure et qui contraste avec les autres traits. On voit aussi des masques en cire, moulés sur nature, coloriés par un peintre de portraits, et qui offrent la parfaite ressemblance de personne connues.

« D'autres masques prennent la ressemblance et le costume des statues antiques. Nous avons vu la Junon du Capitole donner le bras à l'impudent Silène; la chaste Diane agacer son frère l'Apollon du Belvédère; le satyre au crotale turlupiner le dieu d'Épidaure.

« Mais transportons-nous à la place Santa Croce, rendez-vous général des masques. Le milieu est entouré de bornes liées par des chaînes, de manière à laisser le long des maisons un espace suffisant pour la circulation des voitures. Outre les arlequins, les polichinelles et les gilles, qui sont en aussi grand nombre que chez nous, on y remarque des habillements de fantaisie et de caractère beaucoup plus variés et plus plaisants. Tous les états sans exception y sont tournés en ridicule. Une voiture remplie de crocheteurs et de paillasses a pour cocher un juge en robe longue, affublé d'une perruque à la chevalière; un médecin est à la califourchon sur un âne étique, avec des paniers et des cages remplis de chats et un long bâton auquel sont suspendus de gros rats, surmonté d'un écriteau avec ces mots : *rimedj da topi* (remède pour les rats). Un ermite, le corps courbé sur son bâton, porte une hotte en forme de chaire dans laquelle la Folie agite ses grelots et se démène avec les gestes d'un mauvais prédicateur. Ailleurs, on voit une compagnie de docteurs avec des têtes monstrueuses de bœuf et d'âne; des pierrots à cheval sur des autruches; un malade sortant de son lit poursuivi par sa garde.

« Les spectateurs eux-mêmes forment spectacle : les fenêtres des maisons, les balcons des palais sont ornés de riches tapis et garnis d'une brillante société. Le peuple couvre les toits et se livre, sur ces théâtres aériens, à des jeux dont l'assurance et l'adresse dissimulent le danger et rendent l'aspect très divertissant. Enfin la folle imagination de l'artiste a placé sur l'un des pignons de l'église même le Grand-Turc, assis sur des sophas et entouré de ses odalisques et de ses eunuques. Les voitures qui font le tour de la place offrent un coup d'œil brillant et varié; remplies de masques qui répondent à la joie et aux acclamations du peuple en lui jetant des *confetti* (dragées) et en faisant pleuvoir des eaux odorantes qu'ils lancent avec des seringues vers les spectateurs qui garnissent les fenêtres et les balcons.

« Un char, traîné par douze beaux chevaux richement caparaçonnés, représentait l'Olympe, orné de feuillage et sur lequel étaient rangées les principales divinités entourées de nymphes et d'un orchestre nombreux. Jupiter occupait le sommet de la montagne, assis à peu près comme le saint Jean de Raphaël sur les ailes étendues d'un aigle et entouré de nuages. — Lorsque Apollon et les Muses eurent exécuté quelques cantates et récité des sonnets dont on jetait des exemplaires à la foule, on vit Jupiter s'agiter sur son trône de nuages, pendant que retentissait une bruyante fanfare. Bientôt il quitte le sommet du mont, il s'élève majestueusement dans l'atmosphère et plane sur la place au bruit des applaudissements de la multitude stupéfaite sur laquelle il lance des foudres d'artifice, qui se convertissent en nuées de serpenteaux; il s'élève encore, atteint les derniers rayons du soleil, resplendit alors d'un vif éclat et finit par se dérober par son éloignement aux regards de la foule enchantée, qui couvre de bravos les auteurs de cette mascarade aussi brillante qu'ingénieuse..» (Castellan, *Lettres sur l'Italie.*)

LE CENTENAIRE DE DANTE A FLORENCE EN 1865

L'Italie avait vu, en 1860, presque tout son territoire rendu à la liberté. Elle n'était plus, comme au temps de son grand poète, cette « Italie esclave, séjour de douleur, navire sans pilote au milieu de la tempête ». Elle avait trouvé parmi ses enfants, dans la famille de Savoie, un pilote habile, et elle mettait aujourd'hui sur son étendard le nom de Dante, le grand patriote, pour s'affranchir tout à fait du César allemand qu'avait invoqué Dante, le gibelin. Cette fête ne fut donc pas seulement une solennité littéraire, ce fut un acte politique, une protestation contre l'Autriche maîtresse de la Vénétie. Quant à Rome, on n'en parlait pas encore, sans renoncer pourtant à cette belle feuille de l'artichaut de César Borgia.

Toutes les villes et jusqu'aux simples bourgades voulurent comme Florence, alors capitale du royaume, affirmer au monde leur nationalité; toutes élevèrent, suivant leurs ressources, un monument définitif ou temporaire, somptueux ou modeste. Naples érigea la statue du poète sur la place *del Mercatello*, qui prit le nom de *piazza Dante.*

Vérone, où l'illustre exilé avait trouvé asile dans le palais de Can Grande, lui éleva une statue, œuvre remarquable du Véronais Ugo Zanoni, sur l'ancienne place *de' Signori*, qui devint la place de Dante.

Florence vit affluer de toutes parts des souvenirs authentiques de Dante ou de son temps : bustes, autographes, éditions précieuses. L'Institut de Naples fit parvenir un magnifique buste du poète; Bologne envoya une statue en bronze du pape Boniface VIII, sans tenir compte apparemment du XIXe chant de l'*Enfer*, ou peut-être dans la pensée qu'il était sage d'oublier les anciens griefs : *odia restringenda*. Tous ces objets furent réunis au palais du Bargello et groupés en deux séries, suivant qu'ils avaient un rapport quelconque à la personne de Dante ou qu'ils étaient seulement ses contemporains, comme appartenant aux treizième et quatorzième siècles.

On avait tout calculé pour qu'à chaque pas les allusions, les souvenirs historiques vinssent réveiller le sentiment patriotique et l'esprit national. Dans toutes les rues, mais surtout dans celles où devait passer le cortège, des monuments, des inscriptions, des statues, rappelaient les souvenirs artistiques, les grands hommes ou les grands siècles de la ville qui fêtait son plus illustre citoyen.

Sur la place de la Cathédrale, une colonnette élégante et surmontée d'un buste signalait à l'attention le *Sasso di Dante*, la pierre où le poète venait, à la tombée du jour, s'asseoir et rêver. Près de là, un mât portant une cloche, comme le mât du *Carroccio*, se dressait à côté de la dalle blanche qui perpétue le souvenir populaire de ce char, palladium de l'armée florentine au moyen âge,

Devant les palais féodaux se déployaient les étendards, autrefois signes de ralliement des factions dans la guerre civile, maintenant destinés à réveiller l'esprit d'indépendance et consacrant l'union d'anciens ennemis sous le drapeau national. Sur la place San Spirito, des mâts portaient les bannières des anciennes compagnies de guerre et les écussons de grandes familles. Sur la place Santa Trinità, près de la colonne que surmonte la statue de la Justice, flottaient côte à côte l'Aigle rouge des Guelfes et le Lys blanc des Gibelins; à Santa Maria Novella, la Croix de Pise, la vieille ennemie, et le pennon de la famille de Galilée.

Dès le matin, Florence entière était ornée de guirlandes, de bouquets, de couronnes de fleurs et de lauriers; à toutes les fenêtres flottait le drapeau national, dans toutes les rues, à tous les balcons se pressait une foule innombrable, accourue de tous les points du pays.

A neuf heures, le canon du fort Saint-Jean, le carillon joyeux des cloches sonnant *a festa* et le retentissement de toutes les musiques annoncent le départ du cortège, formé sur la place de San Spirito. Il était composé de la manière suivante : Les provinces de l'Italie, par ordre alphabétique; la ville de Florence; la province de Florence; les étrangers.

Les délégués de chaque province et les représentants de Florence étaient classés ainsi : les sociétés d'utilité publique, les corps savants, les corps municipaux, etc. Des rangs particuliers étaient assignés à la presse, qui marchait en tête, aux commissions du monument de Dante et de la fête, enfin aux deux municipes de Florence, où naquit Dante, et de Ravenne, où il mourut exilé. Traversant l'Arno, le cortège, par un long détour, se dirigea vers la place Santa Croce. Cette place s'étend devant la vaste église du même nom, considérée à juste titre comme le Panthéon de Florence, car elle renferme les tombes ou les cénotaphes de ses plus grands citoyens : Dante, Machiavel, Michel-Ange, Galilée. La façade, dont Pie IX posa la première pierre en 1857, venait d'être terminée.

Autour de la place on avait élevé, pour y recevoir les députations italiennes et étrangères, un amphithéâtre dont les tribunes atteignaient la hauteur du premier étage des maisons environnantes. Au milieu de la place s'élevaient la statue de Dante, encore voilée et, sur une estrade, le trône royal, abrité par une tente de velours. Autour de l'amphithéâtre des mâts portaient des banderoles, des étendards; à toutes les fenêtres, une foule émue et sympathique.

Au moment où s'achevait le défilé du cortège, à onze heures, le roi Victor-Emmanuel arriva sur la place et fut chaleureusement accueilli. Le gonfalonier ou maire de Florence, en robe de soie jaune et toque rouge, et les prieurs, ou conseillers municipaux, en robe noire, le corps municipal de Ravenne, les commissions de la fête et du monument se placèrent debout, à quelques pas du roi. Le gonfalonier lut un discours, puis les toiles qui recouvraient la statue tombèrent aux applaudissements de la foule. A ce moment, plus de 700 bannières se déployaient sur la place, qui présentait un coup d'œil féerique.

La statue est l'œuvre du sculpteur Pazzi, de Ravenne. Le poète est debout dans cette attitude fière que lui ont toujours donnée les arts. Aux quatre angles du piédestal, un lion supporte un écusson avec les titres des quatre œuvres secondaires du Dante : *Monarchia*, *Convito*, *Volgare eloquenza*, *Vita nuova*. Les quatre bas-reliefs ont pour sujets : l'*Entrée dans l'Enfer*, l'*Entrée au Purgatoire*, l'*Entrée dans la Constellation des Gémeaux*, sous laquelle naquit Dante, et l'*Épisode de Manfred* (*Purgatoire*, chant III). Le piédestal porte l'inscription suivante :

A DANTE ALIGHIERI, L'ITALIA
M DCCC LXV

Après que le roi eut signé le procès-verbal de la cérémonie, le cortège se dispersa. Des divertissements, des spectacles forains, acrobates, etc., eurent lieu aux Cascines, et le soir, une illumination générale termina la fête.

OUVERTURE DU JUBILÉ A ROME

Boniface VIII institua, l'an 1300, le Jubilé que l'on célébrait tous les cent ans, à l'imitation de celui des Juifs qui s'observait de cinquante en cinquante ans. Clément VI voulut qu'il fût célébré tous les cinquante ans, Urbain VI réduisit l'intervalle à trente-trois ans, enfin Sixte V ordonna qu'on le célébrerait tous les vingt-cinq ans, comme cela a eu lieu depuis. L'année du Jubilé porte le nom d'*année sainte*, et l'ouverture du Jubilé a lieu de la manière suivante :

Aux premières vêpres de la fête de Noël, c'est-à-dire le 24 décembre, vers trois heures après-midi, le pape, accompagné des dignitaires de l'Église, se rend à Saint-Pierre pour ouvrir la *Porte sainte*. C'est une des baies d'entrée de la basilique, qui est ainsi nommée parce qu'elle ne s'ouvre que pour le Jubilé et reste murée dans l'intervalle d'un jubilé à l'autre. Le pape, armé d'un marteau d'or, frappe la maçonnerie de trois coups en disant le verset : *Aperite mihi portas justitiæ*, etc. Des ouvriers démolissent immédiatement la muraille qui ferme la baie. Ensuite le pape se met à genoux devant cette porte, que les pénitenciers aspergent d'eau bénite; puis il prend la croix, entonne le *Te Deum* et, avec son clergé, entre dans l'église.

Il n'y avait autrefois qu'une *porte sainte* à Rome, et c'était celle de la basilique métropolitaine de Saint-Jean de Latran. Depuis, les papes en ont successivement donné aux basiliques de Saint-Paul et de Sainte-Marie-Majeure ainsi qu'à l'église de Saint-Pierre au Vatican. Les portes saintes des trois premières églises sont ouvertes, en même temps et avec les mêmes cérémonies que celle de Saint-Pierre, par des cardinaux-légats que le pape désigne à cet effet. Le lendemain matin le pape donne la bénédiction au peuple à l'occasion du Jubilé

A la fin de l'Année sainte, on referme la porte la veille de Noël de cette manière : Le pape bénit les pierres et le mortier, pose la première pierre et y met douze cassettes pleines de médailles d'or et d'argent. La fermeture des trois autres portes saintes se fait de même.

Le Jubilé attirait autrefois à Rome une foule considérable d'étrangers, mais dès la fin du dix-septième siècle ce concours avait diminué singulièrement, chaque nation catholique recevant de l'Église de Rome l'autorisation de célébrer le Jubilé dans son propre pays.

CÉRÉMONIE DU POSSESSO A ROME

Le Vatican est le palais du pape et l'église Saint-Pierre est sa chapelle, mais la basilique de Saint-Jean de Latran est la cathédrale de Rome ; aussi, quelque temps après son élection, le pape vient à Saint-Jean de Latran prendre possession du siège épiscopal. De là le nom, *Possesso*, de cette cérémonie.

C'était une des grandes solennités de Rome. Le cortège, parti du Vatican, passait par la via di Borgo Nuovo, le pont Saint-Ange, la via de' Banchi, Santa Maria in Vallicella, la place Pasquin, Sant' Andrea della Valle, la via Cesarini, le Gesù, la via d'Ara-Cœli, le Capitole, l'arc de Titus ; puis se dirigeait vers le Colisée, et, par la rue et la place Saint-Jean de Latran, arrivait à la basilique de ce nom. Les fenêtres et les façades des maisons et des églises étaient tendues, les escaliers du Capitole couverts de sable pour que les chevaux pussent y monter ; le roi de Naples, comme feudataire du Saint-Siège, faisait élever dans le

Forum (Campo Vaccino) un grand arc de triomphe, et le sénat en faisait élever un autre sur la place du Capitole quand le pape était Romain.

La dépense faite pour le *possesso* d'Innocent XIII, en 1721, monta, suivant Lalande, à 15 000 écus romains (environ 80 000 francs).

Des chevau-légers, habillés en velours cramoisi, galonnés d'or, coiffés de cimiers en plumes blanches, précédaient le cortège. Venaient ensuite les écuyers du pape et les cardinaux, les magistrats, les officiers de la cour pontificale, les barons et princes romains, suivis de leurs pages et de nombreux domestiques richement habillés.

La croix du pape était portée par le dernier auditeur de Rôte, et le souverain pontife, environné de ses gardes suisses et de ses palefreniers, était monté, anciennement sur une mule blanche, plus tard sur un cheval blanc couvert de velours cramoisi avec franges d'or. La bride était tenue par un des princes du trône. Vingt-cinq pages, la garde à pied et les coureurs terminaient la première partie du cortège. En tête de la seconde était le *Maestro di Camera* (maître de la chambre apostolique), sur une mule caparaçonnée en violet, et les officiers de la Maison, derrière lesquels on portait la *sedia gestatoria* et le fauteuil de cérémonie (*sedia papale*); puis tous les cardinaux, montés sur des mules couvertes de housses rouges et conduites par des écuyers portant des bâtons dorés, aux armes du cardinal; les patriarches, les archevêques, les évêques *assistenti al soglio* (assistants au trône), l'auditeur *di camera*, le trésorier, le majordome, les protonotaires apostoliques, les archevêques et les évêques n'ayant pas le grade d'assistants au trône; enfin le carrosse du pape, attelé de six chevaux blancs. Un détachement de chevau-légers et toute l'infanterie du pape fermaient la marche.

Sur la place du Capitole, le pape recevait l'hommage du sénat et du peuple : le chapitre de Saint-Jean de Latran

Cérémonie du Possesso, à Rome (seizième siècle).

venait au-devant de lui et lui présentait deux clefs, l'une d'or, l'autre d'argent. Le pape montait alors sur un trône placé devant le portail, on le portait dans la basilique, où il priait, puis à la loggia de la façade, où il donnait sa bénédiction à la foule assemblée. Le cortège reprenait ensuite, dans le même ordre, le chemin du Vatican.

FÊTE DE SAINT PIERRE ET SAINT PAUL A ROME

C'est une des trois principales fêtes religieuses de Rome, une de celles où le pape officiait solennellement dans la basilique de Saint-Pierre au Vatican; les deux autres sont Noël et Pâques.

Le jour de la Saint-Pierre, à neuf heures, le pape, la tiare en tête, précédé par le cortège ecclésiastique, faisait son entrée solennelle dans la basilique, porté sur la *sedia gestatoria* par douze palefreniers vêtus de damas rouge armorié. Les *flabelli*, grands éventails de plumes blanches, étaient portés par deux camériers secrets. La messe était célébrée en grande pompe, et l'immense église ne suffisait pas à contenir la foule d'étrangers et d'habitants de Rome qui se pressaient à cette solennité. Le jeudi saint et le jour de Pâques, après l'office, le pape, transporté à la loggia du milieu de la façade, donnait la bénédiction au peuple agenouillé sur la place, et cette bénédiction, prononcée en latin, ne se bornait pas à la formule *urbi et orbi*, qu'on lui attribue généralement; elle comprenait plus de cent mots. Le jour de la Saint-Pierre, cette cérémonie de la bénédiction n'avait pas lieu; mais le soir toute ville était illuminée, et la coupole de Saint-Pierre se couvrait du feu de plus de cinq mille lanternes ou lampions que trois cent soixante-cinq hommes allumaient en quelques instants. La rapidité de cette manœuvre est inimaginable, et la coupole se détachait tout à coup sur le ciel comme un phare immense. Toutefois, le côté qui donne sur la campagne et qu'on ne voit pas de Rome n'était pas illuminé. Les hommes chargés de préparer l'illumination et d'allumer ses feux appartenaient à la corporation des *sanpietrini*, ouvriers qui naissent, vivent et meurent dans la basilique, dont ils exécutent les travaux d'entretien et de décoration.

Autrefois, après l'illumination de la coupole, on tirait la *girandola* sur le sommet du château Saint-Ange. « La girandela, dit Lalande, représente un temple avec des colonnes, des statues, des armoiries, et sa position élevée ajoute à l'effet magnifique de ce feu d'artifice qui peut être vu commodément de presque tous les points de la ville. Il se compose d'une immense quantité de fusées, de fontaines et de soleils enflammés, de batteries de toutes sortes et de deux jets chacun d'environ quatre mille cinq cents fusées qui partent toutes ensemble et qui se dilatent en l'air comme un vaste parasol, avec un bruit pareil à celui d'un tonnerre prolongé. » — Plus récemment on tirait à neuf heures un feu d'artifice sur le mont Pincio.

Telles étaient, jusqu'en 1870, ces réjouissances qui, momentanément suspendues, reprendront peut-être un jour, sans que Rome cesse d'être la capitale de l'Italie.

LE CARNAVAL A ROME

Rome était autrefois la ville où le carnaval se fêtait avec le plus d'éclat et de variété dans ses folles réjouissances. Ces jours, où sous le masque, le plus humble prolétaire marchait de pair avec le grand seigneur, étaient précieux aux peuples qui ne pouvaient sans crime prononcer le mot de liberté. On oubliait le poids du joug pendant quelques heures de saturnales. Aujourd'hui, dans l'Italie devenue libre, les fêtes populaires tombent peu à peu en désuétude. La tradition, le goût des populations méridionales pour les plaisirs bruyants, et, il faut bien le dire, l'habitude de l'oisiveté, pourront en conserver l'usage quelque temps encore, mais déjà c'est au passé qu'il en faut parler.

Onze jours avant le mercredi des Cendres, c'est-à-dire le samedi précédant la Sexagésime, le carnaval commençait à Rome, et il durait jusqu'au soir du mardi-gras, sauf le vendredi et les dimanches, jours où tout divertissement de ce genre était interdit. C'était donc huit jours de durée. Suivant Norvins, en 1818 il ne durait qu'un jour, et ce fut le pape qui ajouta les sept autres.

Aux approches de la fête, une agitation générale se manifestait dans la ville, si calme d'ordinaire. C'était un va-et-vient de gens de toutes conditions, faisant emplette de déguisements, d'étoffes et de tout ce qu'exigeait le rôle qu'ils voulaient remplir. Les plus pauvres engageaient ou vendaient quelque partie de leur mobilier pour se procurer un costume ou un masque. Des ouvriers de toutes sortes travaillaient à construire sur les points les plus convenables des échafaudages, des gradins pour les spectateurs; des tapissiers tendaient les fenêtres et les balcons : chacun se préparait.

Le Corso, les places du Peuple, Colonna, de Venise, etc., ainsi que les rues aboutissantes, étaient le théâtre de la fête, et longtemps à l'avance toutes les fenêtres étaient louées, par des personnes de la ville ou par les étrangers, à des prix toujours élevés, mais qui atteignaient un chiffre considérable sur certains points recherchés. Toutes ces fenêtres, tous ces balcons étaient drapés ou tendus d'étoffes aux couleurs éclatantes, de tapisseries, de velours, de damas.

Pendant qu'on mettait la dernière main à tous ces préliminaires, dans la matinée du premier jour du carnaval, l'échafaud de la *Mannaja* se dressait. C'était, en effet, la coutume, quand un criminel était condamné au dernier supplice vers cette époque de l'année, de l'exécuter immédiatement avant l'heure où la cloche du Capitole annonçait l'ouverture du carnaval. Au commencement du siècle, sous la domination française, cette coutume atroce fut abolie pendant plusieurs années, mais plus tard le gouvernement papal l'avait rétablie. Nous ne croyons pas, toutefois, qu'elle se soit maintenue sous Pie IX.

A une heure après midi, la cloche du Capitole se fait entendre. Cette cloche, enlevée jadis par l'armée papale à Viterbe, est connue à Rome sous le nom de *la Patarina*. Elle ne sonne que pour annoncer l'élection ou la mort du pape, et l'ouverture du carnaval. Dès qu'elle retentit, les équipages à deux, quatre et six chevaux, débouchent de toutes les rues dans le Corso, encombrés de pierrots, de *pagliacette* (paillassines), de dominos, de marquis, de paysans, de trastévérins, d'arlequins, de chevaliers, en un mot, de toute la mythologie du carnaval. Laquais et cochers sont déguisés comme tout le reste. Les voitures s'avancent sur deux files, l'une montant, l'autre descendant le Corso. Elles sont assiégées par la foule des masques à pied criant, gesticulant, et dans les travestissements les plus bizarres. Des groupes, reproductions grotesques de scènes mythologiques ou historiques, mais non politiques sous le gouvernement papal, des animaux fabuleux dont le corps et les membres appartiennent à l'espèce humaine; des géants, des monstres de toute espèce se disputent la place, et tous se lancent à qui mieux mieux des poignées de dragées, en sucre quand elles viennent d'un grand seigneur, mais généralement en plâtre quand elles sont jetées par des mains bourgeoises ou plébéiennes. Ces dragées (*confetti*), rondes et grosses tout au plus comme des pois, se croisent en l'air et, des voitures ou du pavé, viennent atteindre les spectateurs des fenêtres, costumés et masqués

Un Carnaval à Rome, d'après une estampe de la Bibliothèque nationale.

comme les acteurs de la rue; elles pleuvent aussi de ces fenêtres sur la foule des assaillants. Les enfants se les disputent à terre, quand elles en valent la peine; on se pousse, on se bouscule; les coiffures sont enfoncées, les habits fort maltraités, mais tout le monde entend la plaisanterie. Un équipage jette ou reçoit des fleurs au lieu de confetti ; c'est un échange de galanteries plus ou moins bien accueillies, c'est une avance aimable à laquelle on répond quelquefois à grand renfort de confetti qui viennent fouetter le visage d'un cavalier présomptueux. Le sac de papier ou l'œuf pleins de farine jouent aussi un grand rôle dans ce feu roulant de projectiles; masques blancs ou noirs ne tardent guère à voir leur personne environnée d'un nuage de poussière qui tranche avec la couleur de leur costume et la transforme, à la grande joie des spectateurs. Un honnête marchand de friture a-t-il établi sa boutique en plein vent dans quelque enfoncement de la rue, passe un farceur qui, arrachant la perruque enfarinée de son voisin le docteur, la jette au milieu des beignets ou des pâtes, et condamne le pauvre friturier à renouveler le contenu de sa poêle. Ce sont des interpellations, des échanges de lazzi où brille l'esprit mordant de Pasquin. En 1748, Vien, directeur de l'Académie de France, dessina les costumes d'une grande mascarade, la *caravane du sultan de la Mecque.* Par malheur, ces costumes, qu'on peut voir aux estampes de la Bibliothèque nationale, sont du temps où Roxane et Iphigénie portaient des paniers.

Les trois derniers jours du carnaval, c'est-à-dire le samedi, le lundi et le mardi-gras, l'animation et la foule vont croissant; mais le mardi est la journée la plus brillante. Tous ceux qui n'ont pu jusque-là prendre part à la fête se hâtent de réparer le temps perdu. Plus la journée s'avance, plus le tumulte devient grand. « Il n'y a pas, dit un merveilleux conteur, il n'y a pas sur tous ces pavés. dans toutes ces voitures, à toutes ces fenêtres, une bouche qui reste muette, un bras qui demeure oisif; c'est véritablement un orage humain, composé d'un tonnerre de cris et d'une grêle de dragées, de bouquets, d'œufs, d'oranges, de fleurs. »

A trois heures, le bruit des boites tirées à la fois sur les places du Peuple et de Venise, aux deux extrémités du Corso, annonce que la course des chevaux va avoir lieu. Ces chevaux, qui courent en liberté, sont connus sous le nom de *barberi* (barbes), quoiqu'il soit fort douteux qu'ils appartiennent à cette race.

L'explosion des boites est un avertissement pour les voitures, et quand, une demi-heure après, ce signal est répété, les équipages s'échappent par les rues adjacentes; les piétons seuls restent en possession du Corso, avec les soldats qui bordent la haie de chaque côté; mais aussitôt que la dernière voiture a disparu, un détachement de dragons, le sabre au poing, parcourt au galop la via del Corso; devant eux la foule s'écoule en hâte par toutes les issues, et le Corso reste vide. Un gros câble est tendu à son extrémité, sur la place du Peuple, et, derrière cette barrière, douze ou quinze chevaux sans brides, hennissant, bondissant, et contenus à grand'peine par les palefreniers, viennent se ranger, impatients de s'élancer dans la carrière. Sur leur tête sont des panaches de couleurs différentes, pour les distinguer à la fin de la course; leur dos est orné de rubans d'oripeau; sur leur croupe, des boules de bois hérissées de pointes et suspendues à des cordelettes tiennent lieu d'éperons. Pendant quelques minutes, ces animaux luttent entre eux et avec les hommes qui les maintiennent, suspendus à leurs crins, à leurs naseaux, et qui souvent reçoivent des atteintes sérieuses. Mais la foule s'impatiente, elle aussi; elle crie de toutes parts : *La mossa! la mossa!* (le départ). Tout à coup le câble tombe, les *barberi* s'élancent, et en un instant viennent s'arrêter dans les plis d'une grande toile qui barre le Corso entre les palais Torlonia et de Venise. La Condamine leur vit parcourir en 2 minutes 21 secondes cette carrière de 865 toises (environ 1686 mètres). C'était un peu moins de 12 mètres par seconde, vitesse bien inférieure à celle du cheval de course.

C'est d'un balcon du palais de Venise que le juge de la course proclame le vainqueur. Il est l'objet d'ovations enthousiastes que partage son palefrenier. Le prix de la course est une pièce d'étoffe précieuse, que fournissaient autrefois les Israélites de Rome, par suite d'un marché anciennement conclu avec le gouvernement; ils s'étaient ainsi rachetés de l'obligation de courir eux-mêmes au milieu des insultes de la populace.

Pour les jours qui précèdent le mardi-gras, la course des *barberi* termine la journée; les masques se rendent aux réunions de plaisir ou rentrent chez eux passer joyeusement la soirée. Mais le mardi-gras, à peine la course est-elle finie, que de toutes parts retentit sur le Corso le cri de *moccoli!* On nomme ainsi de petites bougies dont quelques-unes ressemblent à un rat-de-cave, et que de nombreux marchands vous offrent tout allumées. En un instant le Corso s'illumine de milliers d'étincelles; dans la rue, aux fenêtres, partout les moccoli brillent dans la main des masques, dont chacun cherche à éteindre celui de son voisin tout en conservant le sien allumé. Des soufflets de toutes tailles, des sarbacanes, toutes sortes d'engins sont employés à cet effet, pendant que retentit sans cesse le cri de *moccoli! moccoletti!* Ces myriades de feux follets présentent le spectacle le plus étrange; à peine laissent-ils voir les gens qui les tiennent, et d'un bout à l'autre du Corso, ils sautillent et s'agitent dans tous les sens. Enfin la cloche sonne l'heure fatale. *È morto il carnevale!* crient quelques voix lugubres; en un moment tout s'éteint, et l'obscurité la plus profonde succède à cette illumination féerique. On va souper dans les *trattorie*, on va au bal masqué, puis à minuit tout se tait dans Rome. Le carême a remplacé le carnaval.

FÊTE DE SAINT JANVIER A NAPLES

La Saint-Janvier, qui tombe le 19 septembre, est la fête la plus populaire à Naples, dont ce saint est le patron. Elle se célèbre à la cathédrale, qui est sous l'invocation du saint, et attire non seulement la foule napolitaine, mais aussi un grand nombre d'étrangers qui viennent assister à la liquéfaction du sang de saint Janvier. C'est dans la chapelle du Trésor que le miracle a lieu le jour de la fête et deux autres fois par an, le premier samedi de mai et le 16 décembre.

Voici comment Valery raconte cette cérémonie : « J'assistai au miracle du sang dans la chapelle du Trésor. Les fioles contenant le sang de saint Janvier sont renfermées dans une armoire derrière l'autel ; il n'y a que deux clefs, une entre les mains des députés de la ville, l'autre de l'archevêque. Quelque temps avant la cérémonie, des femmes du peuple vinrent se placer près de la balustrade comme à une place d'honneur ; plusieurs figures de vieilles étaient singulièrement caractéristiques. Ces femmes sont appelées les *Parentes de saint Janvier ;* elles se prétendent de sa famille ; et même, lorsque le saint fait trop attendre la liquéfaction, elles se croient en droit de ne point le ménager et de lui dire des injures. [Il fut un temps où elles l'appelaient *giaccubino*, jacobin.]

« Elles récitèrent d'une voix rauque des *Pater*, des *Ave*, des *Credo ;* sans la chapelle, il eût été difficile de prendre cet affreux ramage pour des prières, et je crus même un moment que les injures avaient commencé : c'était un autre *femineo ululatu* bien moins pathétique que celui de Virgile. Vers dix heures, les fioles furent tirées de l'armoire ; l'une ressemble à une petit flacon d'odeur, mais ne contient qu'une sorte de teinture de sang ; l'autre est un peu plus grosse ; toutes deux sont sous verre dans une espèce de lanterne de cabriolet. Elles furent montrées aux personnes admises en deçà de la balustrade, et de grandes Anglaises blondes s'avançaient jusque sur l'autel, et se penchaient curieusement afin de les examiner avec leurs lorgnons. Il est arrivé, lorsque le miracle tarde trop à se faire, que le peuple s'en prend aux étrangers qu'il suppose Anglais ou hérétiques, et qu'il regarde comme un obstacle au miracle. On rapporte qu'à la fin du dernier siècle, le prince de S. et le comte de C. furent obligés de sortir de l'église et poursuivis à coups de pierres.... Le miracle se fit à midi, ainsi qu'il m'avait été à peu près prédit lorsque je fus invité à repasser, et le bruit du canon annonça cette heureuse nouvelle. Si la vie de saint Janvier est presque inconnue, il n'y a pas de saint plus populaire ; son culte fut constamment respecté par tous les divers maîtres de Naples. » (Valery, *Voyages en Italie.*)

LES CUCCAGNE A NAPLES

Cuccagna vient d'un mot patois *Cuccare*, attraper. Les cuccagne de Naples, analogues dans leur destination à nos mâts de cocagne, étaient des appareils vastes et dispendieux représentant des châteaux, des forteresses, des jardins, et dont tous les contours étaient garnis de comestibles. Des fontaines versaient du vin, des bœufs et des moutons étaient attachés à des arbres et livrés à l'adresse ou à la furenr de la populace. Un certain nombre de soldats formaient la haie autour de ces objets tentants et arrêtaient l'impatience des assaillants. A un signal donné, le cordon des troupes s'ouvrait et les lazzaroni s'élançaient sur cette proie, dont on ne pouvait emporter la moindre portion sans l'acheter par des blessures ou des horions nombreux. Des bœufs étaient parfois écartelés vivants et souvent tel des gagnants était assommé avant de pouvoir emporter son butin hors de l'enceinte. C'était dans un but de popularité que le gouvernement des Bourbons de Naples donnait ces spectacles ignobles. Toutefois, dès le commencement du siècle on les avait remplacés par des distributions de vivres aux familles indigentes. (Grobert, *des Fêtes publiques*.)

FÊTE DE PIÈ DI GROTTA A NAPLES

Parmi les fêtes populaires de Naples, une des plus célèbres est celle de la Madone de Piè di grotta. Elle a lieu le 8 septembre, et elle fut instituée en 1745, par Charles III, comme souvenir de la victoire remportée en 1744, à Velletri, sur l'armée autrichienne. Cette fête, un peu déchue de sa splendeur, est un pèlerinage à l'église Sainte-Marie de Piè di grotta, ainsi nommée parce qu'elle est située au pied de la grotte de Pausilippe. Autrefois, le roi de Naples, la famille royale et toute la cour allaient en grande pompe visiter l'image de la Madone. Les curés des environs s'y rendaient à la tête de leurs paroissiens en habits de fête, les femmes parées de leurs plus beaux atours. Les jardins magnifiques de la *Villa Reale* étaient, ce jour-là seulement, ouverts à la foule, qui se pressait sur le quai de Chiaja. Nous empruntons à Valery la description suivante de cette solennité :

« J'assistai en 1826 à la fête de *Piè di grotta :* le coup d'œil qu'offrait la *Villa Reale* était ravissant; les filles des environs parées de leurs costumes nationaux, les cheveux retenus par des épingles d'argent, enveloppées de voiles élégants qui retombaient sur leurs casaquins brochés d'or et de couleur éclatante, s'y étaient rendues en foule. Telle était jadis pour elles l'importance de cette fête, qu'elles stipulaient en se mariant, comme une des clauses du contrat, que leurs époux devraient les y conduire chaque année. Le bonnet rouge phrygien, les visages basanés des hommes chargés de fruits réunis en guirlandes, ou suspendus à de longs roseaux, étaient aussi fort pittoresques. Le roi se rendit en grand cortège à l'église de la Madone : ce cortège ressemblait assez à celui de France; seulement chaque prince était dans une voiture séparée. Les cochers ainsi que les valets de pied étaient découverts et avaient d'énormes perruques poudrées, comme celles de présidents à mortier, dont la gravité contrastait d'une manière comique avec les physionomies de ceux qui les portaient. Ces incroyables perruques sont un reste de l'étiquette espagnole. Je ne pouvais m'empêcher de songer à la gaieté du peuple de Paris, si jamais il eût aperçu d'aussi étranges figures. L'escorte militaire était en partie formée de troupes autrichiennes. »

FÊTE DE LA MADONE DE L'ARC

Au commencement du dix-septième siècle, dans un petit village, au pied du Monte Somma, à 8 kilomètres de Naples, une église fut bâtie pour recevoir une statue miraculeuse de la Madone, désignée sous le nom de *Madonna dell' Arco*. Ce lieu devint le but de nombreux pèlerinages; on y accourut de toutes les parties du royaume, et des bas-reliefs en argent, appendus comme *ex-voto*, témoignent de la richesse autant que de la piété de leurs donateurs. Beaucoup d'autres ex-voto, plus modestes, couvrent du haut en bas les parois de l'église.

Dans le pays de Naples, les réjouissances d'une fête populaire se joignent toujours aux dévotions d'un pèlerinage et il en fut ainsi pour la procession de la Madone de l'Arc.

Le jour de cette fête, qui se célèbre à la Pentecôte, une foule compacte et toujours renouvelée depuis le matin jusqu'au soir fait le tour de l'église en criant, gesticulant, se poussant et se précipitant à terre pour ramasser des feuilles de roses blanches que des religieux, placés au centre, devant l'autel entouré d'une balustrade de marbre, jettent continuellement. La cérémonie terminée, le peuple se répand sous les ombrages des peupliers qui avoisinent l'église, et où s'enlacent des ceps de vignes qui s'élancent de l'un à l'autre et forment ainsi des berceaux de verdure. Sur le sol, on voit assis çà et là des groupes divers : ici des familles mangent au même plat le mets national, *i maccheroni*, et boivent à la même bouteille; d'autres jouent aux dés; plus loin des jeunes gens se préparent à danser le *Salterello*, tandis que les joueurs de tambour de basque apprêtent leurs instruments. Le soir la foule revient à Naples en chantant; les femmes ont mis ce jour-là leurs plus beaux costumes, les hommes portent au bout de longs bâtons des images de la Madone, des fleurs, des vêtements; les ânes, qui servent de montures aux femmes et aux enfants, les chars attelés de bœufs aux cornes dorées, sont ornés de fleurs des champs, de blé vert; le tambour de basque, les castagnettes retentissent d'un bout à l'autre du cortège, et des chanteurs, quelquefois un peu avinés, forment un concert plus original qu'harmonieux.

Telle est ou plutôt telle était, au temps de Léopold Robert, cette fête qui, de même que le costume napolitain, commence à tomber en désuétude.

FÊTE DE SAINTE ROSALIE A PALERME

Au commencement du douzième siècle, sainte Rosalie quitta la cour de Roger, roi de Sicile, et se retira dans une grotte du *Monte Pellegrino,* qui domine Palerme; elle y mourut et, suivant la légende, les anges l'y ensevelirent. Les Palermitains, attribuant à ses prières la cessation d'une épidémie qui ravageait leur ville, choisirent sainte Rosalie pour patronne. Ils célèbrent sa fête pendant cinq jours, du 11 au 15 juillet, avec un enthousiasme, un luxe d'illuminations et de divertissements si animés qu'on ne saurait trouver dans d'autres pays de cérémonies plus brillantes. Le premier jour, un char de proportions immenses, traîné par quarante bœufs, monte en haut de la ville par le Corso Vittorio Emanuele, ancienne via di Toledo. Ce char porte un piédestal ou plutôt un ornement d'une architecture très ornée et que surmonte la statue de la sainte, élevée ainsi à la hauteur des toits de Palerme. Tout un orchestre remplit le reste du char, et la foule se presse sur son passage. Le soir du premier et du troisième jour, on tire un feu d'artifice et, pendant toutes les nuits de la fête, Palerme est illuminé. Le soir du second jour, le char, illuminé, redescend à son point de départ. Des courses de chevaux montés, ou libres comme les *barberi* de Rome, ajoutent pendant ces journées aux autres plaisirs de la population. Le soir du quatrième jour, les illuminations de la ville sont effacées par celles de la cathédrale, dédiée à sainte Rosalie. On y compte cinq cents lustres chargés de bougies et l'intérieur de l'édifice présente un spectacle magique. Des franges, du papier argenté, de petits miroirs font tous les frais de cette décoration, mais leur ensemble est disposé si artistement que l'imagination se croirait volontiers transportée dans un palais de féerie. « Cette architecture sans ombre, dit l'abbé de Saint-Non, éclairée de toutes parts, paraît comme diaphane. Les lumières reflétées sur des lames d'argent, ressemblent à autant d'étoiles étincelantes; et, en tout, c'est une clarté si brillante et si éblouissante que les sens en sont étonnés et bientôt fatigués, au point de n'y pouvoir tenir une demi-heure. »

Le cinquième jour se termine par une grande procession. Chaque confrérie porte le saint qu'elle reconnaît pour patron sur une estrade dorée et enjolivée avec tout le soin imaginable, c'est à qui marchera le plus vite et fera les évolutions les plus adroites au milieu de la foule de femmes et d'enfants qui dansent autour des estrades. Enfin, arrivent le char et la châsse de sainte Rosalie, qui chemine plus gravement, en impose à la joie, au tumulte, fait agenouiller la foule et termine la fête.

FÊTE DE LA BARA A MESSINE

Cette fête, abolie depuis quelques années, se célébrait le 15 août. Elle avait une double origine et se rapportait à la fois à l'Assomption et au souvenir de la prise de Messine, par le comte Roger, sur le musulman Griffon. Cette dernière indication se retrouvait dans les figures de bois gigantesques que l'on plaçait le 15 août à la porte de la cathédrale, l'une en costume guerrier, l'autre en manteau royal, et qui représentaient Griffon et sa femme. On promenait en même temps dans la ville un mannequin ayant la forme d'un chameau, la monture légendaire de Griffon. Suivant quelques auteurs, ces figures personnifiaient autrefois : Saturne, dont la faux, en grec-sicilien *Zancla*, avait donné à Messine son nom le plus ancien, et la déesse Rhéa. La fête était nommée fête de la Bara, parce que la Vierge y figurait sur son lit de mort (*bara*, cercueil). On s'était contenté d'abord de mettre sur un cheval une statue de la Vierge en carton, magnifiquement habillée; sous Charles-Quint, on substitua au cheval un char inventé par un architecte nommé Radese. Depuis lors on a promené le jour de la fête ce char, machine colossale, à laquelle étaient attachés deux gros câbles, et que le peuple, s'attelant à l'édifice, mettait en mouvement.

Le char, haut de 20 mètres, était divisé en quatre étages; il portait plusieurs sphères, des roues à rayons et une image du soleil, qui recevaient divers mouvements horizontaux ou verticaux par un mécanisme caché, et dont plusieurs étaient chargées d'enfants vivants qui figuraient les vertus théologales, les anges, etc. Le premier étage représentait la Vierge sur son lit de mort, entourée des Apôtres; au second et au troisième étaient des anges suspendus aux rayons du soleil et des roues; enfin, au sommet de l'édifice, Dieu, le Père, soutenait d'une main les pieds de la Vierge qui s'élevait au ciel. Les anges étaient habillés de blanc avec des ailes dorées, le Père Éternel était un jeune homme avec une fausse barbe blanche, et la Vierge une jeune fille de douze à quatorze ans, choisie parmi les plus jolies de la ville. Une armature en fer soutenait dans leur position ces deux personnages placés à vingt mètres de hauteur, et la charpente de cette machine était dissimulée sous des gazes d'argent, du clinquant, des voiles azurés, des cristaux, des feuillages, etc. Pendant la marche du char, les anges semblaient voler, à cause du mouvement de rotation sur leur axe des appareils auxquels ils étaient suspendus, et, tout en restant dans la verticale, ils montaient et descendaient ou se déplaçaient horizontalement. Les enfants chargés de ce rôle en étaient quelquefois un peu incommodés, mais les cadeaux ou l'argent qu'ils y gagnaient faisaient rechercher cet emploi.

Pendant la fête toutes les rues étaient décorées et tapissées; on élevait des ifs, des pyramides, des arcs triomphaux dans le Corso que la procession parcourait, et le soir la ville était illuminée. Des courses de chevaux, des feux d'artifice, des salves d'artillerie, contribuaient aux plaisirs de la fête; les vaisseaux du port étaient pavoisés, et une galère pleine de musiciens et illuminée *a giorno* projetait au loin sur la mer des lueurs éclatantes. (*Magasin pittoresque.*)

SUISSE

FÊTE DES BERGERS A INTERLAKEN

« Un peuple religieux et libre est toujours susceptible d'un genre d'enthousiasme, et les occupations matérielles de la vie ne sauraient l'étouffer entièrement. Si l'on en avait pu douter, on s'en serait convaincu par la fête des bergers qui a été célébrée l'année dernière (1808), au milieu des lacs, en l'honneur du fondateur de Berne.

« Pour aller à la fête, il fallait s'embarquer sur l'un de ces lacs dans lesquels les beautés de la nature se réfléchissent, et qui semblent placés au pied des Alpes pour en multiplier les ravissants aspects.

« Le soir qui précéda la fête, on alluma des feux sur les montagnes; c'est ainsi que jadis les libérateurs de la Suisse se donnèrent le signal de leur sainte conspiration; ces feux placés sur les sommets ressemblaient à la lune lorsqu'elle se lève derrière les montagnes et qu'elle se montre à la fois ardente et paisible. On eût dit que des astres nouveaux venaient assister au plus touchant spectacle que notre monde puisse encore offrir. L'un de ces signaux enflammés semblait placé dans le ciel, d'où il éclairait les ruines du château d'Unspunnen, autrefois possédé par Berthold, le fondateur de Berne, en mémoire de qui se donnait la fête. Des ténèbres profondes environnaient ce point lumineux, et les montagnes, qui pendant la nuit ressemblent à de grands fantômes, apparaissaient comme l'ombre gigantesque des morts qu'on voulait célébrer. Le jour de la fête, le temps était doux, mais nébuleux; il fallait que la nature répondît à l'attendrissement de tous les cœurs. L'enceinte choisie pour les jeux est entourée de collines parsemées d'arbres, et des montagnes à perte de vue sont derrière ces collines. Tous les spectateurs, au nombre de près de six mille, s'assirent sur les hauteurs en pente, et les couleurs variées des habillements ressemblaient dans l'éloignement à des fleurs répandues sur la prairie. Jamais un aspect plus riant ne put annoncer une fête; mais quand les regards s'élevaient, des rochers suspendus semblaient, comme la destinée, menacer les humains au milieu de leurs plaisirs. Cependant, s'il est une joie de l'âme assez pure pour ne pas provoquer le sort, c'était celle-là!

« Lorsque la foule des spectateurs fut réunie, on entendit venir de loin la procession de la fête, procession solennelle en effet, puisqu'elle était consacrée au culte du passé. Une musique agréable l'accompagnait; les magistrats paraissaient à la tête des paysans; les jeunes paysannes étaient vêtues selon le costume ancien et pittoresque de chaque canton; les hallebardes et les bannières de chaque vallée étaient portées en avant de la marche par des hommes à cheveux blancs, habillés précisément comme on l'était il y a cinq siècles lors de la conjuration du Rütli. Une émotion profonde s'emparait de l'âme en voyant ces drapeaux si pacifiques, qui avaient pour gardiens des vieillards.

Le vieux temps était représenté par ces hommes âgés pour nous, mais si jeunes en présence des siècles. Je ne sais quel air de confiance dans tous ces êtres faibles touchait profondément, parce que cette confiance ne leur était inspirée que par la loyauté de leur âme. Les yeux se remplissaient de larmes au milieu de la fête comme dans ces jours heureux et mélancoliques où l'on célèbre la convalescence de ce qu'on aime.

« Enfin les jeux commencèrent, et les hommes de la vallée et les hommes de la montagne montrèrent en soulevant d'énormes poids, en luttant les uns contre les autres, une agilité et une force de corps très remarquables. Cette force rendait autrefois les nations plus militaires; aujourd'hui que la tactique et l'artillerie disposent du sort des armées, on ne voit dans ces exercices que des jeux agricoles. La terre est mieux cultivée par des hommes aussi robustes; mais la guerre ne se fait qu'à l'aide de la discipline et du nombre, et les mouvements même de l'âme ont moins d'empire sur la destinée humaine depuis que les individus ont disparu dans les masses, et que le genre humain semble dirigé, comme la nature inanimée, par des lois mécaniques.

« Après que les jeux furent terminés et que le bon bailli du lieu eut distribué les prix aux vainqueurs, on dîna sous des tentes, et l'on chanta des vers à l'honneur de la tranquille félicité des Suisses. On faisait passer à la ronde, pendant le repas, des coupes en bois sur lesquelles étaient sculptés Guillaume Tell et les trois fondateurs de la liberté helvétique. On buvait avec transport au repos, à l'ordre, à l'indépendance, et le patriotisme du bonheur s'exprimait avec une cordialité qui pénétrait toutes les âmes.

« Les prairies sont aussi fleuries que jadis, les montagnes
« aussi verdoyantes : quand toute la nature sourit, le
« cœur seul de l'homme pourrait-il n'être qu'un désert? »

Ces paroles étaient le refrain d'un chant plein de grâce

et de talent composé pour cette fête. Depuis cinq siècles que dure la prospérité de la Suisse, on compte plutôt de sages générations que de grands hommes. On dirait que les ancêtres de cette nation règnent encore au milieu d'elle; toujours elle les respecte, les imite et les recommence.

La vie coule dans ces vallées comme les rivières qui les traversent; ce sont des ondes nouvelles, mais qui suivent le même cours : puisse-t-il n'être pas interrompu! Puisse la même fête être souvent célébrée au pied de ces mêmes montagnes! L'étranger les admire comme une merveille, l'Helvétien les chérit comme un asile où les magistrats et les pères soignent ensemble les citoyens et les enfants. » (Mme de Staël, *de l'Allemagne.*)

FÊTE DES VIGNERONS A VEVEY

Il existe à Vevey, dans le canton de Vaud, une Société dont le but est d'améliorer la culture de la vigne; elle porte le nom d'Abbaye des Vignerons, et a pour devise ces mots : *Ora et labora* (prie et travaille). L'industrie viticole, la plus importante du pays, reçoit une direction fort utile de cette société qui, tous les ans, au printemps et à l'automne, envoie des experts visiter avec le plus grand soin les vignes du district. Celles qui témoignent de plus d'habileté dans la culture, et du plus beau produit, valent à leurs maîtres des récompenses accordées avec la plus complète impartialité. Une commission, assistée de deux vignerons experts dont les vignes sont hors concours, inspecte les vignobles, comme nous venons de le dire, aux époques les plus importantes, et note régulièrement le résultat de son observation. Les deux vignerons qui pendant neuf ans ont obtenu les meilleures notes reçoivent une couronne et une médaille d'honneur. Vingt-six autres reçoivent des médailles, des primes en argent, des serpettes ou autres outils d'honneur, suivant qu'ils se sont distingués pendant six ans ou trois ans. Pour être récompensé, il faut qu'à l'intelligence et au travail le vigneron joigne la moralité. Parmi ces récompenses, les moins importantes sont décernées tous les trois ans; la distribution des autres a lieu pendant la *Fête des Vignerons*, dont elle est l'objet, et qui se célèbre cinq à six fois par siècle.

Quelques historiens en rapportent la fondation aux religieux du couvent du Haut-Cret qui, suivant eux, défrichèrent les rochers incultes des environs de Vevey et y plantèrent la vigne, aujourd'hui la principale richesse du pays. Voulant récompenser les vignerons de leur labeur, ces moines avaient coutume de les rassembler à Vevey chaque année, à l'époque des vendanges, et leur accordaient le plaisir d'une procession par la ville, procession accompagnée de chants sacrés et profanes, en patois du pays, dans laquelle les cultivateurs portaient leurs instruments aratoires, et qui était suivie d'un banquet. Suivant Ébel, il est à peu près certain que la fête des Vignerons date de plus loin que les ordres religieux. Les archives de l'Abbaye des Vignerons contenaient sans doute à cet égard des renseignements précieux, mais, en 1688, un incendie les détruisit presque entièrement ainsi qu'une grande partie de la ville.

La fête des Vignerons à été célébrée, dans le cours du dix-neuvième siècle, en 1819, 1833, 1851 et 1865. C'est au commencement d'août qu'elle a lieu, et la cérémonie commence d'ordinaire par la distribution des récompenses.

En 1833, le 8 août, dès sept heures du matin, la procession se dirigea, dans l'ordre suivant, au bruit de l'artillerie, vers l'enceinte où les prix devaient être distribués. Le cortège était formé de neuf divisions. En tête de la première marchaient des musiciens et des hallebardiers revêtus de l'ancien costume des troupes suisses. Venaient ensuite le drapeau fédéral, le drapeau de l'Abbaye, des vignerons couronnés, et de jeunes vignerons portant un cerceau au-dessus de leur tête; puis M. l'Abbé, le Conseil, le secrétaire, le connétable et d'autres dignitaires de l'Abbaye. Suivaient les bergères et les bergers avec leur commandant précédé de violons et de flûtes; de jeunes bergères avec des guirlandes de fleurs, le porteur du bouquet, enfin des jardiniers et des jardinières.

La *troupe de Palès* formait la deuxième division, dont le chef, précédé de musiciens, était suivi de jeunes filles portant des encensoirs, des corbeilles de fleurs, et l'autel de la déesse qui s'avançait, vêtue d'un costume antique, précédée de sa prêtresse et portée par quatre jeunes filles sur un trône à baldaquin. Derrière elle venaient, par couples, des faucheurs et des faneuses portant la faux et le râteau; un char de foin, monté par des faneuses, fermait la marche.

Dans la troisième division, on voyait deux vachers, sonnant de la corne d'alpe; des vachers ou *armaillés* conduisant des vaches, tous avec le costume qu'ils portent à la montagne; une servante, et, sur un char, les ustensiles d'un chalet.

Quatrième division: quarante jeunes gens et leur chef, portant des attributs et un drapeau.

Cinquième division, *Vignerons du Printemps:* Musiciens; vignerons primés; vignerons portant le fossoir; effeuilleuses; vignerons du second labour; une forge et des forgerons.

Troupe de Cérès, formant la sixème division: Musiciens; la charrue; semeurs; bêcheuses; groupes de jeunes filles portant des encensoirs, des offrandes; l'autel; la prêtresse

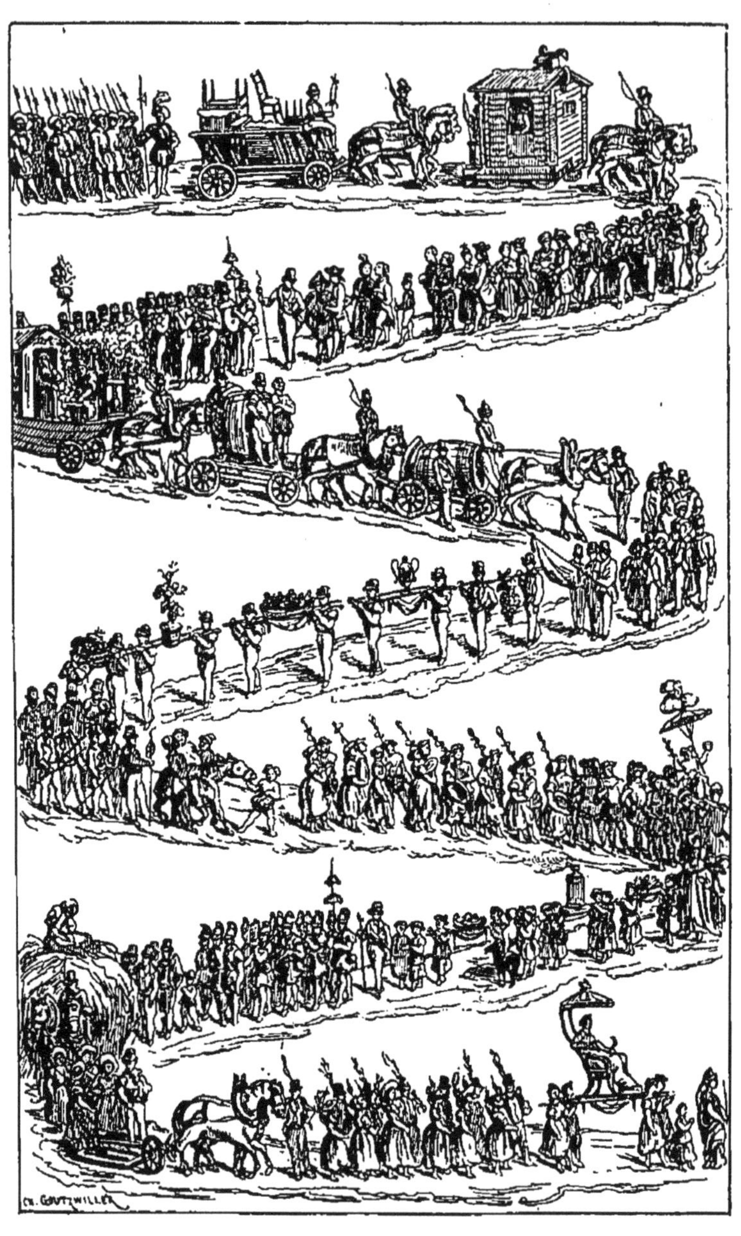

Fête des Vignerons à Vevey, d'après une gravure du *Magasin pittoresque*.

de Cérès; la déesse portée par quatre nymphes; moissonneuses; glaneuses; un char de blé, batteurs et vanneurs.

Troupe de Bacchus, septième division : Musiciens; jeunes filles portant des offrandes; sacrificateurs conduisant un bouc aux cornes dorées; l'autel; le grand prêtre; Bacchus sur un tonneau, porté par des nègres; faunes; bacchantes; Silène sur son âne, soutenu par deux nègres.

Huitième division, *Vignerons d'automne :* Musiciens; messiers; la grappe de Chanaan; vendangeurs et vendangeuses; la bossette (char de vendange); tonneliers fabriquant un tonneau; l'arche de Noé; le crieur de vin.

Neuvième division, la *Noce villageoise :* la cuisine dans laquelle est une faiseuse de gaufres; le baron et la baronne; le notaire;les mariés; les parents; les garçons et les filles de noce; le char du trousseau; troupe de hallebardiers portant l'ancien costume, de même que tous les personnages de la noce.

Deux grandes estrades étaient destinées: l'une à la distribution des récompenses, elle contenait trois mille personnes; l'autre aux spectateurs. En face de ces estrades, un vaste plancher, orné d'arcs de triomphe aux attributs des quatre Saisons, était disposé pour les danses des différents groupes du cortège. A huit heures, tous les personnages ayant pris place, le président, après un discours aux lauréats, les couronna et leur remit la médaille, les serpettes d'honneur, etc. Une fanfare retentit, les personnages du cortège chantèrent un hymne en l'honneur des lauréats, qui répondirent par des couplets de remercîment; les danses commencèrent ensuite, puis le cortège reprit sa marche pour aller, sur la grande promenade, se réunir autour d'une table de huit cents couverts.

Le lendemain, une autre procession eut lieu dans le même ordre, avec des danses et des chants, et se termina aussi par un banquet offert, comme le premier, par l'Abbaye des vignerons. On évaluait à plus de trente mille le nombre des spectateurs, Suisses ou étrangers, qui se trouvaient à cette fête.

LE TIR FÉDÉRAL DE 1876 A LAUSANNE

Le tir à la carabine est un exercice populaire en Suisse. Tout citoyen faisant partie de l'armée fédérale, il n'est pas un homme, dans les différents cantons, qui n'ait appris à manier une arme à feu. De plus, dans les parties montagneuses, c'est-à-dire dans la Suisse presque entière, un grand nombre de jeunes gens sont chasseurs, et c'est principalement avec la carabine que l'on chasse à la montagne. Bref, quelles qu'en soient les causes, le goût du tir est dans les mœurs du pays, et c'est un goût qu'on ne saurait trop encourager. L'exercice du tir donne aux jeunes gens le sang-froid et leur apprend à viser juste, au milieu des éclats de la fusillade qui retentit autour d'eux. En outre, pour devenir bon tireur, il faut être sobre, car l'ivrognerie rend la main tremblante.

Dans le plus humble village, on s'exerce au tir le dimanche, pendant la belle saison; chaque ville a son tir et sa société de carabiniers; à certaines époques de l'année, tous se réunissent, et les prix de l'adresse sont disputés. Il n'est pas une ville qui ne vante ses tireurs les plus adroits et ses arquebusiers les plus habiles; aussi le tir fédéral est-il, pour la Suisse entière, une fête à laquelle on se rend de toutes parts. Elle a lieu tous les deux ans; chacune des principales villes, à tour de rôle, en a l'honneur et en recueille les avantages, car l'affluence des étrangers, autant que des compatriotes, est pour le commerce une source de bénéfices notables. Mais ce dernier point de vue est sans importance à côté de l'effet moral des tirs fédéraux.

« De toutes nos fêtes nationales, dit un écrivain suisse, il n'en est aucune qui porte au même degré le cachet d'une fête suisse que le Tir fédéral; il n'en est pas qui excite autant de sympathies parmi nous, ni qui fasse vibrer avec autant de force les fibres du patriotisme. Il suffit, pour s'en convaincre, de voir l'intérêt que lui portent nos compatriotes établis à l'étranger. Non seulement ils nous envoient, tous les deux ans, pour la cible PATRIE des dons magnifiques, mais, chaque année, en souvenir de cette patrie absente, réunis autour de leur modeste *Stand*, ils célèbrent en famille notre fête nationale. Un *Swiss Rifle Club* est institué dans chaque ville un peu importante d'Amérique et dans chacune de nos colonies éloignées, à Rio-Janeiro comme à Yokohama, à San Francisco comme à New-York. Les sociétés de chant, les membres des *Helvetia* et leurs familles prennent part à ces modestes fêtes, et sur les rives lointaines de l'Océan ou des grands fleuves, l'étranger peut entendre les voix de nos fils ou de nos frères répétant les énergiques accords du chant patriotique par excellence : *Rufst du, mein Vaterland* (appelles-tu, ma patrie)? »

Fondé en 1824, dans le but de réunir les tireurs suisses et de développer entre eux une émulation salutaire, le Tir fédéral n'a pas tardé à acquérir une importance politique que ne soupçonnaient peut-être pas ses premiers organisateurs. « Ce n'est pas, disait en 1874 le *Journal de Genève*, ce n'est pas le seul espoir de remporter le prix qui amène au Tir fédéral ces foules que le *Stand* même le plus vaste ne saurait contenir. Les couronnes sont comparativement rares et vigoureusement disputées; elles ne sont l'apanage que d'un petit nombre d'élus. Ce qui fait de nos tirs fédéraux des fêtes populaires dans toute l'acception du mot, c'est qu'elles répondent à un sentiment profondément enraciné dans le peuple suisse : le sentiment de son unité nationale, intacte au milieu de toutes les diversités de langues, de mœurs, de traditions religieuses ou politiques, en dépit même des luttes intérieures et des colères momentanées qu'éveillent certaines questions. Ce que les Suisses vont chercher au Tir fédéral, ce sont des confédérés avec lesquels on n'est pas toujours d'accord, qu'on boude même quelquefois, mais que l'on n'a pas cessé d'aimer, et dont, après tant de luttes, on éprouve le besoin impérieux de se rapprocher pour leur tendre la main. Aussi peut-on dire que la Confédération suisse n'est nulle part une vérité plus vivante que dans les tirs fédéraux. C'est là qu'on trouve l'application pratique de la vieille devise helvétique : *Un pour tous, tous pour un !* »

En 1836, Lausanne avait célébré le Tir fédéral, et en 1876 elle l'a fêté de nouveau. L'admirable position de la ville, le panorama splendide qu'on découvre de ses hauteurs donnaient à cette solennité un caractère grandiose ; les apprêts en avaient été faits avec goût, et le patriotisme des Vaudois ne pouvait manquer d'en compléter l'entrain et l'éclat.

Le comité d'organisation du tir faisait appel à tous les frères d'armes :

« Venez, tireurs de toutes les nations, disait-il, venez partager l'allégresse et la reconnaissance de ce petit peuple à qui il a été donné de jouir, depuis tantôt six siècles, des inestimables bienfaits de la liberté. Puissiez-vous tous, de ces belles journées où votre seule rivalité sera celle de l'adresse, emporter, avec les récompenses que nous sommes heureux de pouvoir vous offrir, des sentiments d'estime réciproque et de vraie fraternité ! »

On avait d'abord cherché à réunir le *stand* (enceinte consacrée aux tireurs), le pavillon des prix et la cantine sur une place assez vaste pour contenir à la fois les diverses constructions et le champ de tir ; mais, pour réaliser ce projet, il eût fallu s'éloigner beaucoup de la ville. On y renonça donc; on choisit la magnifique place de Beaulieu, qui domine la ville au nord, et où s'était célébré le tir de 1836, comme emplacement pour la cantine et le pavillon des prix, et l'on avisa aux moyens d'aménager pour le stand les terrains de la Ponthaise et de ses environs. Les cibles furent placées au delà du pittoresque vallon de la Louve, et une vaste construction en bois servit d'abri aux nombreux tireurs. On établit ainsi entre le stand et la cantine une distance suffisante, et l'on utilisa pour la fête proprement dite cette place de Beaulieu d'où l'œil découvre un admirable panorama sur le canton de Vaud, le Léman et les Alpes.

La cantine formait un vaste parallélogramme de charpente avec portiques et tours carrées; au centre une porte monumentale. Le bâtiment mesurait quatre cent dix mètres de longueur, cent soixante de largeur et trente-trois de hauteur au faîte; il pouvait contenir six à huit mille personnes assises. Au centre, la tribune présentait l'aspect d'un monument gothique en ruines, tout enveloppé de mousses et de plantes grimpantes. La bannière fédérale l'ombrageait de ses plis; à droite on voyait le drapeau tricolore de la France; à gauche l'étendard étoilé de l'Amérique; puis les drapeaux de l'Angleterre, de l'Allemagne, de l'Italie, de la Belgique, etc.

Le pavillon des prix, de style oriental, était surmonté d'une lanterne à jour avec coupole argentée sur laquelle flottait une oriflamme aux couleurs fédérales. A l'intérieur on voyait rangés sur des gradins les prix d'honneur. C'était d'abord une coupe en argent massif, offerte par le roi de Hollande à la Société fédérale des carabiniers suisses, et dont la valeur est estimée à dix-huit mille francs. Le donateur avait voulu que ce bel ouvrage fût exécuté à Vevey par un artiste vaudois, M. Prost, et cette attention délicate lui donnait encore plus de prix aux yeux des confédérés.

Une bible offerte par les pasteurs vaudois, et dont la reliure avait coûté 1700 francs, d'autres beaux livres, des pièces d'argenterie, etc., complétaient l'ensemble du prix d'honneur. La valeur totale de ces prix atteignait cent soixante-quatorze mille francs; en y ajoutant les primes, on arrive à un chiffre de trois cent soixante et onze mille cent soixante francs.

Les sociétés de tir de la Suisse, représentées par leurs membres les plus habiles, étaient arrivées au rendez-vous, bannières en tête. Il était aussi venu des tireurs de France, d'Angleterre, d'Italie, d'Allemagne, de Belgique, d'Amérique, et leurs bannières flottaient à côté du drapeau fédéral.

Cent soixante cibles étaient placées à trois cents mètres de distance du stand, et vingt cibles à quatre cent cinquante mètres; c'étaient en tout cent quatre-vingts cibles, présentant à leur centre un *visuel* ou noir de $0^m,65$ ou de $0^m,90$, et, concentriquement, une série de cercles ou *cartons* de diamètres différents. Un certain nombre de cartons touchés dans une journée ou dans le cours du tir donne droit à une prime proportionnelle, et les coups comptent en outre pour les prix d'honneur.

Les *bonnes cibles* portaient les noms de *Patrie, Liberté, Léman, Rhône, Jura,* plus la cible *Cavalerie.* On ne peut tirer que deux coups à la cible *Patrie* et un coup à chacune des autres bonnes cibles. La cible *Cavalerie* est affectée spécialement aux dragons et guides de la landwehr; on n'y peut tirer qu'avec le mousqueton réglementaire de cavalerie.

Aux *cibles tournantes*, le tir est facultatif, moyennant trente centimes par coup. Le droit de tirer aux bonnes cibles se paye trente-cinq francs, et le tireur reçoit en même temps une carte pour la fête et le banquet.

Le dimanche, le tir commençait à une heure après midi; les autres jours il commençait à six heures du matin, s'interrompait de midi à une heure, puis reprenait jusqu'à huit heures du soir. Un coup de canon marquait ces heures réglementaires.

Le dimanche 16 juillet au matin, le cortège des tireurs, accompagné du corps des Cadets de la ville, des autorités locales, des comités, des sociétés de chant, etc., se met en marche, précédé de musiques, au bruit du canon; il se déroule lentement et serpente sous les drapeaux, les fleurs et les acclamations de la foule, par les rues sinueuses de la vieille cité.

Arrivée à la place de la fête, la troupe se masse autour du pavillon des prix pour écouter l'allocution d'un pasteur sur *Dieu et la Patrie*.

A midi, banquet à la cantine, toasts, chants. A une heure, commencement du tir; c'est un feu roulant que la nuit seule va interrompre et qui recommencera pendant huit jours consécutifs. Pendant huit jours, les députations de tireurs arrivent et partent; leur départ comme leur arrivée est l'occasion de discours patriotiques, de serments et d'acclamations à la patrie Suisse et à la liberté.

Le lundi 24 juillet, au soir, eut lieu la clôture du tir; et le mardi, les prix d'honneur principaux furent distribués solennellement aux vainqueurs.

ÉTATS-UNIS D'AMÉRIQUE

LE CENTENAIRE DE L'INDÉPENDANCE A YORKTOWN

Au commencement du mois d'octobre 1781, l'Angleterre ne possédait plus en Amérique, sur le territoire de ses anciennes colonies insurgées, que la place d'Yorktown, dans l'État de Virginie. L'armée anglaise, commandée par lord Cornwallis, occupait cette place qu'assiégeaient les troupes américaines, sous le commandement de Washington, et la petite armée française commandée par Rochambeau. Le 16 octobre, la capitulation d'Yorktown mit fin à la guerre, et l'indépendance de l'Union, constituée de fait, ne tarda pas à être reconnue par l'Angleterre.

Le premier Congrès, en 1783, avait décidé qu'un monument serait élevé à Yorktown, en souvenir de la victoire et de l'alliance française. En 1879, le Congrès vota une somme de 100 000 dollars pour l'exécution de ce monument, dont l'inauguration, fixée au centième anniversaire de la capitulation d'Yorktown, devait être l'occasion d'une fête solennelle. Le gouvernement des États-Unis convia la France à cette fête, dont il voulut faire les honneurs aux descendants des officiers français qui, sous Rochambeau, avaient combattu pour l'Amérique. Les descendants d'un officier allemand, engagé dans les troupes américaines, furent conviés aussi.

Un navire de l'Union vint chercher en Europe les invités, qui reçurent aux États-Unis l'accueil le plus cordial, l'hospitalité la plus somptueuse et la plus délicate. Dans toutes les grandes villes, des banquets, des réunions eurent lieu en leur honneur. Des commissions s'étaient constituées pour les recevoir et leur faire connaître ce qui pouvait à tous les points de vue exciter leur intérêt. Ils firent ainsi jusqu'à Yorktown un voyage rapide, mais dont tous les instants étaient employés d'une manière utile, charmante, et pendant lequel on leur avait fait partout les honneurs du pays qu'ils parcouraient.

Le premier jour des cérémonies à Yorktown fut consacré à la pose de la première pierre d'un monument commémoratif. Elle fut faite par le grand-maître de la loge maçonnique de la Virginie, assisté des treize grands-maîtres des loges des treize États primitifs.

Le lendemain eut lieu une grande réunion en présence du président Arthur. Un chœur patriotique ouvrit la séance, puis l'évêque de l'Église méthodiste épiscopale de New-York prononça une prière d'un quart d'heure, partie indispensable de toute cérémonie américaine. Le président parla ensuite avec beaucoup de tact, ménageant à la fois la fierté des Américains qu'on aurait blessés en exaltant sans mesure la part prise par les Français à la victoire d'Yorktown, les susceptibilités de la nation anglaise dont, en somme, on célébrait la défaite, enfin les sentiments des Français qu'avait froissés la vue de l'Aigle allemande, arborée, la veille, par la flotte américaine à côté du pavillon tricolore.

Le dernier discours fut celui de M. Winthrop, président de la Société historique du Massachussetts, discours d'un intérêt assez vif pour fixer pendant deux heures et demie l'attention de l'auditoire. C'est ce qu'atteste M. d'Haussonville, témoin oculaire et l'un des invités (Voy. *Revue des Deux Mondes*, année 1882). Un chœur patriotique termina la cérémonie comme elle avait été commencée.

La troisième journée fut remplie par une revue militaire et une revue navale. A la fin de celle-ci, au coucher du soleil, le pavillon anglais fut hissé au grand-mât du vaisseau amiral et salué de vingt et un coups de canon par tous les navires américains. C'était de la part du gouvernement des États-Unis un acte de courtoisie et de bon goût auquel s'associèrent les bâtiments français.

TABLE DES MATIÈRES

MOYEN AGE

TEMPS MODERNES

TABLE DES GRAVURES

9021. Imprimerie A. Lahure, rue de Fleurus, 9, à Paris.

www.ingramcontent.com/pod-product-compliance
Ingram Content Group UK Ltd.
Pitfield, Milton Keynes, MK11 3LW, UK
UKHW021851190726
13855UKWH00001B/253

9 782013 440929